商务管理模拟实训教程

潘月杰　主　编
王　平　副主编

首都经济贸易大学出版社
·北京·

图书在版编目(CIP)数据

商务管理模拟实训教程/潘月杰主编. —北京:首都经济贸易大学出版社,2010.9
(经济管理类实训系列教材)
ISBN 978 - 7 - 5638 - 1843 - 3

Ⅰ.①商… Ⅱ.①潘… Ⅲ.①企业管理 Ⅳ.①F270

中国版本图书馆 CIP 数据核字(2010)第 130229 号

商务管理模拟实训教程

潘月杰 主 编

王 平 副主编

出版发行	首都经济贸易大学出版社
地 址	北京市朝阳区红庙(邮编 100026)
电 话	(010)65976483 65065761 65071505(传真)
网 址	http://www.sjmcb.com
E - mail	publish@ cueb. edu. cn
经 销	全国新华书店
照 排	首都经济贸易大学出版社激光照排服务部
印 刷	北京地泰德印刷有限责任公司
开 本	787 毫米 ×980 毫米 1/16
字 数	340 千字
印 张	17.75
版 次	2010 年 9 月第 1 版第 1 次印刷
印 数	1~4 000
书 号	ISBN 978 - 7 - 5638 - 1843 - 3/F·1042
定 价	28.00 元

前 言

商务管理是一个范围很广的概念,涉及任何一个市场主体的内部管理和外部经营活动。对工商管理、商务管理类本科生来说,一方面,学生应该掌握商务管理的基础知识,这是能力培养的基础(这些知识,一般体现在各门课程的教学进程中);另一方面,学生还应该具备商务管理能力和技巧,而对于这些能力和技巧,由于教学目标、教学模式的缘故,在一般的课程教学中很难完全教授,为此,开设专门的实践训练课程十分必要。目前,在教育部实施"教学与改革质量工程"的大背景下,全国高校都在进行教学改革。改革的目的主要体现为应用性教学。应用性教学除了让学生走出校园参与社会实践之外,运用合适的教材实施应用性模拟课堂教学也必不可少。在现有的工商管理、商务管理类教材中,综合性实践教材还比较少见,这在一定程度上影响了教学实践的顺利展开。

基于此,我们组织编写了《商务管理模拟实训教程》一书。本书是在遵循商务管理活动基本规律的前提下,依照商务管理中内部管理和外部经营两条活动主线及其逻辑关系选择编写的内容,并相应安排先后顺序进行编写。在内容选择方面,我们以模块的方式来体现商务管理活动的各项能力要求,主要包括公司设立、公司组织机构及人力资源管理、企业战略管理、财务管理及项目管理、市场调研与分析、商务策划及公关策划、商务往来及谈判、商务文书写作、商务合同的订立及履行等九个模块,基本涵盖了商务活动的全部内容和过程。其中,设立公司是所有商务活动的起点;在内部管理方面,涉及企业(公司)组织机构的建设以及人力资源管理等内容;企业战略管理在企业经营中具有统领作用;企业财务管理及项目管理则是实现企业战略目标的重要工具;在战略目标既定的基础上,企业就应实施具体的经营活动以实现其经营目标,其中,市场调研与分析是基础性工作,以此可以了解分析市场信息、帮助企业确定经营策略,甚至决定交易伙伴;在市场信息充分的基础上,为了更有效地实施经营策略,企业要进行有效的商务策划及公关策划,并与相关企业进行必要的商务往来和业务谈判,最终以合同的签订和履行来达成交易目的,逐步实现企业的经营目标。需要说明的是,虽然在模块设计上我们采用了这种直线式的方式,但在商务管理的实践中,各模块所体现的内容和相关的能力要求又是相互影响、相辅相成的。例如,企业的人力资源管理一定是和企业的战略目标相适应的,并且也会随着企业的经营活动需要而适时变更。

本书的特点有三:一是新,具体体现在所选取的内容和编写体例上;二是真,即所涉及的内容都是模拟真实的商务活动;三是清,即以模块的方式清晰地体现商务活动的各项内容及其能力要求。

本书可以作为工商管理类、商务管理类本科专业实践能力培养的综合课程教材使用,也可以作为单项能力培养的各门实践课程教材使用;还可以作为高等职业教育课程教材使用,也欢迎实际管理部门的专业人士使用本书作为学习参考资料。

本书的编写者都是有着长期的一线教学经验的专业教师,并对商务管理实践有着深刻的理解和认识,愿意将自己的教学研究成果汇编成这本实训教程,并希望为工商管理、商务管理本科专业的应用性教学做出一点贡献。本教程是集体智慧的结晶,具体写作分工如下:王平任主编,潘月杰任副主编;王平编写第一、九单元,潘月杰编写第二、六单元,陈小宇编写第三单元,朱传华编写第四单元,王卓编写第五单元,魏士洲编写第七单元,李艳爽编写第八单元。

最后由王平、潘月杰统稿、定稿。

由于编者水平有限,编写时间仓促,错误在所难免,欢迎读者、专家批评指正,以便我们在今后的修订中更正。

编　者

2010 年 4 月于北京

目 录

CONTENTS

第一单元　设立公司

作为商务活动的起点,注册设立公司是非常重要的环节,本单元要求学生按照相关规定申请设立有限责任公司和股份有限公司。本单元模拟实训的目的在于使学生掌握并运用我国《公司法》、《公司登记管理条例》等公司注册基本法律制度来完成公司注册,实际体会"办公司"的实践,并特别注意股东出资、公司组织机构的构建、公司经营范围的确定等问题,将《经济法》和《管理学》等课程的相关知识加以综合运用。

知识要求

- 有限责任公司、股份有限公司的设立条件和设立程序;
- 了解有限责任公司、股份有限公司设立的登记机关;
- 两类公司章程的主要内容;
- 公司组织机构的设立及相关要求。

技能要求

- 能够准确分析股东的各种出资方式,并能进行估价、验资,办理相关财产转让手续;
- 能够熟练掌握各工商局关于公司注册的相关规定以及注册申请所需资料的正确运用;
- 能够按照公司注册申请的程序准确地进行注册活动;
- 能够根据所确定的公司类型、公司的经营规模及经营范围,组建符合公司经营需要的公司组织机构,为今后公司业务的开展做好基础性工作。

★ 特别说明:实训中,学生分组进行,各个小组可以选择完成有限责任公司的注册或者股份有限公司的注册,一经选定,将在以后的模拟业务中沿用。

第一节　设立公司相关专业知识

设立公司,主要应该了解我国《公司法》、《公司登记管理条例》、《企业名称登记管理办法》、《企业法定代表人登记管理规定》、《公司注册资本登记管理规定》、《企业经营范围登记管理规定》等法律制度的内容,以便正确适用各种相关法律规范,顺利完成公司注册任务,为以后的业务发展打下良好的基础。

一、公司的设立条件

我国《公司法》主要规定了两种公司,即有限责任公司(含一人公司)和股份有限公司。公司的设立条件主要涉及五个方面,诸如股东、出资、公司章程、公司名称、公司住所等。

（一）有限责任公司的设立条件

以下为有限责任公司的具体设立条件:

1. 股东。股东人数应当符合法定人数,即50人以下。需要说明的是,作为有限责任公司的股东(股份有限公司同),必须是自然人或者具有法人资格的组织体(例如,其他有限责任公司或者股份有限公司等)。个人独资企业、合伙企业不能成为公司股东。

2. 股东的出资符合法定规定。股东的出资额最少达到3万元人民币,一人公司则为10万元人民币,其他法律、行政法规对特别行业公司有另外规定的,从其规定。有限责任公司的注册资本为公司等机关登记的全体股东认缴的出资额。

股东出资方式包括货币、实物、知识产权、国有土地使用权等。全体股东的货币出资额不得低于有限责任公司注册资本的30%。股东如果以货币之外的其他方式出资的,要进行相应的评估作价、验资,办理财产转让手续等。不得用于出资的实物包括:食品、饮料、烟草、棉、麻、土畜产品、纺织品、服装鞋帽、日用百货、五金交电、化工产品、药品、中草药及其制品、石油及其制品、煤炭及其制品、木材、建筑材料、矿产品、金属材料、未办理所有权证书的房屋、汽车配件及办理行驶证的机动车、工艺美术品、字画、图书、肥料、农药、饲料、苗木、花卉、家具、工业原料、工业半成品等。

关于出资时限,全体股东的首次出资额不得低于注册资本的20%,也不得低于法定最低注册资本限额,其余部分自公司成立之日起2年内缴足;投资公司可以在5年内缴足。

3. 股东共同制定公司章程。有限责任公司章程应当载明以下事项:公司的名称和住所;公司经营范围;公司注册资本;股东的姓名或者名称;股东的出资方式、出资额和出资时间;公司的机构及其产生办法、职权、议事规则;公司法定代表人;股东会会议认为需要规定的其他事项。股东应当在公司章程上签名、盖章。

4. 有公司名称,建立符合有限责任公司要求的组织机构。公司名称中一定要有"……有限责任公司"或者"……有限公司"的字样;公司的组织机构包括公司董事会和监事会,如果公司规模较小或者股东人数较少的,也可以设立执行董事,设 1～2 名监事。

5. 有公司住所。公司住所是公司主要办事机构所在地,应该在其公司登记机关辖区内。经公司登记机关登记的公司的住所只能有一个。公司住所可以是属于公司所有的房产,也可以是公司享有合法使用权的房产,申请注册时,需要提交相应产权证书及租赁合同等。

（二）股份有限公司的设立条件

股份有限公司的各项设立条件与有限责任公司相同的,以下就不重复,并请注意以下内容:

1. 发起人。股份有限公司的设立应当有 2 人以上 200 人以下的发起人,其中须有过半数发起人在中国境内有住所。

同时一些地方有一些特殊的规定,例如北京市规定,以下单位不具备投资资格或投资能力:

（1）被锁入北京市信用信息系统的"警示信息系统"的市场主体（含自然人）,在锁入期间其投资资格受到限制。例如:被锁入"警示信息系统"的自然人,在锁入期间不能成为其他公司的新股东;不能在已担任股东的公司中追加或受让股份。登录北京市工商局网站 www. BAIC. gov. cn 查询"企业信用信息系统",可获得有关信用信息。

（2）党政机关、司法行政部门以及党政机关主办的社会团体不得投资举办股份有限公司。

（3）党政机关所属具有行政管理和执法监督职能的事业单位,以及党政机关各部门所办后勤性、保障性经济实体（企业法人）和培训中心不得投资举办股份有限公司。

（4）会计师事务所、审计事务所、资产评估机构、律师事务所不得作为投资主体向其他行业投资设立股份有限公司。

（5）股份有限公司可以对企业投资,也可以设立分公司。分公司不得对外投资。

（6）工会经区、县级以上工会批准后可以投资设立股份有限公司。

（7）法律、法规禁止从事营利性活动的人,不得成为股份有限公司股东。

2. 发起人认购股份。股份有限公司最低注册资本限额为 500 万元人民币,法律、行政法规对某些股份有限公司注册资本有较高规定的,从其规定。股份有限公司的设立方式不同,发起人认购的股份也有所区别。在发起设立方式下,全体发起人认购全部股份,首次出资不得低于注册资本的20%,其余部分由发起人自公司成立之日起2年内缴足;投资公司可以在5年内缴足。采用募集设立方式的,注册资本为公司登记机关的实收股本总额,发起人认购的股份数不得少于公司股份数的35%,但法律、行政法规另有规定的,从其规定。

3. 发起人共同制定公司章程。股份有限公司章程应当载明以下事项:公司的名称和住所;公司经营范围;公司的设立方式;公司股份总数、每股金额和注册资本;发起人的姓名或者名称、认购的股份数、出资方式和出资时间;董事会的组成、职权和议事规则;公司法定代表人;监事会的组成、职权和议事规则;公司利润分配办法;公司的解散事由与清算办法;股东大会会议认为需要规定的其他事项。

4. 有公司名称,建立符合股份有限公司要求的组织机构。公司名称中一定要有"……股份有限公司"或者"……股份公司"的字样;要建立完善的公司组织机构,即董事会和监事会。

5. 有公司住所。公司住所是公司主要办事机构所在地,应该在其公司登记机关辖区内。经公司登记机关登记的公司的住所只能有一个。公司住所可以是属于公司所有的房产,也可以是公司享有合法使用权的房产,申请注册时,提交相应产权证书及租赁合同等。

二、公司注册登记管辖及登记事项

我国公司登记主管机关是国家的各级工商行政管理局,我国《公司登记管理条例》中对各级工商行政管理部门对各种公司的管辖进行了规定,设立公司时,应该依照该规定进行申请。同时,在申请时,还应该了解各项登记事项,并为此做好相应的准备。

（一）公司登记管辖

1. 国家工商行政管理总局负责下列公司的登记:

(1)国务院国有资产监督管理机构履行出资人职责的公司及该公司投资设立并持有50%以上股份的公司;

(2)外商投资的公司;

(3)依照法律、行政法规或者国务院决定的规定,应当由国家工商行政管理总局登记的公司;

(4)国家工商行政管理总局规定应当由其登记的其他公司。

2. 省、自治区、直辖市工商行政管理局负责本辖区内下列公司的登记:

(1)省、自治区、直辖市人民政府国有资产监督管理机构履行出资人职责的公司及该公司投资设立并持有50%以上股份的公司;

(2)省、自治区、直辖市工商行政管理局规定由其登记的自然人投资设立的公司;

（3）依照法律、行政法规或者国务院决定的规定，应当由省、自治区、直辖市工商行政管理局登记的公司；

（4）国家工商行政管理总局授权登记的其他公司。

其中，北京市工商行政管理局负责登记的公司包括：

①省、自治区、直辖市人民政府国有资产监督管理机构履行出资人职责的公司以及该公司投资设立的控股 50% 以上的公司；

②注册资本 3 000 万元（含）人民币以上的有限责任公司；

③国家工商行政管理总局授权登记的其他公司；

④专业资产评估公司、会计师事务所、审计公司、典当公司、中小企业信用担保公司、从事旧机动车经纪业务的经纪公司、期货经纪公司、因私出入境中介公司、境外就业中介公司、人才中介服务公司、征信公司、商标代理公司。

⑤西客站地区、首都机场地区、天安门地区、机动车交易市场、古玩城市场、潘家园旧货市场内设立的公司。

3. 设区的市（地区）工商行政管理局、县工商行政管理局，以及直辖市的工商行政管理分局、设区的市工商行政管理局的区分局，负责本辖区内下列公司的登记：

（1）除上列 1,2 之外的其他公司；

（2）国家工商行政管理总局和省、自治区、直辖市工商行政管理局授权登记的公司。但是，其中的股份有限公司由设区的市（地区）工商行政管理局负责登记。

北京市区县工商分局的登记管辖范围为：

①市工商局受理范围以外的有限责任公司，由企业注册地所在分局负责登记注册；

②有限责任公司的分公司。

（二）公司登记事项

公司的登记事项应当符合法律、行政法规的规定。不符合法律、行政法规规定的，公司登记机关不予登记。公司登记事项包括：

1. 公司名称。

2. 公司住所。

3. 公司法定代表人姓名。

4. 公司注册资本。

5. 实收资本。

6. 公司类型。

7. 公司经营范围。

8. 公司营业期限。

此外，还包括有限责任公司股东或者股份有限公司发起人的姓名或者名称，以及认缴和实缴的出资额、出资时间和出资方式。

三、公司组织机构

根据公司法的规定,公司组织机构分为非常设机构与常设机构,公司的日常经营管理由公司常设机构负责。公司的组织机构包括股东会(股东大会)、董事会和监事会,有限责任公司组织机构与股份有限公司组织机构的设立和职权有所不同。应当了解公司法对公司组织机构的规定,并在此基础上根据公司经营的需要正确设立公司的经营管理组织。

(一)有限责任公司组织机构

1. 股东会。股东会由公司全体股东组成,是公司的权力机构,也是公司非常设机构。

股东会依照公司法行使以下职权:

(1)决定公司的经营方针和投资计划;

(2)选举更换非由职工代表担任的董事、监事,决定有关董事、监事的报酬事项;

(3)审议批准董事会的报告;

(4)审议批准监事会或者监事的报告;

(5)审议批准公司的年度财务预算方案、决算方案;

(6)审议批准公司的利润分配方案和弥补亏损方案;

(7)对公司增加或者减少注册资本作出决议;

(8)对发行公司债券作出决议;

(9)对公司合并、分立、解散、清算或者变更公司形式作出决议;

(10)修改公司章程;

(11)公司章程规定的其他职权。

股东会一般以股东会会议(对于决议内容一致同意者,也可以书面表决并签名、盖章)的方式行使职权及表决。

2. 董事会。董事会是公司的常设执行机构,由股东会产生,对股东会负责,其成员为 3～13 人。董事会设董事长一人,可以设副董事长,董事长为公司法定代表人。

董事会行使下列职权:

(1)召集股东会会议,并向股东会报告工作;

(2)执行股东会决议;

(3)决定公司的经营计划和投资方案;

(4)制订公司的年度财务预算方案、决算方案;

(5)制订公司的利润分配方案和弥补亏损方案;

(6)制订公司增加或者减少注册资本以及发行公司债券的方案;

（7）制订公司合并、分立、解散、清算或者变更公司形式的方案；

（8）决定公司内部管理机构的设置；

（9）决定聘任或者解聘公司经理及其报酬事项，并根据经理提名决定聘任或者解聘公司副经理、财务负责人及其报酬事项；

（10）制定公司的基本管理制度；

（12）公司章程规定的其他职权。

董事会的表决，实行一人一票。

此外，股东人数较少或者经营规模较小的有限责任公司，可以设立一名执行董事，不设董事会。执行董事可以兼任公司经理。

有限责任公司可以设经理，由董事会决定聘任或者解聘。经理对董事会负责，行使下列职权：

（1）主持公司的生产经营管理工作，组织实施董事会决议；

（2）组织实施公司年度经营计划和投资方案；

（3）拟订公司内部管理机构设置方案；

（4）拟订公司的基本管理制度；

（5）制定公司的具体规章；

（6）提请聘任或者解聘公司副经理、财务负责人；

（7）决定聘任或者解聘除应由董事会决定聘任或者解聘以外的管理人员；

（8）董事会授予的其他职权。

公司章程对经理职务另有规定的，从其规定。经理列席董事会会议。

3. 监事会。监事会是公司的常设监督机构，其成员不得少于3人。股东人数较少或者经营规模较小的有限责任公司，可以设1~2名监事，不设监事会。董事、高级管理人员不得兼任监事。监事会、不设监事会的公司监事行使下列职权：

（1）检查公司财务；

（2）对董事、高级管理人员执行公司职务的行为进行监督，对违反法律、行政法规、公司章程或者股东会决议的董事、高级管理人员提出罢免的建议；

（3）当董事、高级管理人员的行为损害公司利益时，要求董事、高级管理人员予以纠正；

（4）提议召开临时股东会会议，在董事会不履行公司法规定的召集和主持股东会会议职责时召集和主持股东会会议；

（5）向股东会会议提出提案；

（6）依照《公司法》（第152条）的规定，对股东、高级管理人员提起诉讼；

（7）公司章程规定的其他职权。

监事可以列席董事会会议。监事会的议事方式和表决程序，除公司法规定外，由公司章程规定。

特别提示:被锁入北京市信用信息系统的"警示信息系统"的人员,在锁入期间不能担任法定代表人、董事、监事、经理、分支机构负责人。

登录北京市工商局网站 www. BAIC. gov. cn 查询"企业信用信息系统",可获得有关信用信息。

(二)股份有限公司组织机构

1. 股东大会。股东大会是公司的权力机构,由全体股东组成。其职权与有限责任公司股东会的职权相同。

另外,股东大会选举董事、监事,可以依照公司章程的规定或者股东大会的决议,实行累积投票制。①

2. 董事会。股份有限公司设董事会,其成员为 5～19 人。设董事长一人,可以设副董事长。其职权同有限责任公司董事会职权。

股份有限公司设经理,由董事会决定聘任或者解聘。其职权与有限责任公司经理职权相同。

3. 监事会。股份有限公司设监事会,是公司的常设监督机构,其成员不得少于 3 人。监事会设主席一人,可以设副主席。董事、高级管理人员不得兼任监事。其职权与有限责任公司监事会职权相同。

4. 上市公司组织机构的特别规定。除了股份有限公司的一般机构外,上市公司还应设立独立董事和董事会秘书。

第二节　实训内容及要求

一、实训任务

(一)普通企业登记流程

设立一个企业,一般要经过名称预先登记、准备申请文件、公司登记机关审批和领取营业执照等几个主要环节。领取了营业执照之后,还要办理一些必要事项,之后,公司才能正常开展经营。

企业登记流程如图 1－1 所示。

---

① 是指股东大会选举董事或者监事时,每一股份拥有与应选董事或者监事人数相同的表决权,股东拥有的表决权可以集中使用。

```
                    ┌─────────────────────────┐
                    │  企业名称预先核准登记   │
                    └────────────┬────────────┘
                    ┌────────────┴────────────┐
                    │ 领取企业注册登记申请书  │
                    └────────────┬────────────┘
            ┌────────────────────┴────────────────────┐
    ┌───────┴────────┐                        ┌────────┴───────┐
    │  不需前置审批  │                        │  需前置审批    │
    └───────┬────────┘                        └────────┬───────┘
            │                                 ┌────────┴───────┐
            │                                 │  办理前置审批  │
            │                                 └────────┬───────┘
            │          ┌──────────────┐                │
            └─────────▶│  银行入资    │◀───────────────┘
                       └──────┬───────┘
                       ┌──────┴───────┐
                       │ 办理验资手续 │
                       └──────┬───────┘
                       ┌──────┴───────────┐
                       │向登记机关递交申请文件│
                       └──────┬───────────┘
                       ┌──────┴───────────┐
                       │  领取企业营业执照 │
                       └──────┬───────────┘
            ┌─────────────────┴─────────────────┐
    ┌───────┴────────┐                  ┌────────┴───────┐
    │  需后置审批    │                  │  不需后置审批  │
    └───────┬────────┘                  └────────┬───────┘
    ┌───────┴────────┐                  ┌────────┴──────────┐
    │  办理后置审批  │─────────────────▶│刻企业章、法定代表人章│
    └────────────────┘                  └────────┬──────────┘
                                        ┌────────┴───────┐
                                        │  企业代码登记  │
                                        └────────┬───────┘
                                        ┌────────┴───────┐
                                        │  开设银行账户  │
                                        └────────┬───────┘
                                        ┌────────┴───────┐
                                        │  划转注册资金  │
                                        └────────┬───────┘
        ┌───────────────────┬──────────────────┘
┌───────┴────────┐ ┌────────┴───────┐  ┌────────┴───────┐
│  国税登记      │ │  地税登记      │  │  企业初始申报  │
└────────────────┘ └────────────────┘  └────────┬───────┘
                                        ┌────────┴───────┐
                                        │  认定购买发票  │
                                        └────────────────┘
```

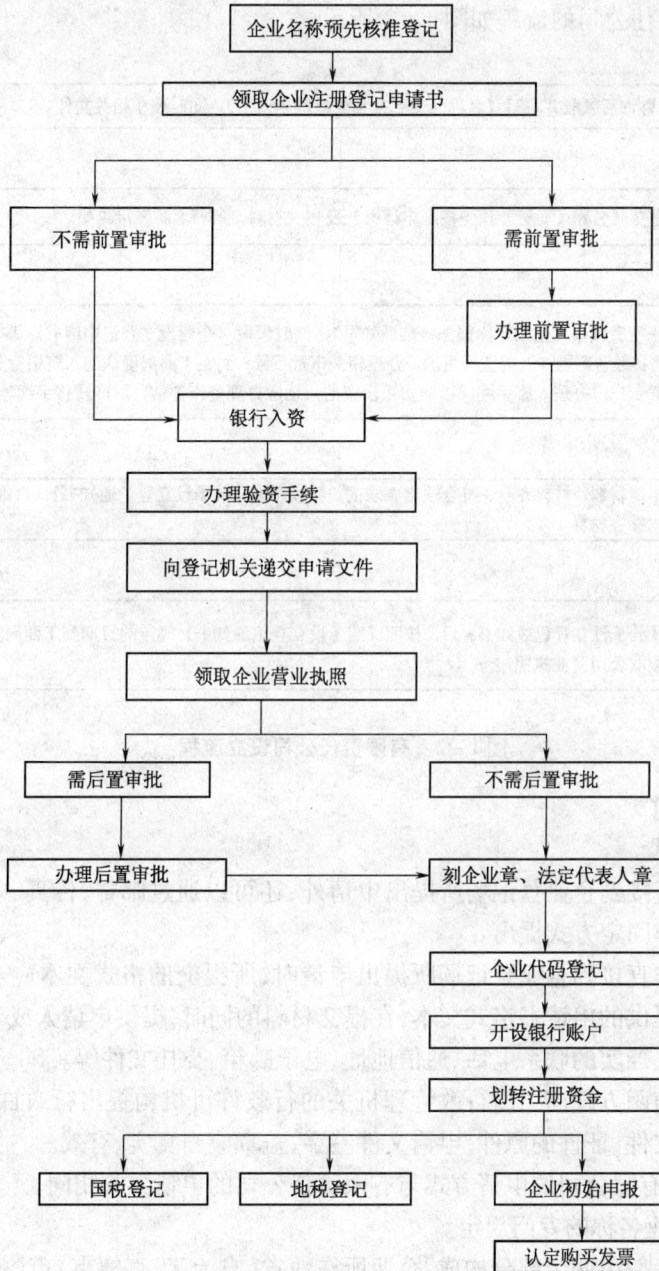

图 1 - 1　普通企业登记流程

(二)设立有限责任公司

设立有限责任公司的流程如图1-2所示。

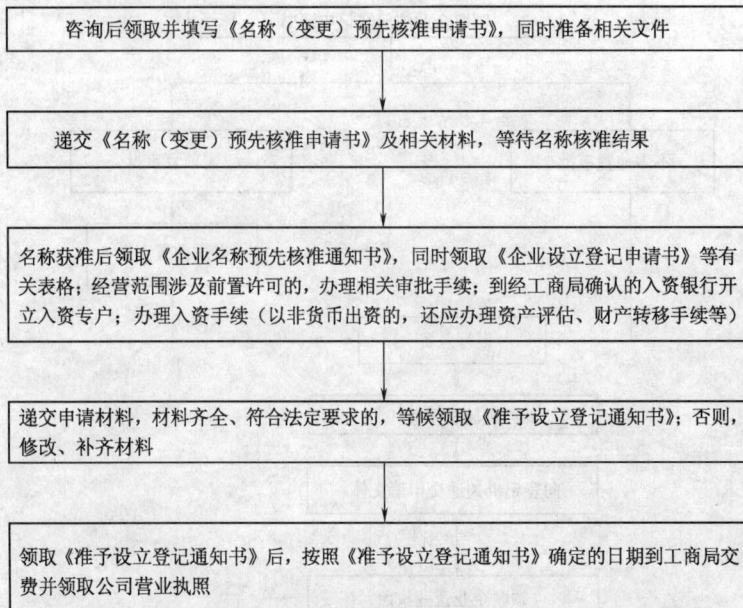

咨询后领取并填写《名称(变更)预先核准申请书》,同时准备相关文件

↓

递交《名称(变更)预先核准申请书》及相关材料,等待名称核准结果

↓

名称获准后领取《企业名称预先核准通知书》,同时领取《企业设立登记申请书》等有关表格;经营范围涉及前置许可的,办理相关审批手续;到经工商局确认的入资银行开立入资专户;办理入资手续(以非货币出资的,还应办理资产评估、财产转移手续等)

↓

递交申请材料,材料齐全、符合法定要求的,等候领取《准予设立登记通知书》;否则,修改、补齐材料

↓

领取《准予设立登记通知书》后,按照《准予设立登记通知书》确定的日期到工商局交费并领取公司营业执照

图1-2 有限责任公司设立流程

【实训提示】

1. 申请方式。

申请人除直接到企业登记场所提出申请外,还可以通过邮寄、传真、电子数据交换和电子邮件等非固定方式提出。

申请人以非直接到企业登记场所提出申请时,所提交的格式文本应当使用当地工商行政管理局提供的申请书格式文本,在提交材料的同时,提供申请人或者经申请人依法委托的代理人翔实的联系电话、通信地址、电子邮箱、委托文件等。

申请人以信函方式向工商行政管理机关的行政许可机构提出行政许可申请的,应当是有关申请文件、证件的原件,申请文件签字、盖章应当真实、有效。

说明:股份有限公司的申请方式与有限责任公司的申请方式相同。

2. 关于企业名称的专门规定。

企业名称一般由四个部分构成:企业所在地省(自治区、直辖市)市(州)或者县(市辖区)行政区划;字号(商号);行业或者经营特点;组织形式。比如,"北京更香茶叶有限责任公司"。经国家工商行政管理局核准,以下企业的企业名称可以不冠以企业所在地行政区划名称:一是全国性公司;二是国务院或其授权的机关批准的大型进出口企业;三是国务院或其授权的机关批准的大型企业集团;四是历史悠久、字号驰名的企业;五是外商投资企业等。

企业名称应当使用汉字,民族自治地方的企业名称可以同时使用本民族自治地方通用的民族文字。企业使用外文名称的,其外文名称应当与中文名称一致,并报登记机关注册。企业名称不得含有下列内容:

(1)有损于国家、社会公共利益的;

(2)可能对公众造成欺骗或者误解的;

(3)外国国家(地区)名称、国际组织名称;

(4)政党名称、党政军机关名称、群众组织名称、社会团体名称及部队番号;

(5)汉语拼音字母(外文名称中使用的除外)、数字;

(6)其他法律、行政法规规定禁止的。

3. 如何正确填写《名称(变更)预先核准申请书》。

注意应当按下列方式填写《名称(变更)预先核准申请书》:

(1)根据拟订的企业名称,将首选的企业名称填写在申请名称栏中;

(2)将拟订的其他企业名称填写在备用字号栏;

(3)根据选定的企业住所名称填写企业住所栏;

(4)根据实际情况填写企业的注册资本;

(5)根据设立企业的实际情况,填写企业类型栏;

(6)"经营范围"只填写与企业名称所反映的行业特点相一致的主营范围;

(7)在"投资人姓名或名称"栏填写实际的投资人姓名或者名称。

4. 办理企业名称预先核准登记应提交的文件、材料包括:

一是必须提交的文件,包括:

(1)《名称(变更)预先核准申请书》;

(2)组建单位的资格证明或股东、发起人的法人资格证明及自然人身份证明;

(3)《指定(委托)书》(即指定或者委托某自然人办理登记事项的书面凭证)。

二是其他文件,包括:

(1)使用自然人姓名(该自然人应当是企业的投资人或者股东)作字号的应当提交该自然人的身份证复印件。如果所使用的投资人姓名与党和国家领导人或老一辈革命家及名人的姓名相同的,不得作为字号使用。

(2)使用商标中的文字作为字号的应当提交商标所有权人出具的授权(许可)文件、商标注册证书(不能提交原件的,可以提交加盖商标注册权人印章或公章的复印件)以及商标所有权人的资格证明(商标所有权人为经济组织的,要在资格证明上加盖经济组织的公章;商标所有权人为自然人的,应提交该自然人的身份证复印件)。

(3)申请名称中含有著名企业字号、著名高等院校或者科研院所通用名称或者简称的,还应当提交所有权人出具的相关授权文件,未经授权不得登记注册(有投资关系的除外)。

(4)在同一行业内申请相同字号的应当由字号所有权人出具授权(许可)文件以及加盖其印章的营业执照复印件(有投资关系的除外),授权(许可)的名称不得对公众造成欺骗或引起误解。

5. 企业名称核准后的注意事项。

(1)关于名称保留期。预先核准的企业名称保留期为 3 个月,在该保留期内,不得以预先核准的企业名义从事经营活动,也不得转让该企业名称。

(2)关于名称延期。预先核准的企业名称保留期限届满前 10 日,申请人可以持《企业名称(变更)预先核准通知书》向登记机关办理延期申请,延长期限最长不超过 3 个月,期满后不能再继续延长。因此,申请人应该在规定的期限内积极申请企业注册。

(3)关于名称失效。申请人在办理企业名称预先核准登记后,如果保留期满未办理《营业执照》的,核准的企业名称自动失效。申请人也可以向原企业名称预先核准登记机关申请撤销原预先核准的企业名称,提交书面申请,并缴回原《企业名称(变更)预先核准通知书》。

(4)申请登记时投资人与企业名称预先核准登记的投资人有变化的,应该作如下办理:

第一,投资人部分或者全部发生变化的,申请人应当出具情况说明。

第二,投资人不具备投资资格的,应当退出或者更换投资人。

第三,使用投资人姓名作为字号注册企业名称、该投资人退出投资的,应当重新申请名称预先登记。

第四,由同一机关核准的企业作为投资人,并使用与该投资人相同字号在同行业注册企业名称,该投资人退出的,应当提交字号所有人出具的授权文件;不能提交授权文件的,应当重新申请名称预先登记。

第五,驰名或者著名商标所有人、著名企业、著名高等院校或科研院所作为投资人,并使用该驰名或著名商标、著名企业字号、著名高等院校或科研院所统称或者简称注册企业名称,该投资人退出的,应当提交所有权人出具的授权文件;不能提交授权文件的,应当重新申请名称预先登记。

6. 申请设立有限责任公司应提交的文件。

在申请企业(有限责任公司)名称预先核准登记并获准以后,申请人应当在规定期限(预先核准的企业名称有效期)办理有限责任公司登记。办理公司登记时,应当提交以下的文件、证件:

(1)《企业设立登记申请书》(该申请书包含多个表格)。

(2)公司章程(提交打印件,由全体股东签名,有法人股东的,还应加盖该法人单位公章）。

（3）以货币出资的，提交《企业交存入资资金凭证（第二联）》；以非货币财产方式出资的，应当提交全部非货币出资的评估报告（涉及国有资产评估的，还应提交国有资产管理部门的确认文件）。

（4）《企业名称（变更）预先核准通知书》及《企业名称预先核准通知书》及其他名称预先登记材料。

（5）股东资格证明。

（6）《指定（委托）书》。

（7）经营范围涉及前置审批许可项目的，应提交有关审批部门的批准文件。

7. 公司设立过程中股东发生变更的处理。

公司设立过程中股东发生变更，应当向公司登记机关提交下列文件：

（1）新股东的资格证明；

（2）关于股东变更的情况说明。

8. 入资时间的把握。

入资，即投资人将认缴的货币出资足额存入有限责任公司在银行开设的账户。为了避免因为公司设立中某环节出现问题而给投资人造成损失，投资人应该选择适当的时机入资，减少资金占用时间。一般来讲，可以按照这样的步骤来安排公司登记：①进行企业名称预先核准；②确定经营场所（注册地）；③入资；④登记。

9. 公司（含有限责任公司和股份有限公司）法定代表人的任职限制。

公司法定代表人应该是具有完全民事行为能力的自然人，有以下情形之一的，不得担任企业法定代表人：

（1）无民事行为能力或者限制民事行为能力的。

（2）正在被执行刑罚或者被执行刑事强制措施的。

（3）正在被公安机关或者国家安全机关通缉的。

（4）因犯有贪污贿赂罪、侵犯财产罪或者破坏社会主义经济秩序罪，被判处刑罚，执行期满未逾 5 年的；因犯有其他罪，被判处刑罚，执行期满未逾 3 年的；或者因犯罪被剥夺政治权利，执行期满未逾 5 年的。

（5）担任因经营不善破产清算的企业的法定代表人或者董事、经理，并对该企业的破产负有个人责任，自该企业破产清算完结之日起未逾 3 年的。

（6）担任因违法被吊销营业执照的企业法定代表人，并对该企业违法行为负有个人责任，自该企业被吊销营业执照之日起未逾 3 年的。

（7）个人所负数额较大债务到期未清偿的。

（8）国家公务员。

（9）法律和国务院规定不得担任法定代表人的其他情形。

此外,公司的董事、经理不得在与所任职公司没有投资关系的同行业其他公司兼任法定代表人。

北京市规定,被锁入北京市信用信息系统的"警示信息系统"的人员,在锁入期间不能担任法定代表人、董事、监事、经理、分支机构负责人。

登录北京市工商局网站 www. BAIC. gov. cn 查询"企业信用信息系统",可获得有关信用信息。

10. 有限责任公司章程的主要内容。

有限责任公司章程一般包括如下内容:

(1)公司的名称和住所;

(2)公司经营范围;

(3)公司注册资本;

(4)股东的姓名或者名称;

(5)股东的出资方式、出资额和出资时间;

(6)公司的机构及其产生办法、职权、议事规则;

(7)公司法定代表人;

(8)股东会会议认为需要规定的其他事项。

11. 受理时限。

申请办理有限责任公司的设立、变更、注销登记和备案,凡材料齐全,符合法定形式,工商行政管理机关当场作出登记决定,并在 5 个工作日核发营业执照或其他登记证明。申请人以非固定形式提交行政许可申请的,受理审核时限按国家工商行政管理总局《企业登记程序性规定》执行。

【实训要求】

根据设立有限责任公司的各项要求,按照规定的条件和程序,完成有限责任公司的登记注册。同时,注意根据实训(班级)分组及各组之间的分工配合,注意公司名称及经营范围的确定,并对公司组织机构的设置进行探讨,为完成第二单元的实训任务打好基础。

(三)设立股份有限公司

股份有限公司设立流程图如图 1 - 3 所示。

【实训提示】

1. 股份有限公司的设立方式。

根据公司法的规定,依据设立时公司注册资本的来源不同,股份有限公司的设立方式分为两种,即发起设立和募集设立。

(1)发起设立。公司的注册资本(股本)全部由发起人认购、缴纳而设立股份公司的,为发起设立。

(2)募集设立。公司注册资本(股本)的一部分由发起人认购、缴纳,其余部分向社

咨询后领取并填写《名称（变更）预先核准申请书》，同时准备相关文件

↓

递交《名称（变更）预先核准申请书》及相关材料，等待名称核准结果

↓

领取《企业名称预先核准通知书》，同时领取《企业设立登记申请书》等有关表格；经营范围涉及前置许可的，办理相关审批手续

准备材料，涉及国有股权处置的报财政主管部门或国有资产监督管理部门审批[募集设立的股份有限公司（包括定向募集）应经中国证监会审批]

到经工商局确认的入资银行开立入资专户；办理入资手续（以非货币出资的，还应办理资产评估、财产转移手续等）

递交申请材料，材料齐全、符合法定要求的，等候领取《准予设立登记通知书》；否则，修改、补齐材料

↓

领取《准予设立登记通知书》后，按照《准予设立登记通知书》确定的日期到工商局交费并领取公司营业执照

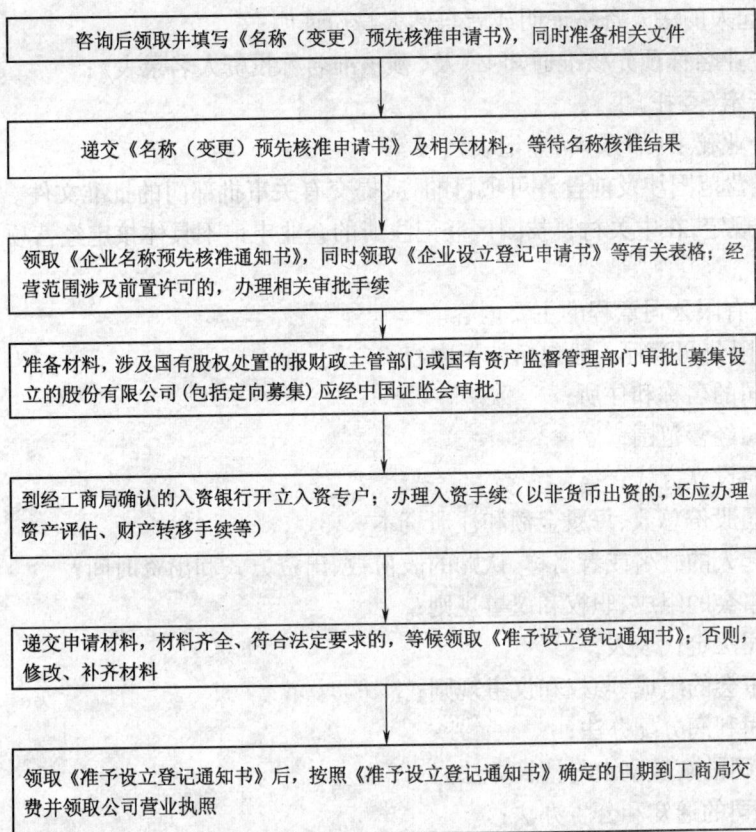

图1-3　股份有限公司设立流程

会公开募集而设立股份公司的，为募集设立。其中，发起人认购的股份不少于公司注册资本的35%。

2. 申请股份有限公司设立登记应提交的文件、证件。

(1)《企业设立登记申请书》[内含《企业设立登记申请表》、《单位投资者(单位股东、发起人)名录》、《自然人股东(发起人)、个人独资企业投资人、合伙企业合伙人名录》、《投资者注册资本(注册资金、出资额)缴付情况》、《法定代表人登记表》、《董事会成员、经理、监事任职证明》、《企业住所证明》等表格];

(2)募集设立的股份有限公司应提交国务院证券管理部门的批准文件;

(3)募集设立的股份有限公司应提交创立大会的会议记录或创立大会决议(附董事会、监事会决议);

(4)公司章程(提交打印件一份,由全体股东亲笔签字;有法人股东的,要加盖该法人单位公章);

（5）依法设立的验资机构出具的验资证明；

（6）发起人的法人资格证明或者自然人身份证明；

（7）《企业名称预先核准通知书》及《预核准名称投资人名录表》；

（8）《指定（委托）书》；

（9）《企业秘书（联系人）登记表》；

（10）经营范围涉及前置许可项目的，应提交有关审批部门的批准文件。

北京市规定，在中关村科技园区登记注册的企业申请不具体核定经营项目的，应提交《承诺书》。

3. 股份有限公司章程的主要内容。

股份有限公司章程一般包括如下内容：

（1）公司的名称和住所；

（2）公司经营范围；

（3）公司设立方式；

（4）公司股份总数、每股金额和注册资本；

（5）发起人的姓名或者名称、认购的股份数、出资方式和出资时间；

（6）董事会的组成、职权和议事规则；

（7）公司法定代表人；

（8）监事会的组成、职权和议事规则；

（9）公司利润分配办法；

（10）公司的解散事由与清算办法；

（11）公司的通知和公告办法；

（12）股东会会议认为需要规定的其他事项。

【实训要求】

撰写实训报告。实训报告应包括以下内容：

1. 描述模拟设立有限责任公司的工作；

2. 总结并分析公司设立过程中的各种问题、难题；

3. 对有限责任公司、股份有限公司的设立进行对比分析。

4. 填写公司设立中的各种表格。

【实训提示】

要根据各自公司的具体情况正确填写。

表格的来源，可以登录各登记机关网站下载。

二、实训成果

此实训环节应完成、提交的实训成果包括：

1. 申请设立有限责任公司及股份有限公司的各种表格；
2. 本单元实训报告。

三、评价标准

1. 实训报告中对设立公司的工作描述是否完整、有序、正确；能否分析解决设立公司中的各种问题、难题；

2. 设立公司的各种表格是否填写得完整、规范、正确。

【评价鉴定表】

序号	评价标准和内容	评价等级				
		优秀	良好	中等	合格	不合格
1	对公司设立的工作描述是否完整、有序、正确					
2	能否有针对性地分析公司设立中的问题、难题					
3	公司设立所需的各种表格填写是否完整、规范、正确					
4	实训报告是否整洁，内容充实，结论明确					
5	综合成绩					

第三节　各种表格和附录

一、设立公司所需填写的表格

这主要包括公司名称预先审核登记类表格和公司设立登记申请书，读者请登录北京市工商局网站查询下载，并正确填写。

二、附录

附录 1-1　有限责任公司章程参考格式

××有限责任公司章程

第一章　总　则

第一条　依据《中华人民共和国公司法》(以下简称《公司法》)及有关法律、法规的规定，由_____等_____方共同出资，设立_____有限责任公司(以下简称××公司)，特制定本章程。

第二条 本章程中的各项条款与法律、法规、规章不符的,以法律、法规、规章的规定为准。

第二章 公司名称和住所

第三条 公司名称:＿＿＿＿＿＿＿＿。

第四条 住所:＿＿＿＿＿＿＿＿。

第三章 公司经营范围

第五条 公司经营范围:(注:根据实际情况具体填写)

第四章 公司注册资本及股东的姓名(名称)、出资方式、出资额、出资时间

第六条 公司注册资本:＿＿＿＿万元人民币。

第七条 股东的姓名(名称)、认缴及实缴的出资额、出资时间、出资方式如下:

股东姓名或名称	认缴情况			设立(截至变更登记申请日)时实际缴付			分期缴付		
	出资数额	出资时间	出资方式	出资数额	出资时间	出资方式	出资数额	出资时间	出资方式
合 计	其中货币出资								

注:公司设立时,全体股东的首次出资额不得低于注册资本的20%,也不得低于法定的注册资本最低限额,其余部分由股东自公司成立之日起两年内缴足;其中投资公司可以在五年内缴足。全体股东的货币出资金额不得低于注册资本的30%。请根据实际情况填写本表,缴资次数超过两期的,应按实际情况续填本表。一人有限公司应当一次足额缴纳出资额。

第五章 公司的机构及其产生办法、职权、议事规则

第八条 股东会由全体股东组成,是公司的权力机构,行使下列职权:

（一）决定公司的经营方针和投资计划；

（二）选举和更换非由职工代表担任的董事、监事，决定有关董事、监事的报酬事项；

（三）审议批准董事会（或执行董事）的报告；

（四）审议批准监事会或监事的报告；

（五）审议批准公司的年度财务预算方案、决算方案；

（六）审议批准公司的利润分配方案和弥补亏损的方案；

（七）对公司增加或者减少注册资本作出决议；

（八）对发行公司债券作出决议；

（九）对公司合并、分立、解散、清算或者变更公司形式作出决议；

（十）修改公司章程；

（十一）其他职权。（注：由股东自行确定，如股东不作具体规定应将此条删除）

第九条　股东会的首次会议由出资最多的股东召集和主持。

第十条　股东会会议由股东按照出资比例行使表决权。（注：此条可由股东自行确定按照何种方式行使表决权）

第十一条　股东会会议分为定期会议和临时会议。

召开股东会会议，应当于会议召开 15 日以前通知全体股东。（注：此条可由股东自行确定时间）

定期会议定时（注：由股东自行确定）召开。代表 1/10 以上表决权的股东，1/3 以上的董事，监事会或者监事（不设监事会时）提议召开临时会议的，应当召开临时会议。

第十二条　股东会会议由董事会召集，董事长主持；董事长不能履行职务或者不履行职务的，由副董事长主持；副董事长不能履行职务或者不履行职务的，由半数以上董事共同推举一名董事主持。

（注：有限责任公司不设董事会的，股东会会议由执行董事召集和主持）

董事会或者执行董事不能履行或者不履行召集股东会会议职责的，由监事会或者不设监事会的公司的监事召集和主持；监事或者监事不召集和主持的，代表 1/10 以上表决权的股东可以自行召集和主持。

第十三条　股东会会议作出修改公司章程、增加或者减少注册资本的决议，以及公司合并、分立、解散或者变更公司形式的决议，必须经代表 2/3 以上表决权的股东通过。（注：股东会的其他议事方式和表决程序可由股东自行确定）

第十四条　公司设董事会，成员为_____人，由_____产生。董事任期_____年，任期届满，可连选连任。

董事会设董事长一人，副董事长_____人，由_____产生。（注：股东自行确定董

事长、副董事长的产生方式)

第十五条　董事会行使下列职权：

（一）负责召集股东会，并向股东会议报告工作；

（二）执行股东会的决议；

（三）审定公司的经营计划和投资方案；

（四）制订公司的年度财务预算方案、决算方案；

（五）制订公司的利润分配方案和弥补亏损方案；

（六）制订公司增加或者减少注册资本以及发行公司债券的方案；

（七）制订公司合并、分立、变更公司形式、解散的方案；

（八）决定公司内部管理机构的设置；

（九）决定聘任或者解聘公司经理及其报酬事项，并根据经理的提名决定聘任或者解聘公司副经理、财务负责人及其报酬事项；

（十）制定公司的基本管理制度；

（十一）其他职权。（注：由股东自行确定，如股东不作具体规定应将此条删除）

（注：股东人数较少或者规模较小的有限责任公司，可以设一名执行董事，不设董事会。执行董事的职权由股东自行确定）

第十六条　董事会会议由董事长召集和主持；董事长不能履行职务或者不履行职务的，由副董事长召集和主持；副董事长不能履行职务或者不履行职务的，由半数以上董事共同推举一名董事召集和主持。

第十七条　董事会决议的表决，实行一人一票。

董事会的议事方式和表决程序。（注：由股东自行确定）

第十八条　公司设经理，由董事会决定聘任或者解聘。经理对董事会负责，行使下列职权：

（一）主持公司的生产经营管理工作，组织实施董事会决议；

（二）组织实施公司年度经营计划和投资方案；

（三）拟订公司内部管理机构设置方案；

（四）拟订公司的基本管理制度；

（五）制定公司的具体规章；

（六）提请聘任或者解聘公司副经理、财务负责人；

（七）决定聘任或者解聘除应由董事会决定聘任或者解聘以外的负责管理人员；

（八）董事会授予的其他职权。

（注：以上内容也可由股东自行确定）

经理列席董事会会议。

第十九条　公司设监事会,成员_____人,监事会设主席一人,由全体监事过半数选举产生。监事会中股东代表监事与职工代表监事的比例为_____：_____。（注:由股东自行确定,但其中职工代表的比例不得低于1/3）

监事的任期每届为三年,任期届满,可连选连任。

（注:股东人数较少、规格较小的公司可以设一至二名监事）

第二十条　监事会或者监事行使下列职权:

（一）检查公司财务;

（二）对董事、高级管理人员执行公司职务的行为进行监督,对违反法律、行政法规、公司章程或者股东会决议的董事、高级管理人员提出罢免的建议;

（三）当董事、高级管理人员的行为损害公司的利益时,要求董事、高级管理人员予以纠正;

（四）提议召开临时股东会会议,在董事会不履行本法规定的召集和主持股东会会议职责时召集和主持股东会会议;

（五）向股东会会议提出提案;

（六）依照《公司法》第152条的规定,对董事、高级管理人员提起诉讼;

（七）其他职权。（注:由股东自行确定,如股东不作具体规定应将此条删除）

监事可以列席董事会会议。

第二十一条　监事会每年度至少召开一次会议,监事可以提议召开临时监事会会议。

第二十二条　监事会决议应当经半数以上监事通过。

监事会的议事方式和表决程序……（注:由股东自行确定）

第六章　公司的法定代表人

第二十三条　董事长为公司的法定代表人（注:也可是执行董事或经理）,任期_____年,由_____选举产生,任期届满,可连选连任。（注:由股东自行确定）

第七章　股东会会议认为需要规定的其他事项

第二十四条　股东之间可以相互转让其部分或全部出资。

第二十五条　股东向股东以外的人转让股权,应当经其他股东过半数同意。股东应就其股权转让事项书面通知其他股东征求同意,其他股东自接到书面通知之日起满30日未答复的,视为同意转让。其他股东半数以上不同意转让的,不同意的股东应当购买该转让的股权;不购买的,视为同意转让。

经股东同意转让的股权,在同等条件下,其他股东有优先购买权。两个以上股东主张行使优先购买权的,协商确定各自的购买比例;协商不成的,按照转让时各自的出资比例行使优先购买权。

(注:以上内容亦可由股东另行确定股权转让的办法)

第二十六条 公司的营业期限为_____年,自公司营业执照签发之日起计算。

第二十七条 有下列情形之一的,公司清算组应当自公司清算结束之日起30日内向原公司登记机关申请注销登记:

(一)公司被依法宣告破产;

(二)公司章程规定的营业期限届满或者公司章程规定的其他解散事由出现,但公司通过修改公司章程而存续的除外;

(三)股东会决议解散或者一人有限责任公司的股东决议解散;

(四)依法被吊销营业执照、责令关闭或者被撤销;

(五)人民法院依法予以解散;

(六)法律、行政法规规定的其他解散情形。

(注:本章节内容除上述条款外,股东可根据《公司法》的有关规定,将认为需要记载的其他内容一并列明)

第八章 附 则

第二十八条 公司登记事项以公司登记机关核定的为准。

第二十九条 本章程一式_____份,并报公司登记机关一份。

全体股东亲笔签字、盖章:

年 月 日

附录1-2　公司设立的收费标准

收费标准

（一）公司设立登记收取登记费的标准：公司设立登记按注册资本的0.8‰收取；注册资本超过1 000万元的，超过部分按0.4‰收取；注册资本超过1亿元的，超过部分不再收取，开业登记收费最低款额为50元。分公司设立登记收取登记费300元。

（二）公司（分公司）变更登记费100元。

（三）公司增加注册资本收取变更登记费的标准：注册资本未超过1 000万元的，增加部分按0.8‰收取；超过1 000万元的，超过部分按0.4‰收取；超过1亿元的，超过部分不再收取。收取增加注册资本注册登记费的，不再收取变更登记费。增资最低收费为100元。

（四）补换执照正本收取费用50元。

（五）执照副本每份收取工本费10元。

（六）公司（分公司）备案登记，不收取登记费，但涉及打印新营业执照的，收取执照副本工本费，每份10元。

附录1-3　北京市各公司登记注册部门

单　位	地　址	邮政编码
北京市工商局	海淀区苏州街36号	100080
东城分局	东城区金宝街52号	100005
西城分局	西城区金融街乙16号	100032
崇文分局	崇文区法华南里1号楼	100061
宣武分局	宣武区南菜园街5号	100054
朝阳分局	朝阳区霄云路霄云里1号	100016
海淀分局	海淀区倒座庙9号	100080
丰台分局	丰台区菜户营东街乙360号	100054
石景山分局	石景山区八角西街12号	100043
门头沟分局	门头沟区滨河路70号	102300
房山分局	房山区良乡西路22号	102488
顺义分局	顺义区石园西路	101300
通州分局	通州区新华大街110号	101100

续表

单　位	地　址	邮政编码
大兴分局	大兴区黄村镇市场路	102600
密云分局	密云县新中路南口东侧	101500
怀柔分局	怀柔区北大街 14 号	101400
昌平分局	昌平区煤市口胡同甲 8 号	102200
平谷分局	平谷区平谷镇林荫北街 3 号	101200
延庆分局	延庆县东外大街 57 号	102100
燕山分局	房山区燕山岗南路东二巷 3 号	102500
开发区分局	北京经济技术开发区中和街 4 号	100176
天安门分局	东城区东交民巷 44 号	100006
西客站分局	丰台区莲花池东路 102 号天莲大厦三层	100055
机场分局	首都机场口岸办公楼	100621
重要商品分局	朝阳区华威桥西	100021
机动车分局	丰台区菜户营东街乙 360 号	100054

附录1-4　股份有限公司章程参考格式

××股份有限公司章程

第一章　总　则

第一条　依据《中华人民共和国公司法》（以下简称《公司法》）及有关法律、法规的规定，由_____等_____方共同发起设立，特制定本章程。

第二条　本章程中的各项条款与法律、法规、规章不符的，以法律、法规、规章的规定为准。

第二章　公司名称和住所

第三条　公司名称：_____。

第四条　住所：_____。

第三章　公司经营范围

第五条　公司经营范围：（注：根据实际情况参照《国民经济行业分类》具体填写）

第四章　公司设立方式

第六条　公司设立方式:发起设立。

第五章　公司股份总数、每股金额和注册资本

第七条　公司股份总数:_____万股。

第八条　公司股份每股金额:_____元。

第九条　公司注册资本:_____万元人民币。

第十条　公司增加或减少注册资本,必须召开股东大会并做出决议。

第六章　发起人的姓名(名称)、认购的股份数、出资方式和出资时间

第十一条　发起人的姓名(名称)、认购的股份数、出资方式和出资时间如下:

发起人姓名或名称	认缴情况			设立(截至变更登记申请日)时实际缴付			分期缴付		
	认购的股份数	出资方式	出资时间	认购的股份数	出资时间	出资方式	认购的股份数	出资时间	出资方式
合计	其中货币出资								

注:公司发起设立时,全体发起人的首次出资额不得低于注册资本的20%,也不得低于法定的注册资本最低限额,其余部分由发起人自公司成立之日起两年内缴足;其中投资公司可以在五年内缴足。全体发起人的货币出资金额不得低于注册资本的30%。请根据实际情况填写本表,缴资次数超过两期的,应按实际情况续填本表。

第七章　公司股东大会的组成、职权和议事规则

第十二条　公司股东大会由全体发起人(股东)组成。股东大会是公司的权力机构,其职权是:

(一)决定公司的经营方针和投资计划;

（二）选举和更换非由职工代表担任的董事、监事，决定有关董事、监事的报酬事项；

（三）审议批准董事会的报告；

（四）审议批准监事会的报告；

（五）审议批准公司的年度财务预算方案、决算方案；

（六）审议批准公司的利润分配方案和弥补亏损方案；

（七）对公司增加或者减少注册资本作出决议；

（八）对发行公司债券作出决议；

（九）对公司合并、分立、解散、清算或者变更公司形式作出决议；

（十）修改公司章程；

（十一）公司章程规定的其他职权。（注：由股东发起人自行确定，如发起人不作具体规定应将此条删除）

对上述所列事项股东以书面形式一致表示同意的，可以不召开股东大会，直接作出决定，并由全体股东在决定文件上签名、盖章。

第十三条　股东大会应当每年召开一次年会，有下列情形之一的，应当在两个月内召开临时股东大会：

（一）董事人数不足《公司法》规定人数或者公司章程所定人数的三分之二时；

（二）公司未弥补的亏损达实收股本总额三分之一时；

（三）单独或合计持有公司 10% 以上股份的股东请求时；

（四）董事会认为必要时；

（五）监事会提议召开时；

（六）其他情形。（注：股东可以自行约定，如没有则删除此条）

第十四条　股东大会会议有董事会召集，董事长主持；董事长不能履行职务或不履行职务的，由副董事长主持；副董事长不能履行职务的，由半数以上董事共同推举一名董事主持。

董事会不能履行或者不履行召集股东大会会议职责的，监事会应当及时召集和主持；监事会不召集和主持的，连续 90 日以上单独或者合计持有公司 10% 以上股份的股东可以自行召集和主持。

第十五条　召开股东大会会议，应当将会议召开的时间、地点和审议的事项于会议召开 20 日前通知各股东；临时股东大会应当于会议召开 15 日前通知各股东；发行无记名股票的，应当于会议召开 30 日前公告会议召开的时间、地点和审议的事项。

单独或者合计持有公司 3% 以上股份的股东，可以在股东大会召开 10 日前提出临时提案并书面提交董事会；董事会应当在收到提案后 2 日内通知其他股东；并将该临时提案提交股东大会审议。临时提案的内容应当属于股东大会职权范围，并有明确议题和具体决议事项。

股东大会不得对前两款通知中未列明的事项作出决议

无记名股票持有人出席股东大会会议的,应当于会议召开 5 日前至股东大会闭会时将股票交存于公司。

第十六条　股东大会作出决议,必须经出席会议的股东所持表决权过半数通过。股东大会作出修改公司章程、增加或者减少注册资本的决议,以及公司合并、分立、解散或者变更公司形式的决议,必须经出席会议的股东所持表决权的 2/3 以上通过。但是,股东大会作出修改公司章程、增加或者减少注册资本的决议,以及公司合作、分立、解散或者变更公司形式的决议,必须经出席会议的股东所持表决权的 2/3 以上通过。(注:其他重大事项的规则由股东自行约定)

第十七条　股东可以委托代理人出席股东大会会议,代理人应当向公司提交股东授权委托书,并在授权范围内行使表决权。

第十八条　股东大会应当对所议事项的决定做成会议记录,主持人、出席会议的董事应当在会议记录上签名。会议记录应当与出席会议股东的签名册及代理出席的委托书一并保存。

第八章　董事会的组成、职权和议事规则

第十九条　公司设董事会,成员为＿＿＿＿人,非由职工代表担任的董事由股东大会选举产生;职工代表董事由公司职工通过职工代表大会(注:或职工大会或者其他形式)民主选举产生。董事任期＿＿＿＿年,任期届满,可连选连任。

董事任期届满未及时改选,或者董事在任期内辞职导致董事会成员低于法定人数的,在改选出的董事就任前,原董事仍应当依照法律、行政法规和公司章程的规定,履行董事职责。

董事会设董事长一人,副董事长＿＿＿＿人,由董事会以全体董事过半数选举产生。

第二十条　董事会行使下列职权:

(一)负责召集股东大会,并向股东大会报告工作;

(二)执行股东大会的决议;

(三)审定公司的经营计划和投资方案;

(四)制订公司的年度财务预算方案、决算方案;

(五)制订公司的利润分配方案和弥补亏损方案;

(六)制订公司增加或者减少注册资本以及发行公司债券的方案;

(七)制订公司合并、分立、变更公司形式、解散的方案;

(八)决定公司内部管理机构的设置;

(九)决定聘任或者解聘公司经理及其报酬事项,并根据经理的提名决定聘任或者

解聘公司副经理、财务负责人及其报酬事项;

（十）制定公司的基本管理制度;

（十一）其他职权。（注:由发起人自行确定,如发起人不作具体规定应将此条删除)

第二十一条　董事会会议由董事长召集和主持;副董事长协助董事长履行职务,董事长不能履行职务或者不履行职务的,由副董事长履行职务;副董事长不能履行职务或者不履行职务的,由半数以上董事共同推举一名董事履行职务。

第二十二条　董事会每年度至少召开两次会议,每次会议应当于会议召开 10 日前通知全体董事和监事。

代表 1/10 以上表决权的股东、1/3 以上董事或者监事,可以提议召开董事会临时会议。董事长应当自接到提议后 10 日内,召集和主持董事会会议。

董事会召开临时会议的通知方式和通知时间由发起人或董事自行约定。

第二十三条　董事会会议应有过半数的董事出席方可举行。董事会作出决议,必须经全体董事过半数通过。

董事会决议的表决,实行一人一票。

第二十四条　董事会会议应由董事本人出席;董事因故不能出席,可以书面委托其他董事代为出席,委托书中应载明授权范围。

第二十五条　董事会应当对会议所议事项的决定作成会议记录,出席会议的董事应当在会议记录上签名。

董事应当对董事会的决议承担责任。董事会的决议违反法律、行政法规或者公司章程、股东大会决议,致使公司遭受严重损失的,参与决议的董事对公司负赔偿责任。但经证明在表决时曾表明异议并记载于会议记录的,该董事可以免除责任。

第二十六条　公司设经理,由董事会决定聘任或者解聘。经理对董事会负责,行使下列职权:

（一）主持公司的生产经营管理工作,组织实施董事会决议;

（二）组织实施公司年度经营计划和投资方案;

（三）拟订公司内部管理机构设置方案;

（四）拟订公司的基本管理制度;

（五）制定公司的具体规章;

（六）提请聘任或者解聘公司副经理、财务负责人;

（七）决定聘任或者解聘应由董事会决定聘任或者解聘以外的负责管理人员;

（八）董事会授予的其他职权。

（注:以上内容也可由发起人自行确定)

经理列席董事会会议。

第九章　公司的法定代表人

第二十七条　董事长为公司的法定代表人(注:由发起人按照《公司法》第13条自行约定),任期_____年,由_____选举产生,任期届满,可连选连任。

第二十八条　法定代表人行使下列职权……(注:由发起人自行确定)

第十章　监事会的组成、职权和议事规则

第二十九条　公司设监事会,成员_____人(注:不得少于3人),监事会中股东代表监事与职工代表监事的比例为_____:_____(注:由股东自行确定,但其中职工代表的比例不得低于1/3)。监事会中的股东代表监事由股东大会选举产生,职工代表由公司职工通过职工代表大会(职工大会或者其形式)民主选举产生。

监事会设主席一人,由全体监事过半数选举产生。监事会主席召集和主持监事会会议;监事会主席不能履行职务或者不履行职务的,由监事会副主席召集和主持;监事会副主席不能履行职务或者不履行职务的,由半数以上监事共同推举一名监事召集和主持监事会会议。

董事、高级管理人员不得兼任监事。

监事的任期每届为三年,任期届满,可连选连任。

监事任期届满未及时改选,或者监事在任期内辞职导致监事会成员低于法定人数的,在改选出的监事就任前,原监事仍应当依照法律、行政法规和公司章程的规定,履行监事职务。

第三十条　监事会行使下列职权:

(一)检查公司财务;

(二)对董事、高级管理人员执行公司职务的行为进行监督,对违反法律、行政法规、公司章程或者股东会决议的董事、高级管理人员提出罢免的建议;

(三)当董事、高级管理人员的行为损害公司的利益时,要求董事、高级管理人员予以纠正;

(四)提议召开临时股东大会,在董事会不履行本法规定的召集和主持股东大会职责时召集和主持股东大会;

(五)向股东大会提出提案;

(六)依照《公司法》第152条的规定,对董事、高级管理人员提起诉讼;

(七)其他职权。(注:由发起人自行确定,如发起人不作具体规定应将此条删除)

监事可以列席董事会会议。

第三十一条　监事会每六个月至少召开一次会议,监事可以提议召开临时监事会会议。

第三十二条 监事会决议应当经半数以上监事通过。

监事会应当对所议事项的决定做成会议记录,出席会议的监事应当在会议记录上签名。

第三十三条 监事会的议事方式和表决程序,除《公司法》有规定外,由股东在公司章程中自行约定。

第十一章 公司利润分配办法

第三十四条 公司分配当年税后利润时,应当提取利润的10%列入公司法定公积金。公司的法定公积金不足以弥补以前年度亏损的,在依照前款规定提取法定公积金前,应当先用当年利润弥补亏损。

第三十五条 税后利润的分配方式由股东自行约定。

第十二章 公司的解散事由与清算办法

第三十六条 公司有以下情形之一时,解散并进行清算:

(一)公司章程规定的营业期限届满或者公司章程规定的其他解散事由出现;

(二)股东会或者股东大会决议解散;

(三)因公司合并或者分立需要解散;

(四)依法被吊销营业执照、责令关闭或者被撤销;

(五)人民法院依照《公司法》第183条的规定予以解散;

(六)其他解散事由出现。(注:由股东自行约定,如不做具体规定应删除此条)

第三十七条 公司因第36条(一)项规定而解散的,可以经出席股东大会会议的股东所持表决权的2/3以上通过修改公司章程而存续。

第三十八条 公司因第36条第(一)、(二)、(四)、(五)项规定而解散的,应当在解散事由出现之日起15日内成立清算组,开始清算(清算组的组成及职权由股东约定)。

第三十九条 清算组应当自成立之日起10日内通知债权人,并于60日内在报纸上公告。

第四十条 在申报债权期间,清算组不得对债权人进行清偿。

第十三章 公司的通知和公告办法

第四十一条 公司有下列情形之一的,应予通知……(注:由发起人自行约定)

第四十二条 公司通知可采用邮递或送达形式,必要时也可采用函电的方式。除国家法律、法规规定的公告事项外,公司通知可采用公告形式。(注:由股东自行约定)

第十四章　股东大会会议认为需要规定的其他事项

第四十三条　股东持有的股份可以依法转让。

第四十四条　股东大会选举董事、监事,可以实行累计投票制。

第四十五条　公司的营业期限为_____年(注:由股东自行约定),自公司营业执照签发之日起计算。

第四十六条　公司登记事项以公司登记机关核定的为准。

第四十七条　本章程一式_____份,并报公司登记机关一份。

(注:本章节内容除上述条款外,股东可根据《公司法》的有关规定,将认为需要记载的其他内容一并列明)

全体股东亲笔签字、盖章:

年　月　日

第二单元　企业组织设计及人力资源管理

实训目的

　　组织结构设计及人力资源管理主要指在企业完成注册登记后,根据公司所在行业特点及业务发展需要等相关因素,设立公司内部的管理部门,搭建公司的管理框架,并招聘合适的员工开展业务的过程。作为一名管理人员,应该对企业的组织构建及人力资源管理活动有一个基本的了解。

　　本章实训主要围绕公司的组织结构设计和人力资源管理活动展开实训练习,主要内容包括企业组织职能设计、组织结构设计、组织职权设计、岗位分析、公司人员招聘模拟等实践环节的模拟与训练。

　　本环节实训的目的是为了让学生掌握公司组织结构设计及相关人力资源管理活动的主要技能,学会根据客观环境合理构建企业主要职能部门。

　　通过本章学习,学生可以有效提高组织机构设计及相关人力资源管理的相关技能。

知识要求

- 掌握组织的概念、含义、特点以及组织设计的原理、原则及影响因素;
- 掌握组织职能设计的基本知识;
- 掌握组织结构设计的基本知识;
- 掌握组织职权设计和工作分析的概念及常识;
- 掌握人力资源管理、人力资源规划、企业招聘活动的基本概念及常识。

技能要求

- 能够根据需要设计公司的职能部门;
- 能够根据公司主要职能设计公司组织结构;
- 能够对主要工作岗位进行工作分析;
- 能够根据公司业务发展需要制订人力资源需求计划并进行相应的招聘活动。

第一节　企业组织设计与人力资源管理相关专业知识

一、组织概念及组织类型

(一)组织的概念、含义和特征

1. 组织的概念。组织是指为了完成特定目标,在分工与合作基础上构成的人员的集合。它是人们有意识地协同劳动而产生的群体。在人类社会活动中,越来越需要人们的协同合作来实现活动目标,因此必须有组织及其组织活动。

组织,从动态上解释就是指事物、人员等有目的、有系统地集合起来,如组织群众,这种组织是管理的一种职能;从静态上看则指按照一定的宗旨和目标建立起来的集体,如工商企业、政府机关、学校、医院、各个层次的经济实体、各个党派和政治团体等。

从研究的范围看,组织又可分为广义的组织和狭义的组织。广义上的组织是指由诸多要素按照一定方式相互联系起来的系统。系统论、控制论、信息论和协同论等,都是从不同的侧面研究有组织的系统的。狭义上,组织就是指人们为着实现一定的目标,互相协作结合而成的集体或团体,如党团组织、工会组织、企业组织、军事组织等。本章所研究的组织是指狭义的组织。

从组织职能实施上看,组织可区分为有形组织和无形组织。前者是指组织的有形实体——组织机构;后者则指无形的、作为关系网络或力量协作系统的组织活动。无形的组织活动和有形的组织机构之间的关系是手段与目的的关系。

2. 组织的含义。从组织的有形实体看,组织是为了实现某一个共同目标,在分工与合作的基础上,由不同层次的权力和责任制度构成的人群集合系统。其包含了如下4层含义:

(1)组织是人的集合体。组织是由人员组成的一个系统,组织借助人员来完成工作目标。系统之间的功能存在着差异,即便是相同要素组成的系统,也会因为结构的不同而使其功能有所不同。

(2)组织必须具有特定的目标。目标是组织存在的前提和基础,任何组织都是为实现某些特定目标而存在的,不论目标是否清晰。组织中最基本的目标是实现内部资源的有效配置。组织目标决定了组织的性质。如学院的目标是为了培养技术与管理的高级人才;生产型企业的目标则是为社会提供产品,满足人们的需求,为企业创造利润等。

(3)组织中必然存在分工与合作。分工与合作是由组织目标所决定的,组织的本质在于协作。正是由于人们聚集在一起,协同完成某一项活动才产生了组织。一个组织为了达到既定目标,需要很多部门,每一个部门都专门从事一种或几种特定的工作任务,各个部门之间需要相互配合,这就是分工与合作。只有把分工与合作结合起来,才能提高组织的效率。企业生产各环节是建立在分工基础上的密切合作,是把原材料变成产品的前提。因此,分工与合作是组织得以存在、运行和发展的重要条件。

(4)组织中有不同层次的权力与责任。组织内部的结构反映了组织自身内部有机联系的不同管理层次。这种结构是在分工协作的基础上形成的,是实现合理分工协作的保障,必然也是实现组织目标的保障。在分工的基础上,赋予各部门和每个人相应的权力,并同时明确各部门和各人的责任。有权无责,就有可能导致滥用权力;有责无权,会出现不为工作目标而努力。越是大型的组织,越需要明确权责关系。

上述内容可用如图 2-1 进行演示。

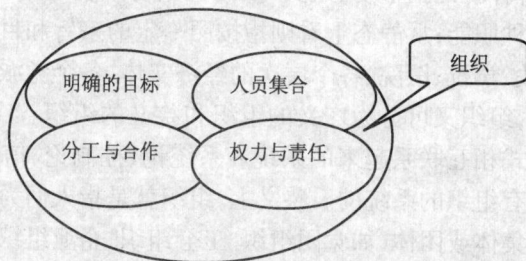

图 2-1 组织的含义

3. 组织的特征。

(1)目的性。所谓目的性,即组织有某种特定的明确的目标,其一切活动都是为了实现这个目标。是否具有目的性是生命系统和非生命系统的区别。一般地说,物质系统是自然形成的,物质系统的形成和活动是自发的过程,是由客观事物自身的联系和相互作用决定的;而社会组织则是人类社会活动为了一定的目标形成的。社会组织的形成和活动过程则是人的有目的、有意识的活动,是根据人们的意志来进行的。

(2)整体性。整体性是系统最普遍、最本质的特征之一。组织也是系统,因此也具有整体性。任何组织都是由许多要素、部分、成员,按照一定的联结形式排列组合而成的,但整体所具有的性质不同于它的要素或组成部分的性质,系统的整体所能达到的功能也不同于它的要素或组成部分的功能,整体与其要素在运动规律上也是不同的。

(3)复杂性。由于组织是群体的集合,也是一个复杂体,要完成组织目标必须分工与合作,沟通与交流,依赖与配合。其复杂性反映为复杂的专业化分工,如水平分工(职能部门细分化)、垂直分工(管理的层级划分)和空间分工(工序、设备的分布);同时也反映在分工后的协调。执行与控制,集权与分权等都涉及人与人、部门与部门之间的沟通与协调。分工越细,复杂性越大,协调也就越困难。

（4）开放性。组织的开放性是指组织具有不断地与外界环境进行物质、能量、信息交换的性质和功能。任何具体组织作为整体，都不是孤立自在的，它总是处于一定的环境之中，并且同环境相互联系、相互作用，组织向环境开放是组织得以向上发展的前提，也是组织得以稳定存在的条件。

（二）组织结构的类型

组织结构的基本形式处于不断的变化之中。19世纪工业革命开始时，企业大多采用直线型组织结构；在20世纪初则以直线型、职能型组织结构为主；20世纪20年代后的工业化发展时期，则以事业部制组织结构为主；随后，矩阵结构和多维立体组织结构在顺应社会经济发展的过程中应运而生。

1. 传统的金字塔型组织。直线制、直线职能制和事业部制等组织形式都是以分工为基础、以控制命令为核心的层级制组织，也称金字塔型组织。在金字塔型组织下，各层级被赋予了明确的职责，上级拥有对下级的权威，这控制了潜在的冲突和矛盾。该种组织结构能有效地管理相对单调的重复性劳动分工和机械化大规模生产。

（1）直线型组织结构。直线型组织结构是一种最早也是最简单的组织形式。它的特点是企业各级行政单位从上到下实行垂直领导，下属部门只接受一个上级的指令，各级主管负责人对所属单位的一切问题负责。厂部不另设职能机构（可设职能人员协助主管人员工作），一切管理职能基本上都由行政主管自己执行。其结构如图2-2所示：

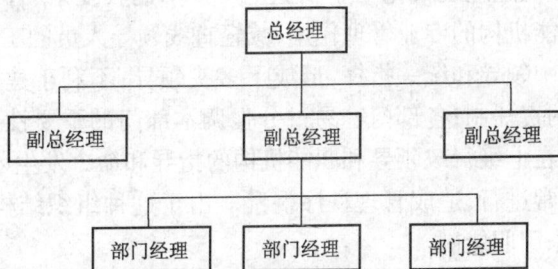

图2-2　直线制组织结构示意图

该组织结构的优点是权力集中，责任分明，命令统一，控制严密。缺点是：它要求行政负责人通晓多种知识和技能，能亲自处理各种业务。在业务比较复杂、企业规模比较大的情况下，把所有管理职能都集中到最高主管一人身上显然是难以完成的。因此，直线制只适用于劳动密集型、机械化程度比较高、规模较小、生产技术比较简单的企业，对生产技术和经营管理比较复杂的企业并不适宜。

（2）职能制组织结构。在职能制组织结构中，各级行政单位除主管负责人外，还相应地设立一些职能机构。这种结构要求行政主管把相应的管理职责和权力交给相关的职能机构,各职能机构有权在自己业务范围内向下级行政单位发号施令。因此,下级行政负责人除了接受上级行政主管人指挥外,还必须接受上级各职能机构的领导。其结构形式如图2-3所示。

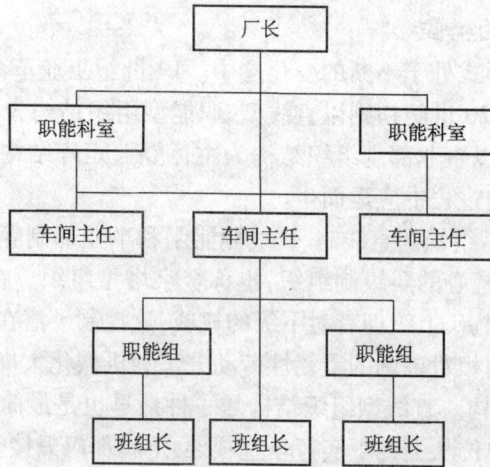

图2-3　职能制组织结构示意图

职能制的优点是能适应现代化工业企业生产技术比较复杂、管理工作比较精细的特点,能充分发挥职能机构的专业管理作用,减轻直线领导人员的工作负担。其缺点则有:妨碍了必要的集中领导和统一指挥,形成了多头领导;不利于建立和健全各级行政负责人和职能科室的责任制;各部门容易过分强调本部门的重要性而忽视与其他部门的配合及组织目标;在上级行政领导和职能机构的指导和命令发生矛盾时,下级就无所适从,影响工作的正常进行,造成管理秩序混乱。由于这种组织结构形式的明显缺陷,现代企业一般都不采用职能制。

(3)直线职能制组织结构。直线职能制,也叫生产区域制,或直线参谋制。它是在直线制和职能制的基础上,取长补短,吸取这两种形式的优点而建立起来的。

这种组织结构形式是把企业管理机构和人员分为两类:一类是直线领导机构和人员,按命令统一原则对各级组织行使指挥权;另一类是职能机构和人员,按专业化原则,从事组织的各项职能管理工作。直线领导机构和人员在自己的职责范围内有一定的决定权和对所属下级的指挥权,并对自己部门的工作负全部责任。而职能机构和人员,则是直线指挥人员的参谋,不能对直接部门发号施令,只能进行业务指导。

直线职能制组织结构图如图2-4所示:

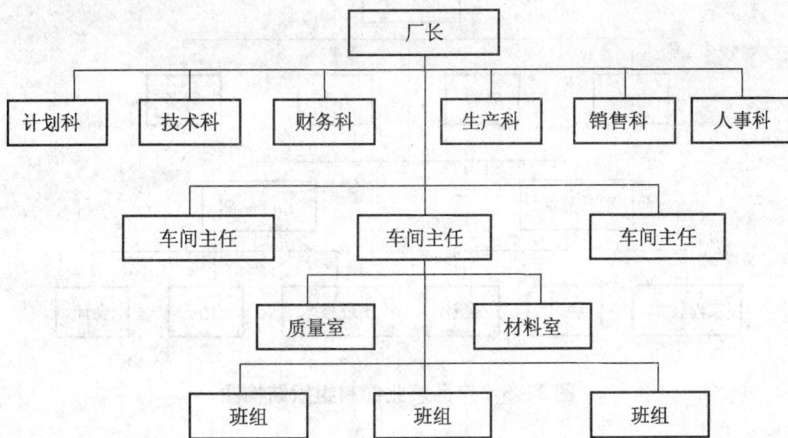

图 2 - 4　直线职能制组织结构示意图

　　直线职能制的优点包括:既保证了企业管理体系的集中统一,又可以在各级行政负责人的领导下,充分发挥各专业管理机构的作用。这种组织结构发挥了分工的好处,带来了规模的经济性,企业在创业期和成长期一般都采用这种组织结构。

　　直线职能制的缺点是:职能部门之间的协作和配合性较差,职能部门的许多工作要在直接向上层领导报告请示后才能处理,这一方面加重了上层领导的工作负担,另一方面也造成办事效率低下。

　　这种组织结构比较适用于针对一种产品或一个地区市场企业,而不适应规模较大的企业。为了克服其所存在的缺点,可以设立各种综合委员会,或建立各种会议制度,以协调各方面的工作,起到沟通作用,帮助高层领导出谋划策。

　　(4)事业部制组织结构。事业部制组织结构包括两种形式:

　　其一,产品事业部。产品事业部主要是以企业所生产的产品为基础,将生产某一产品有关的活动,完全置于同一产品部门内,再在产品部门内细分职能部门,进行生产该产品的工作。这种结构形态,在设计中往往将一些共用的职能集中,由上级委派以辅导各产品部门,做到资源共享。其组织结构如图 2 - 5 所示:

　　产品事业部制的优点是:有利于采用专业化设备,并能使个人的技术和专业化知识得到最大限度的发挥;每一个产品部都是一个利润中心,部门经理承担利润责任,这有利于总经理评价各部门的政绩;在同一产品部门内有关的职能活动协调比较容易,比完全采用职能部门管理更有弹性;容易适应企业的扩展与业务多元化要求。

　　该组织结构形式的主要缺点是:需要更多的具有全面管理才能的人才,而这类人才往往不易得到;每一个产品分部都有一定的独立权力,高层管理人员有时会难以控制;

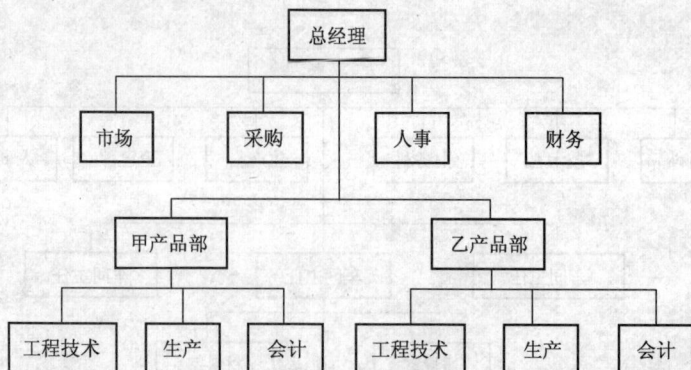

图 2-5　产品事业部制组织结构图

对总部的各职能部门,例如人事、财务等,产品分部往往不会善加利用,以至总部一些服务不能获得充分的利用。

其二,区域事业部制。对于在地理上分散的企业来说,按地区划分部门是一种比较普遍的方法。其原则是把某个地区或区域内的业务工作集中起来,委派一位经理来主管其事。按地区划分部门,特别适用于规模大的公司,尤其是跨国公司。这种组织结构形态,在设计上往往设有中央服务部门,如采购、人事、财务、广告等,向各区域提供专业性的服务,这种组织结构如图 2-6 所示:

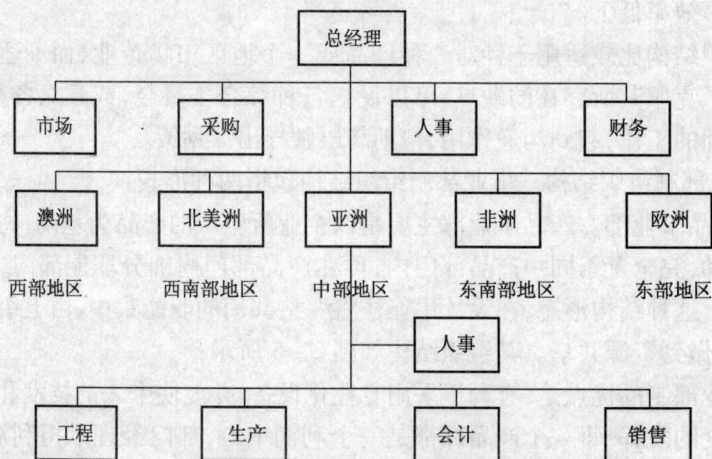

图 2-6　区域事业部组织结构图

区域事业部制的优点是:责任到区域,每一个区域都是一个利润中心,每一区域部门的主管都要负责该地区的业务盈亏;放权到区域,每一个区域有其特殊的市场需求与问题,总部放手让区域人员处理,会比较妥善、实际;有利于地区内部协调;对区域内顾客比较了解,有利于服务与沟通;每一个区域主管,都要担负一切管理职能的活动,这对培养通才型管理人员大有好处。

该组织结构形式的主要缺点是:随着地区的增加,需要更多具有全面管理能力的人员,而这类人员往往不易得到;每一个区域都是一个相对独立的单位,加上时间、空间上的限制,往往出现"将在外,君命有所不受"的情况,总部难以控制;由于总部与各区域天各一方,难以维持集中的经济服务工作。

总体来说,事业部必须具有三个基本要素:即相对独立的市场;相对独立的利益;相对独立的自主权。

2. 新型组织结构。金字塔型组织结构在社会经济发展过程中发挥了应有的作用,符合了工业大生产时代的基本要求,它通过对复杂的重要生产过程的分解和规范,为人们提供了一种在大生产条件下基本合理的组织管理方法。但随着信息技术的发展和经济全球化进程的加快,金字塔型组织结构下的分工过细、层级繁多、官僚主义、管理复杂等弊端日益暴露,不利于企业的发展。为克服金字塔型组织结构产生的弊端,20 世纪70 年代发达国家的大企业在组织结构方面进行了广泛的探索,出现了矩阵组织结构、网络型组织结构等新型的组织结构。

(1)矩阵式组织结构。矩阵式组织结构是为了改进直线职能制组织横向联系差、缺乏弹性的缺点而形成的一种组织形式。矩阵组织结构把既有按职能划分的垂直领导系统和按产品(项目)划分的横向领导关系的结构融为一体,具体如图 2 -7 所示:

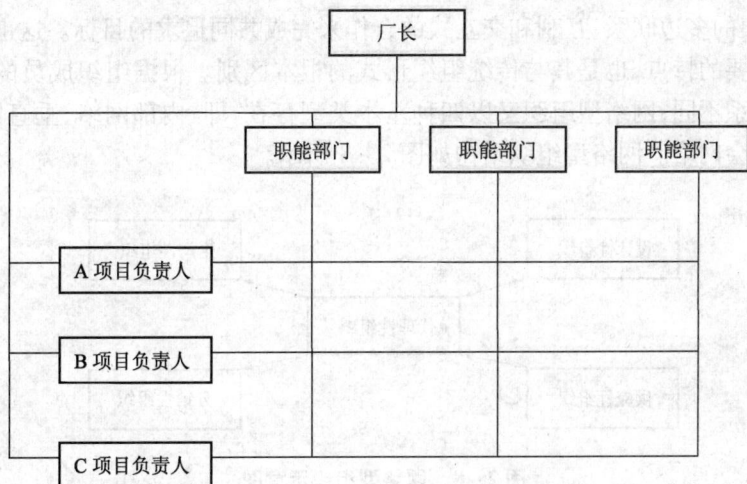

图 2 -7　矩阵式组织结构图

在矩阵式组织结构下,每一员工既同原职能部门保持组织和业务的联系,又参加产品或项目小组的工作,既在纵向的职能管理系统下,又参加为完成某项任务而组成的横向项目管理系统,纵横向的职权具有平衡对等性。为了保证完成一定的任务目标,每一个项目组均设负责人。这种组织结构的特点是:它打破了统一指挥的传统原则,具有多重指挥线。矩阵型组织结构也称为"非长期固定组织",这种组织结构形式是固定的,人员却是变动的,为某个项目搭建的组织(项目组)在任务完成后即解散。因此,这种组织结构非常适用于横向协作、项目攻关。

矩阵式组织结构的优点有:机动、灵活,可随项目的开发与结束进行组织或解散;任务清楚,目的明确,有利于专业人员专长的发挥;有利于各项项目共享资源,提高资源使用效率;加强了组织横向协调,有利于组织纵向和横向联系的有机结合,平衡各部门之间的冲突;实现了集权与分权优势的结合。

该组织结构的缺点是:由于双重领导以及人员组成的双重性,会产生管理上的困难,没有足够的激励手段与惩治手段,这是矩阵结构的先天缺陷;双重指挥也会造成管理成本增加、协调难度加大;具有临时性特点,容易导致责任心下降;如果企业中矩阵组织较多,在增加灵活性的同时,将影响组织的整体性,降低组织效率。

矩阵结构适用于一些重大攻关项目,企业可用其来完成涉及面广的、临时性的、复杂的重大工程项目或管理改革任务。特别适用于以开发与实验为主的单位,如应用性研究所等。

(2)网络型组织结构。网络型组织是由多个个人、部门和企业为了共同的任务而组成的联合体,其运行不靠传统的层级控制,而是在定义成员角色和各自任务的基础上,通过密集的多边联系、互利和交互式的合作来完成共同追求的目标。这也是网络型组织的最主要的特点,也是其与传统组织形式的根本区别。根据组织成员的身份特征以及相互关系不同,网络型组织又以四种基本类型存在,即:内部网络、垂直网络、市场间网络和机会网络。网络型组织结构如图2-8所示。

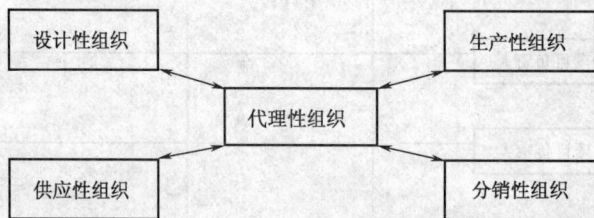

图2-8 网络型组织示意图

网络型组织的主要优点表现在:具有高度的柔性,对多变的环境有高度灵活性和适应性;创造出一个"强强联合"的组织,使之将资源集中于顾客和市场需求;使得每一个成员都能发挥优势竞争力;可以产生协同效应。

其主要缺点则是:对独立的组织间的横向管理较为困难;可能暴露成员组织的专有知识和技术;难以协调各种关系和利益等。这种形式比较适用于高度复杂和不确定的环境,也适应于具有国际业务的组织。

此外,多维立体型组织结构、企业流程再造都改变着企业的组织形式,使企业在发展变化的市场环境中不断调整自己,以最有效的方式,实现组织目标。由于篇幅所限,在此就不一一赘述。

二、组织结构设计的原理和原则

组织结构是指一个组织各构成要素以及它们之间的相互关系,它描述组织的框架体系。企业组织结构是实现企业组织宗旨与目标的平台,直接影响着企业组织内部活动行为的效果与效率,进而影响着企业组织目标的实现。因此,以一定的原则和基本指导思想对组织结构进行科学合理的设计,是组织得以良好运行的前提。

(一)组织设计的原理

1. 规范原理。为保证组织的正常运转,必须制定组织规范。这包括:组织层级的确定,工作范围及权责的确定,职务及其等级和员工的配备,同时还应该确定有效的管理指挥监督系统。

2. 效率原理。企业组织是以追求利润为目标的,因此,组织的建立必须运转高效,减少资源浪费和降低运营成本。其中,合理分工是提高组织效率的重要基础;其次,在客观分析管理人员的基本能力和工作任务的情况下,确定合理的管理幅度,保证管理的有效性。

3. 激励原理。组织结构的设计要充分体现现代管理的思想与理念,重视以人为本的人性化管理,充分发挥人的积极性和创造性,以良好的组织设计构建激励机制,增强组织的凝聚力和向心力,使成员在组织中才能得到展示,职位得到晋升,沟通渠道畅通。

4. 平衡原理。组织是一个有机体,组织的整体性决定了在组织设计中必须做到方方面面达到相对均衡,具体包括分工与协助的平衡,个体与整体的平衡,权力与责任的平衡,贡献与报酬的平衡等。

5. 适应原理。适者生存,对个人如此,对组织更为重要。在经济快速发展的今日,通过组织设计增强企业组织的适应性极为重要。组织设计必须具有柔性和弹性,可随时做出调整,从而适应外部环境的变化,保持竞争力。

6. 有利决策原理。决策是管理的重心,一个良好的组织结构,必须有快速反应和正确决策的能力和系统,繁杂、低效的组织结构肯定不能适应这一要求。因此,决策用信息传递渠道要畅通,信息的收集要及时、快捷、准确。

（二）组织设计的基本原则

1. 效益目标原则。组织结构设计要服从组织中每一项工作的任务和目标，尤其是价值链上的目标，体现设计为目标服务的宗旨。特别对企业来说，它是一种经济组织，以营利为目的，利润最大化是它的首要目标。同时企业还要为社会提供产品和服务，促进生产的发展，满足人民不断增长的物质文化生活的需要，即实现企业的社会效益。

2. 分工协作原则。一家现代企业无论设置多少个部门，每一个部门都不可能承担企业所有的工作。现代化生产必须要有分工，同时，要在分工的基础上，加强协作，保证组织能够高效、和谐地运转。

3. 统一协调原则。组织设计必须使组织形成一个统一的有机整体。设计形成的组织结构应能保证企业在运行时，各个部门和个人协调一致地工作。"下级服从上级，局部服从整体"是统一协调原则的基本要求，而不应在执行组织设计方案之后，部门之间无法相互监督控制，导致运营机制效率低下。

4. 责权一致性原则。责权一致性原则，要求组织结构中的各个部门和个人不仅要有明确的工作任务和责任，而且还要有相应的权力，即责权相适应。有责无权，不能保证组织机构正常履行工作职能，承担不了应有的责任。权力过大，会造成滥用职权，企业运行混乱。

5. 管理幅度和层级适中原则。每一个部门、每一位领导人都要有合理的管理幅度。管理幅度太大，无暇顾及；管理幅度太小，可能没有完全发挥作用。所以在组织结构设计的时候，要制订合理恰当的管理幅度。管理层级是与管理幅度密不可分的，两者应统一考虑。

6. 精简高效原则。所谓精简，是指企业的组织结构在满足经营需要、保证企业目标实现的前提下，把组织中的机构和人员的数量减少到最低限度，使组织结构的规模与所承担的任务相适应。机构臃肿、人浮于事一方面浪费了人力资源，另一方面由于多余环节的存在，增大了交往成本。而且人员一多，还会增加人际关系方面的矛盾。只有在简洁、合理、科学的组织结构中，组织才能实现高效运行。

7. 集权和分权相结合的原则。在整个组织结构设计的时候，权力的集中与分散应该适度。集权和分权应当控制在合适的水平上，使之既不影响工作效率，又不影响积极性。

（三）企业组织设计应考虑的影响因素

企业的组织结构应与企业所处的环境相适应，因为企业最终是要到环境中去运行的。设计什么样的组织结构，要根据企业本身的条件。因为，一方面设计出来的组织结构要靠这些条件来支撑；另一方面，组织结构的存在也是为企业的经营管理活动服务的。一般的，企业的组织结构要受到环境、战略与目标、文化、技术和规模等因素的影响。

　　1. 外部环境会影响到组织结构设计。外部环境对组织结构设计的影响因素主要包括以下几个方面(见表2-1)。

表2-1　组织机构设计的外部影响因素

序号	影响因素	内　　容
1	行业	竞争对手、所在行业规模与竞争程度、关联行业
2	原材料	供应商、制造商、不动产商、服务商
3	人力资源	劳动力市场、就业机构、学校、培训机构、工会
4	金融资源	股票市场、银行、储蓄与信贷机构、私人投资者
5	市场	顾客、客户、产品或服务的潜在使用者
6	技术	生产技术、科技、计算机、信息技术、电子商务
7	经济形势	经济情况、失业率、通货膨胀率、投资回报率、经济增长率
8	政府	国家、地方法律和法规、税收、服务、司法系统
9	社会文化	年龄、价值观、信念、教育程度、宗教、职业伦理等
10	国际市场	国外企业的竞争和收购、本国企业进入海外市场、汇率等

　　2. 规模会影响到组织结构设计。组织规模的大小是影响组织结构中管理跨度和层次结构的重要因素。规模越大,其内部工作的专业化程度就越高,标准化操作程序就越容易建立。这样,管理者用于处理日常事务的时间就越少,因而管理跨度就可以大一些。从这一点来说,规模大的企业,管理跨度可以大一些,有利于减少管理层次。但是,规模大的企业,经营范围宽、业务量大,有些管理职能就可能需要独立出来,这就会增加机构,增加层次。而且规模太大,受管理者能力的限制,分权的程度高,有可能需要建立分权式的组织结构。

　　3. 技术会影响到组织结构设计。技术的含义很广,既包括企业的生产技术,也包括员工的生产技能,还包括组织的管理技能。技术与组织结构有着密切的联系。技术的复杂程度是影响组织内部协调关系的重要因素。一般来说,技术越复杂,部门或个人之间的交往越多;信息传输量越大,传输频次也越大。为了有效协调,应当或者增加协调机构,或者调整组织结构。技术复杂程度高的企业,其自动化程度也高,操作人员和工作岗位减少,基层管理的跨度可能变小。但对上层管理人员来说,由于专业化程度和标准化程度高,管理幅度可以增大。总的情况是管理人员的比重增大。

　　4. 文化会影响到组织结构设计。文化可在组织中发挥两个关键作用,一是使组织成员知道如何在组织中彼此相处,实现组织内部的整合;二是提高组织的外部适应性。所谓内部整合,是指组织成员产生对组织的认同感并知道如何有效地一同工作。正是文化引导了组织成员的工作关系、相互沟通的方式、被组织及组织成员认可的行为方式以及组织中权力与地位的格局。而外部适应性则指的是组织如何达到目标及如何处理与外部的关系。文化不仅能指导组织成员的活动以实现组织的既定目标,还能促进组织对顾客的需要或竞争对手的行为做出快速反应。

5. 战略与目标会影响到组织结构设计。战略与目标对组织结构的影响越来越为人们所特别关注,并得到了广泛的研究。一个组织的结构通常能够反映出组织的战略。产品或市场战略的变化经常会导致结构的变化。企业一旦制定出某种战略以获得市场中的竞争优势,领导者就必须设计或重新设计组织的结构,以便有利于组织活动目标的实现。

三、组织职能、结构与职权的设计

在企业组织设计中,通常涵盖三个方面:企业组织职能设计、企业组织结构设计和企业组织职权设计。

(一)企业组织职能设计

企业组织职能设计是针对企业的管理业务进行的总体设计,在此设计中要确定组织的各项管理职能及其结构,并分解为各个管理层次、管理部门、管理职务和各个岗位的业务要求。组织职能的设计为组织结构的设计提供出科学的依据,是组织结构设计的基础。因为只有当各项职能明确后,才能合理和科学地划分管理层次、各部门规模及其结构。组织职能设计也将有利于组织战略和任务目标的实现。

在企业组织职能设计中,可以通过三个层面的设计来完成:确定基本职能;明确中心职能;进行职能的分解。

企业组织职能设计流程如图2-9所示。

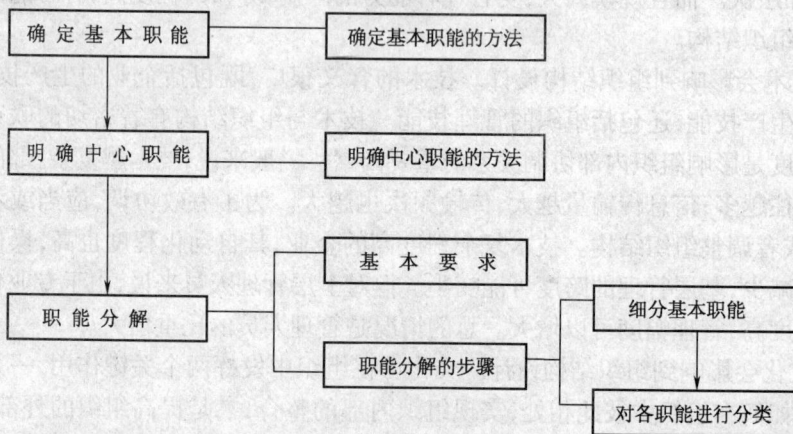

图2-9 企业组织职能设计流程示意图

1. 基本职能的确定方法。

(1)根据行业特点分析设计。任何一个企业都隶属于一个行业。随着社会生产力的不断进步与发展,行业越加细分化,行业特点也就越加明显,因此,企业要根据所在行业的特征来确立本组织的基本职能。这些特征包括:产品的种类、产品的主要用途;生产产品所需的原材料、各种资源条件;生产加工过程所需的技术;市场对产品的需求状况等,所以,行业特征是企业基本职能设计的基本点和出发点。

在依据行业特征进行基本职能设计时,主要考虑如下因素:①可以根据本企业所在行业的特别突出的特性,强化某些基本职能,如新兴领域的技术研发,消费品市场的营销等。②削弱或简化某些基本职能,特别是对一些阶段性任务,没有必要为此而专门设置部门来实现基本职能。③细化某些基本职能。对一些特性突出、过程繁杂且要求精细的业务,则必须要细化职能。例如对于一个大型会议或展览的举办,细节决定品质,必须要把职能细化,以确保目标的实现。④根据企业生产与业务活动情况,适时增加一些新的职能。例如,投资建厂时的环境保护,对自然资源的利用与保护,挖掘利用再生资源等。

(2)根据企业技术特点分析设计。由于技术方面的较大差异,企业在基本职能的设计中,要把技术类型、技术水平、技术实力、技术创新等作为设计基本职能的又一个重要考虑因素。一般的,技术水平的提高和进步,将引起基本职能的增加与细化,如设备的管理难度加大,信息处理水平的提高,物流系统的研发和运行,等等。同样,在技术实力相对较弱的情况下,通过不同方式增强实力和竞争力就显得尤为重要。而技术实力强时,就要不断扩大合作的领域,使供应链更加健全和有保障,加强在国际市场中的竞争力,强化技术专利和技术商品贸易管理等方面的职能。

(3)根据企业外部环境分析设计。在确定基本职能时,要考虑外部环境的情况。这主要包括:首先,要加强与外界的交流与沟通。现在许多企业设置了专门的外联部门,以适应外部政治、经济、文化、技术、社会生活的各个领域的环境变化,企业对外联系的内容也有了很大的扩展,来自所有者、资源供应者、生产协作者、竞争者、客户和消费者的影响因素日益增多,加强联系与沟通,对企业在第一时间掌握信息是至关重要的。其次,企业应当适应外部环境的变化,扩充基本职能的业务内容,实现优化管理。

(4)根据企业基本规模分析设计。企业规模的大小决定了职能的繁简。一般的,企业规模较大,业务活动量也就较大,因此需要细化专业分工,保证工作有序、有效进行,向管理要效益。这点上,小企业的职能设计相对简单些。

(5)根据企业组织形式分析设计。各个企业由于性质不同,组织形式不同,特别是随着经济全球化、多元化的发展以及生产的现代化、社会化,企业的组织形式也在发生着巨大的变化,对不同的组织形式,要分析和研究其各自的特点、联系与区别,从而合理确立企业的基本职能。

2. 确定中心职能。在企业的业务运行中,各项职能的体现是不同的,由主有次,有轻有重。处在重要位置的可称为中心职能,成功企业总是把中心职能配置在企业组织结构中的中心地位,以求获得资源的优化配置和利于核心竞争力的形成。确定中心职能通常的方法有:①以质量管理为中心职能;②以技术开发为中心职能;③以市场营销为中心职能;④以生产管理为中心职能。

3. 职能的分解。当基本职能和中心职能确定之后,为使各层次组织单位和个人明确自己所担负的职责和任务,明确与内外部的相互关系,实现有效沟通和顺畅工作,并加强合作,就要进行职能分解。也就是将基本职能和中心职能逐步分解细化为独立的、可操作的具体业务活动。在职能分解中要做到:

(1)保持各项业务活动的独立性,不要把不同性质的业务活动相混合,以免造成任务不清,职责不清,影响工作效率。

(2)保持业务活动的可操作性,职能分解的目的是保证企业各项工作运行的有效和高效,在职能分解后,应有利于组织或个人去执行。

(3)不可因为要达到独立性和可操作性而产生脱节和重复。进行职能分解首先应该对基本职能细分,而后对细分后的职能进行归类。

(二)企业组织结构设计

组织结构的设计主要解决的是企业为实现目标而进行的权、责、利范围与内容的确定,是建立在有效分工与协作的基础上的、实现权、责、利分配的结构体系构架。

一个企业的组织结构包含三方面的关键要素:一是组织结构确定了组织中的正式报告关系,即职权层级的数目和主管人员的管理幅度;二是组织结构中确定了部门及整个组织的组成方式;三是具有保证部门间沟通、协作与有利于整体优势发挥的制度。三要素中,前两个要素确定了组织的结构框架,解决了纵向的层级问题,而后一个要素则阐明了组织成员间横向的相互作用关系。组织结构设计的基本流程如图2-10所示。

1. 组织层级与管理幅度设计。组织层次设计和管理幅度设计是组织结构设计中两个最重要的参数,而且,管理层次与管理跨度是密切相关的,因此我们放在一起讨论。

任何企业的组织结构都应是一种梯形结构,即上级指挥机构少,下级指挥机构多。从上到下,根据管理的需要,通常设有若干指挥和管理层次。这些层次之间是一种隶属关系,从而形成职权上的等级链,或曰指挥链。等级链概念一直是组织设计的基石。它是指从组织最高层延伸到基层的一条持续的职权线,它界定了谁向谁报告工作,解决"我对谁负责"的问题。管理层次设计就是确定等级链的级数。

(1)管理幅度。管理幅度是指组织中的一个管理者直接指挥下级的数量。管理幅度在很大程度上决定了组织中管理层次的数目及管理人员的数量。显然,在组织规模一定的情况下,如果不考虑其他因素,则管理幅度越宽,管理层次就越少,组织就越有效

```
                                    ┌─────────────────────┐
                                    │ 影响确定管理幅度的因素 │
                                    └─────────────────────┘
                                              │
                                    ┌─────────────────────┐
                                    │     划分影响因素     │
                                    └─────────────────────┘
                                              │
  ┌─────────────────┐             ┌─────────────────────┐
  │ 确定组织的管理幅度 │─────────────│ 赋予影响因素程度权数 │
  └─────────────────┘             └─────────────────────┘
          │                                   │
          │                       ┌─────────────────────┐
          │                       │ 综合平衡，确定管理幅度 │
          │                       └─────────────────────┘
          │
  ┌─────────────────┐             ┌─────────────────────┐
  │   设计组织层次   │─────────────│   确定基本组织层次   │
  └─────────────────┘             └─────────────────────┘
          │                                   │
          │                       ┌─────────────────────┐
          │                       │      局部调整       │
          │                       └─────────────────────┘
          │
  ┌─────────────────┐             ┌─────────────────────┐
  │   设计组织部门   │─────────────│  设计部门结构的框架  │
  └─────────────────┘             └─────────────────────┘
                                              │
                                    ┌─────────────────────┐
                                    │  确定部门的具体业务  │
                                    └─────────────────────┘
```

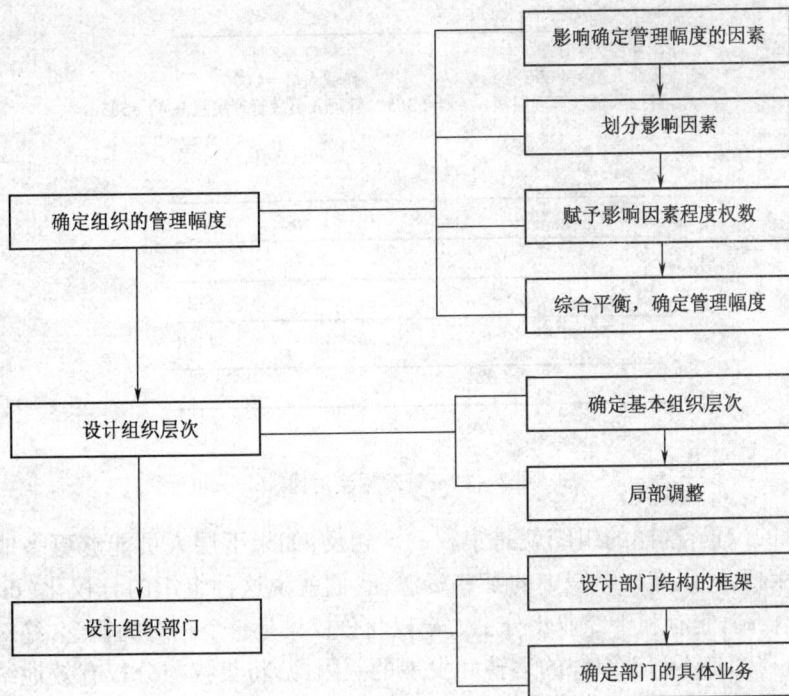

图 2 - 10　企业组织结构设计流程

率;反之管理层次就越多,组织的效率就会受到影响。

　　管理层级与管理幅度的相互关联决定了两大类基本的组织结构形态:一种是管理幅度大、管理层级少而形成的扁平式组织结构;另一种是管理幅度小、管理层级多而形成的锥形组织结构形态。如图 2 - 11 所示,假设两个组织(A 和 B)的人员规模均约为4 100 人,A 组织的管理幅度各层次均为 4,B 组织的管理幅度为 8,则 B 组织的管理层级就减少 2 层,大约精简 800 名管理人员,随之带来劳资成本的降低和效率的提高。但在设计中要注意的是,管理幅度不能无限的大,否则会造成下属员工的绩效由于管理者没有足够的时间提供指导和帮助而受到影响。

　　目前,人们主要还是采取定性的方法来确定管理跨度。一般认为,上层的管理跨度应窄一些,4 ~ 8 人为合适;下层管理跨度应宽一些,15 ~ 20 人为合适。中层的管理幅度介于二者之间。这是因为,上层的管理工作复杂,属非结构化决策的问题较多。实际上,中层的管理幅度比上层要窄,这是因为中层管理者承担着较多的向高层领导汇报工作的职能。

　　(2)集权与分权。集权与分权是组织层级化设计中的两种相反的权力分配方式。集权(centralization)是指决策指挥权在组织层级系统中较高层次上的集中。在这种方式下,高层管理者在作出组织的关键决策时,从不或很少从下层取得决策建议,下级处

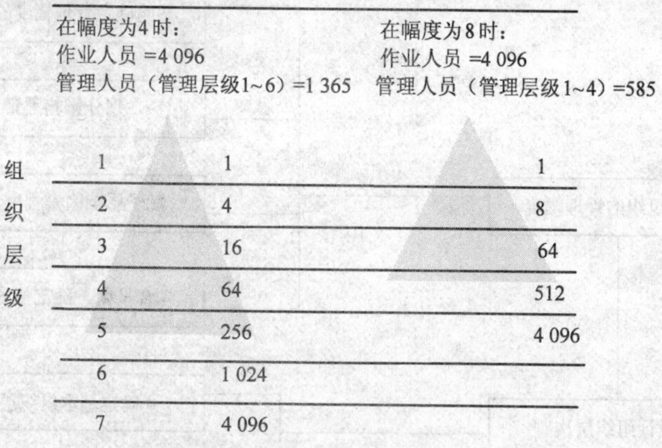

在幅度为4时：　　　　　　　　　　　在幅度为8时：
作业人员 = 4 096　　　　　　　　　　作业人员 = 4 096
管理人员（管理层级1~6）= 1 365　　管理人员（管理层级1~4）= 585

组	1	1		1
织	2	4		8
层	3	16		64
级	4	64		512
	5	256		4 096
	6	1 024		
	7	4 096		

图 2 - 11　管理幅度对比

在绝对服从的位置,这样的组织就是集权的。相反,如果下层人员能够更多地参与决策,行使决策权,可以支配组织中的某些资源,我们就说这种组织的分权化(decentralization)程度较高,它有利于专业化分工。集权与分权只是一个相对的概念,绝对的集权或绝对的分权都是不利于组织的运转和发展的。因此,将集权与分权有效地结合起来是组织存在的基本条件。

在确立实施集权管理还是实施分权管理时,可以从表2-2中所列的影响因素出发来加以考虑。

表 2 - 2　影响集权与分权的因素

高度集权化	高度分权化
环境稳定	环境复杂并不确定
低层管理者不具有做出决策的能力和经验	低层管理者拥有做出决策的能力和经验
低层管理者不愿意介入决策	低层管理者要参加决策
决策的影响大	决策的影响相对小
组织正面临危机或失败的危险	公司文化允许低层管理者对所发生的事情有发言权
企业规模大	公司各部在地域上相当分散
企业战略的有效执行依赖于高层管理者对所发生的事拥有发言权	企业战略的有效执行依赖于低层管理者的参与以及制定决策的灵活性

（3）适度授权。在组织层级设计中需要特别引起注意的是,纵向权力高度集中的组织使得组织僵化和臃肿,仅凭高层主管进行决策很难适应环境的变化。随着信息时

代的到来,组织越来越意识到,对下属实行适度的授权,可以更好地使组织成员自主、圆满、高效地完成组织的各项工作,因此,适度授权是组织发展的趋势。授权是组织为了共享内部权力,发挥下属工作的积极性和主动性,而将某些权力或职权授予下级,使其在所授权力范围内,自主决策和灵活处理问题,并要对上级负责,上级仍然保留对下级的指挥与监督权。授权需要注意的是:①授权必须责任明确、责权对应;②授权要适度,避免失控;③授权要视能而授;④授权要处理好职能职权与直线职权之间的关系。

2. 组织部门设计。确立了组织的工作任务和组织的管理幅度、管理层级后,就要构架组织的部门组合。部门组合方式包括职能组合、事业部组合、多重组合(含区域性组合、矩阵组合等)和横向组合等四种方式。四种组合形式概略图见图 2-12 所示。

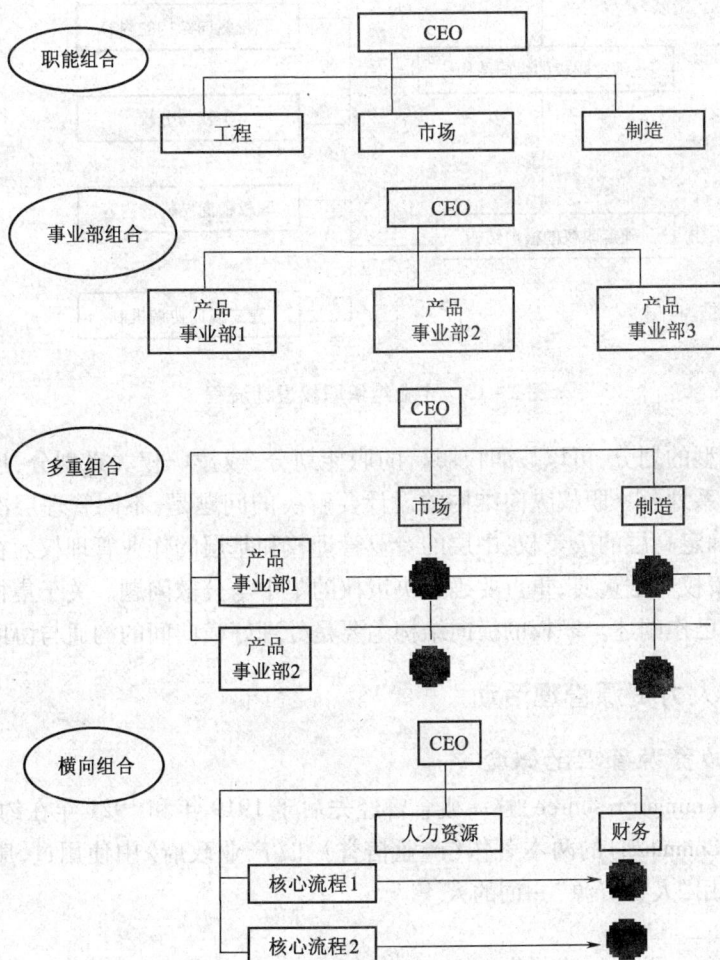

图 2-12 部门四种组合概略图

（三）企业组织职权设计

组织的职权是指组织各部门与各种职务在其职责范围内，决定或影响其他个人与集体行为的支配力量。而进行职权设计就是确立上下级和同级之间的职权关系，明确各部门、各职务的具体职权，建立起分工明确、合作协调的职权结构，使组织成为高效运转的系统。

组织职权设计流程如图 2 - 13 所示。

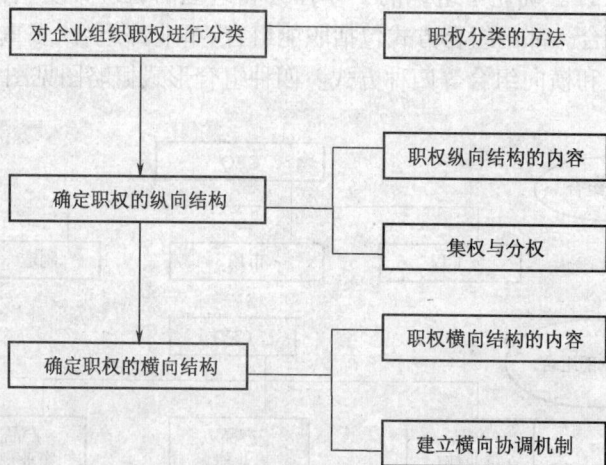

```
┌──────────────────┐      ┌──────────────────┐
│ 对企业组织职权进行分类 │──────│   职权分类的方法   │
└──────────────────┘      └──────────────────┘
          │
          ↓
┌──────────────────┐      ┌──────────────────┐
│  确定职权的纵向结构  │──────│  职权纵向结构的内容  │
└──────────────────┘      └──────────────────┘
          │               ┌──────────────────┐
          │               │    集权与分权     │
          │               └──────────────────┘
          ↓
┌──────────────────┐      ┌──────────────────┐
│  确定职权的横向结构  │──────│  职权横向结构的内容  │
└──────────────────┘      └──────────────────┘
                          ┌──────────────────┐
                          │   建立横向协调机制   │
                          └──────────────────┘
```

图 2 - 13　企业组织职权设计流程

对职权类型的划分，可以按职权履行的职能划分，或按职权关系划分，还可以按分工与协助的关系划分。职权纵向结构的设计要解决的问题是，不同管理层次按照以责定权的要求，确定高层的决策权、中层的专业管理权和基层的作业管理权。在职权的纵向结构中，决策权非常重要，重点要确定决策权的集中与分散问题。关于集权与分权的问题上述内容已作阐述。职权的横向结构主要是处理好横向间的沟通与协助。

四、企业人力资源管理活动

（一）人力资源管理的概念

人力资源（human resource）这一概念曾经先后于 1919 年和 1921 年在约翰·R. 康芒斯（John R. Commons）的两本著作《产业信誉》和《产业政府》中使用过，康芒斯被认为是第一个使用"人力资源"一词的人。[①]

---

① 参见萧鸣政：《人力资源开发学》，高等教育出版社，2002 年版，第 26 页。

目前我们所理解的人力资源概念,是由管理大师彼德·德鲁克(Peter Drucker)于1954年在其著作《管理实践》中正式提出并明确界定的。德鲁克认为,与其他资源相比,人力资源是一种特殊的资源,它必须通过有效的激励机制才能开发利用,并为企业带来可观的经济效益。

此后,国内外众多学者对人力资源概念进行了广泛、深入的探讨,给出了多种不同的解释。国内著名人力资源管理专家董克用给出了一个简捷而清晰的解释:人力资源是指人所具有的对价值创造起贡献作用并能够被组织所利用的体力和脑力的总和。[①]

这个解释可以从下面3个方面来理解:

人力资源管理的本质是人所具有的脑力和体力的总和,可以统称为劳动能力。

这一能力要能对财富的创造起贡献作用,成为财富形成的来源。

这一能力还要能被组织所利用,这里的"组织"既可以是指国家或地区的宏观组织,也可以是3、5个人的微观企业。

掌握了人力资源的概念,也就不难理解人力资源管理的概念。所谓人力资源管理就是现代的人事管理,它是指企业为了获取、开发、保持和有效利用人力资源,以人为管理对象的各种计划、组织、劳动和控制等管理活动,其目的是为了实现企业的既定目标。

(二)工作分析

1. 工作分析的含义及其意义。工作分析,也称为职位分析、岗位分析,是了解组织内的职位并以一种规范的格式把与这一职位相关的信息描述出来,从而使其他人也能了解这一职位的过程。工作分析主要回答以下这两个问题:①某一职位是做什么的?这一问题与职位上的工作活动有关,包括职位名称、工作职责、工作要求、工作场所、工作时间以及工作条件。②什么人适合做这些事情?这一问题与从事该职位的人的资格有关,包括专业、年龄、知识和能力要求、专业证书、工作经历等内容。工作分析是招聘录用、培训开发、薪酬管理和绩效考核等一系列人力资源管理活动的依据和标准,是一项基础性的人力资源管理活动。另外,工作分析不仅对人力资源管理活动本身具有重要意义,还对其他企业的管理活动具有作用,如建立在工作分析基础上的岗位说明书将有助于员工本人反省自身的工作内容和工作方式,从而自觉主动地履行自己的工作职责;工作分析过程也是对企业业务流程进行全面审查的过程,有利于企业改进业务流程、提升工作效率;工作分析有助于企业发现职位之间的职责交叉或职责空缺现象,有利于企业对组织结构和岗位设置进行有效调整。

2. 工作分析的一般步骤。一般来说,工作分析包括准备阶段、调查阶段、分析阶段和完成阶段这几个步骤:

(1)准备阶段。这一阶段的主要工作有:①确定工作分析的目的和用途。确定工

---

① 参见董克用:《人力资源管理概论》,中国人民大学出版社,2004年版,第6页。

作分析是为了解决什么问题。工作分析的目的不同,所收集的信息和使用的方法也不同。②成立工作分析小组。小组成员一般有企业高层领导、工作分析人员和外部的专家和顾问三类人员。③对工作分析人员进行培训。通过专家或顾问对工作分析人员进行专门培训,使其掌握工作分析的方法、技巧和各种工具,从而使其胜任这项工作。④做好相应的准备工作,如要求管理层配合工作分析的各种调查及相应的程序性工作;向广大职工进行宣传动员,告知工作分析的重要性和意义。

(2)调查阶段。这一阶段的主要任务有:①制定工作分析的时间计划进度表,以保证这项工作能够按部就班地进行。②选择合适的信息收集方法。工作分析的信息收集方法有很多,要根据工作分析的目的,选择合适的方法。③搜集工作的背景资料。这些资料包括公司的组织结构图、工作流程图、国家的职位分类标准以及以前保留的工作分析资料。④搜集职位的相关信息。这方面的工作有:工作活动,包括承担工作所必须进行的与工作有关的活动和过程;活动的记录;进行工作所运用的程序等;工作中的人的活动,包括人的行为、基本动作、工作对人的要求;工作中所使用的机器、设备、工具以及工作辅助用品;与工作有关的有形或无形因素,包括工作中涉及或运用的知识,所生产的产品或提供的服务;工作绩效的信息,如完成工作所耗费的时间、所需成本以及工作中出现的误差等。工作的背景条件,如工作时间、工作地点、工作的物理条件等。工作对人的要求,包括个性和兴趣、教育与培训水平、工作经验等。

(3)分析阶段。在搜集完与职位有关的信息后,就进入到工作分析阶段。在这一阶段主要是对搜集到的资料进行整理,对归类的资料进行审查,对审查后的资料进行深入分析,从而揭示出各个职位的主要成分和关键因素。

(4)完成阶段。这是整个工作分析的最后一个阶段,其主要任务是撰写工作说明书。笼统地说,工作说明书由两方面内容构成:工作描述和工作规范。前者是关于职位所从事或承担的任务、职责以及责任的目录清单;后者反映了职位对承担这些工作活动的人的要求,是人们为了完成这些工作活动所必须具备的知识、技能、能力和其他方面的特征。具体地说,工作说明书应包括以下具体项目:职位标识、职位概要、履行职责、业绩标准、工作关系、使用设备、工作环境和工作条件、任职资格以及其他信息。①职位标识包括职位编号、职位名称、所属部门、上下级关系和职位薪酬,它让人们对职位有一个直观印象。②职位概要是运用一句或几句比较简练的话来说明这一职位的主要工作职责,让人们大概了解这一职位所要承担的主要工作。如企业前台职位概要可这样描述,"承担公司前台服务工作,接待和安排客户的来电、来访,负责员工午餐餐券以及报纸杂志的发放和管理等行政服务工作,维护公司的良好形象"。③履行职责是职位概要的具体细化,要描述这一职位承担的职责以及每项职责的主要任务和活动。通常要先将职位所有的工作活动划分为几项职责,然后再对每项职责进行细化,分解为不同的任务。履行职责是形成工作说明书的核心部分,要仔细分析,准确描述。④业绩标准就是职位上涉及的职责的工作业绩衡量要素和衡量标准。衡量要素是指应当从哪些方面来衡量职责完成的好坏;衡量标准是这些要素必须达到的最低要求,如具体数字和百分比。如销售经理这一职位,其工作好坏的衡量要素涉及销售收入、销售成本控制、新客户的开发数量、老客户的销售收入所占比例等;衡量标准则可以规定销售收入每月200万元,销售成本每月50万等。⑤工作关系。这是指某一职位在正常工作的情况下,主要与企业内部、外部的哪些部门和人员发生工作关系。⑥使用设备。就是工作过程中需要使用何种仪器、工具和设备等,如是否使用电话机、计算机、传真机、汽车、对讲机、仪器以及专业软件等。⑦工作的环境和条件。这包括工作时间,是否需要经常加班、上夜班;工作地点,是否需要经常异地出差,工作是在室内还是室外;工作的物理环境,如高温、噪音、潮湿等。⑧任职资格。这属于工作规范的范畴,具体内容包括体貌特征(健康状况和外表)、成就(教育、资格证书和经历等)、一般智力、特殊能力(动手能力、数字运算和沟通能力)、性格、兴趣、特殊的工作环境等。⑨其他信息。这属于备注的性质,如果还有其他情况需要说明,但又不属于工作描述和工作规范内的内容,可以在其他信息中予以说明。

3. 工作分析的方法。工作分析的方法有许多种,主要是针对搜集与职位有关的信息而言的,笼统地说可分为定性的方法和量化的方法。

(1)定性的方法是工作分析的传统方法,这类方法搜集的信息多以定性为主,带有较强的主观色彩。具体地说,它又可以分为:①观察法,即由工作分析人员直接观察要分析的工作,记录某一时刻该职位工作的内容、形式、过程和方法,并在此基础上进行分析,它适用于以体力劳动为主的、简单的重复性劳动,如装配线工人等。②工作实践法,即要求工作分析人员亲自从事要分析的工作以搜集相关信息的一种方法,它适用于短期内可以掌握或内容简单的工作,如餐厅服务员等。③访谈法,即与工作承担者面谈收集信息的一种方法,它可分为个别访谈法和集体访谈法两种类型。这是企业在制定工作分析的实务活动中,通常采用的一种方法。④调查问卷法,即工作分析人员把问题设计成问卷,让工作承担者在一定时间内填写来搜集信息的一种方法。这种方法成败的关键在于问卷设计的质量。⑤工作日志法,即由工作承担者本人按照时间顺序记录工作内容和工作过程,然后经过归纳提炼取得所需资料的一种方法。

(2)量化的方法主要包括:①职位分析问卷法(PAQ)。这是由心理学家麦考密克设计的一种清单式的确定工作要素的方法,该问卷包括194个标准化的问项,这些问项可以概括出各种职位的工作行为、工作条件以及工作本身的特点。②职能工作分析法(FJA)。该方法有2种,一种是美国劳工部的FJA系统,另一种是范纳的FJA系统。美国劳工部的FJA系统的主要目的在于找到一种能够对不同工作进行量化的等级划分以及分类比较的标准化方法。范纳的FJA系统是在美国劳工部FJA系统的基础上形成的,能够提供更多的信息,这些信息涉及工作任务、工作目的、工作对任职者的培训要求等。③关键事件法(CIT)。这是通过一定的表格,专门记录工作者工作过程中那些特别有效或特别无效的行为,以此作为将来确定任职资格的一种方法。记录的内容包括:导致事件发生的原因;有效或无效行为的特征;行为的后果;工作者可以控制的范围及努力程度的评估等。另外,量化的方法还包括弗莱希曼工作分析系统法、工作分析计划表法等多种方法。从整体上来看,量化的方法是较为严谨的工作分析方法,但其理论性较强,理解上也比较困难,在此就不做详细介绍了,感兴趣的同学可另外参考有关工作分析的教材或专著。

（三）人力资源规划

1. 人力资源规划的概念及其意义。人力资源规划也叫人力资源计划,是指在企业发展战略的指导下进行人员的供需平衡,以满足企业在不同时期对人员的需求,为企业发展提供符合质量和数量要求的人力资源保障。人力资源规划可以帮助企业确定在某一时期人力资源的需求状况,也可以预测在相应时期可以得到多少人力资源供给,以及通过什么方式来达到人力资源供需的平衡。

人力资源规划是人力资源管理的重要内容,它有助于实现企业的整体发展战略,有助于企业保持人员状况的稳定,有助于企业降低人工成本的开支,还对人力资源管理的其他职能具有重要的指导意义。

2. 人力资源规划的内容。

（1）人力资源总体规划。这是对计划期内人力资源规划结果的总体描述,包括需求和供给分别是多少,做出预测的依据是什么,供给和需求的比较结果如何,企业平衡供需的指导原则和基本政策等。

（2）人力资源业务规划。这是总体计划的分解和落实,它包括人员补充计划、人员配置计划、人员接替和提升计划、培训开发计划、工资激励计划、员工关系计划、退休解聘计划等。这些计划都要制定具体政策、设定目标和任务、列明工作步骤和流程,并提出预算编制。

3. 人力资源规划的程序。企业人力资源规划的程序一般包括四个阶段:准备阶段、预测阶段、实施阶段和评估阶段。

（1）人力资源规划的准备阶段主要是为规划活动做好信息收集和调查工作。这些信息包括:①外部环境信息,包括经营环境信息和直接影响人力资源供给和需求的信息,前者包括社会的政治、经济、文化和法律政策等;后者是指外部劳动力市场的整体供求情况、政府的职业培训政策、国家的教育政策及发展水平、竞争对手的人力资源管理政策等。②内部环境信息,包括企业的发展战略、经营规划、产品结构、组织结构、企业文化、管理风格、人力资源政策等。③现有人力资源的信息,包括企业现有人力资源的数量、质量、结构和潜力等。

（2）人力资源规划的预测阶段是指在充分掌握相应信息的基础上,选择使用有效的方法,对企业在未来某一时期的人力资源供给和需求做出预测,这一阶段是人力资源规划的重点。

(3)人力资源规划的实施阶段就是在供给和需求预测出来之后,根据二者之间的比较结果,通过人力资源的总体规划和业务规划,制定并实施平衡供需的措施,使企业对人力资源的需求得到较好的满足。

(4)人力资源规划的评估阶段是整个规划过程的最后一个环节,它包括两层含义:一方面是指在实施的过程中,要随时根据内外环境的变化来修正供给与需求的预测结果;另一方面是对预测的结果及制定的措施进行评估,对预测的准确性和措施的有效性做出衡量,为下一阶段的规划提供帮助。

4. 人力资源需求预测的方法。

(1)主观判断法,这是由管理人员凭借自己以往的工作经验和直觉,对未来所需要的人力资源做出估计。通常先由部门负责人根据本部门未来一定时期内的工作量预测其员工需求,然后各部门汇总到企业高层那里进行平衡,以确定企业最终的需求。该方法简单易行、成本较低,但其准确性常常依赖管理人员的经验,有时预测结果可能和实际需求存在较大偏差。

(2)德尔菲法,是指邀请某一领域内的专家或有经验的管理人员对某一问题进行多轮预测,最后达成一致性意见的一种预测方法。利用德尔菲法进行需求预测需要选定数量合适的专家或管理人员,设计科学的调查问卷,给专家提供充分的资料和信息,专人负责收集、整理专家或管理人员的信息并进行有效的反馈等。

(3)趋势预测法,是指根据企业过去几年的人员数量和增长趋势,分析它在未来的变化趋势并依此来预测企业在未来一段时间的人力资源需求量。趋势预测法的步骤是,首先收集企业在过去几年内人员数量的数据,对数据作图,然后用数学方法进行修正,使其成为一条平滑的曲线,然后将这条曲线延长,预测未来的变化趋势。该方法简单直观,也是企业常用的预测方法。该方法使用有一个前提,即该企业外在环境和企业经营状况要保持相对稳定,对处于环境变化剧烈、经营状况不稳定的企业,该方法往往无效。

(4)回归预测法是统计学中常用的预测方法,它的基本思路是要找出那些与人力资源需求关系密切的因素,并依据过去的相关资料确定出它们之间的数量关系,建立一个回归方程,然后再根据这些因素的变化以及确定的回归方程来预测未来的人力资源需求。使用回归预测法的关键是要找出那些与人力资源需求高度相关的变量,这样建立起来的回归方程预测效果才会比较好。如学校内教师的数量往往取决于学生人员的多少,因此学生数量就是影响学校教师需求关系最密切的变量,以学生数量为自变量建立起来的回归方程通常就能较准确地预测教师需求。

(5)比率预测法是基于对员工个人生产效率的分析来进行预测的一种方法。进行预测时,首先要计算出人均的生产效率,然后再根据企业未来的业务量预测出对人力资源的需求。使用这种方法进行预测,需要对企业未来的业务量、人际生产效率及其变化做出准确的估计,这样对人力资源的预测才会相对准确。

5. 人力资源供给的预测方法。

因为外部预测受诸多因素的制约,具有较大的不确定性,这里所说的人力资源供给预测的方法主要是针对内部供给预测所用的,常用的方法有:

(1)技能清单,这是一个反映员工工作能力特征的列表,这些特征包括员工的培训背景、工作经历、持有的资格证书及工作能力的评价等内容。技能清单是对员工竞争力的反映,也可用来帮助预测潜在的人力资源供给。

(2)人员替换,又称干部储备。这种方法通常对每一岗位现有工作人员的任职年限、业绩表现进行描述,然后对他们调动或晋升的可能性做出判断,以此来预测企业潜在的内部供给。这样当某一职位出现空缺时,就可以及时地进行补充。为了保证预测的准确性,需要对人员的替换信息进行及时更新。

(3)人力资源"水池"模型,这是在预测企业内部人员流动的基础上来预测人力资源的内部供给。水池模型从职位出发进行分析,预测的是未来某一时间现实的供给。这种模型通常要针对某一具体职位,通过现有的人员数量、流入的人员数量和流出人员数量,来判断未来的供给量。其中流入的人员数量通常有平行调入、上级职位下降和下级职位晋升;而流出的原因有向上级职位晋升、向下级职位降职、平行调出和离职。

另外,还有马尔科夫模型等专业工具可用来预测人力资源的供给,在此不一一赘述。

6. 人力资源供给和需求预测的比较。

人力资源规划的目的是实现企业人力资源供给和需求的平衡,因此在预测出人力资源的供给和需求后,就要对二者进行比较,并根据比较的结果采取不同的措施。比较的结果可能会有以下4种情况:

(1)供给和需求在数量、质量及结构方面都基本相等。这是最理想的状态,对于企业实现人力资源规划的目标最为有利。

(2)供给和需求总量平衡,但结构不匹配。在这种情况下,企业通常采取的措施有:重新配置内部员工来弥补空缺职位;对人员进行有针对性的培训,使他们胜任空缺的职位;进行人员置换,释放某些企业不需要的人员,补充企业需要的人员,以调整人员结构。

(3)供给大于需求。在这种情况下,企业采取的措施有:扩大经营规模,开拓新的业务增长点,吸纳过剩的人力资源供给,尤其是内部供给;鼓励员工提前退休,以增加空缺职位;冻结招聘,通过自然减员来减少供给;缩短工作时间,实行工作分享;对富余人员实施培训,进行人员储备。

（4）供给小于需求。在这种情况下,企业应加大外部招聘力度,包括返聘退休人员和雇用兼职人员;提高现有员工的工作效率;延长工作时间;降低员工的离职率,减少员工流失;将企业部分业务外包,减少对人力资源的需求。

（四）企业人员招聘活动

1. 人员招聘的含义及目的。

人员招聘是指在企业总体发展战略的指导下,制订相应的职位空缺计划,并决定如何寻找合适的人员来填补这些职位空缺的过程。它的实质就是选择合适的人在某一职位上为企业从事组织所需要做的事。

招聘活动的目的是为了吸引人员,把具备相应素质的人员吸引到本企业来参加应聘。招聘活动所吸引的人员应当是组织所需要的。招聘活动所吸引的人员数量应当是恰当的,并不是越多越好,也不能太少。太多会增加企业的招聘成本,太少则不容易寻找最合适的潜在求职者。

2. 招聘工作的程序。

（1）确定职位空缺。这是整个招聘活动的起点,这包括数量和质量两个方面。只有明确了企业空缺职位的数量及其职位具体要求后,才能开始招聘活动。

（2）选择招聘渠道。企业的招聘渠道有两个方面:内部招聘和外部招聘。内部招聘和外部招聘各有优缺点,企业要综合考量。

（3）制订招聘计划。招聘渠道确定后,接下来就要制订招聘计划,招聘计划通常包括下列内容:招聘的规模、招聘的范围、招聘的时间规划和招聘预算。

（4）选择招聘来源和方法。招聘来源分为内部招聘和外部招聘。内部招聘的来源又可分为下级职位晋升、同级职位的工作调换、工作轮换、上级职位降职;内部招聘的常用方法为工作公告法和档案记录法。外部招聘的来源较为广泛,包括学校、竞争者和其他公司、失业者、转业退伍军人和特定群体;外部招聘的主要方法有广告招聘、招聘会招聘、职业中介公司或猎头公司招聘等。

（5）选拔录用。选拔录用是指通过一定的工具和手段对已经招募到的求职者进行鉴别和考察,区分他们的人格特点与知识技能水平、预测他们未来的工作能力,从而选择合适的人选来填补企业的职位空缺。选拔录用的基本程序为:求职者递交工作申请表简历;评价工作申请表和简历;选拔测试;面试;核实材料的真实性;体检;试用期考察;正式录用。

3. 人员招聘中选拔测试的常用方法。

选拔测试是指运用各种科学或实验的方法对应聘者进行评价,从而挑选出那些符合岗位要求的人员的过程。选拔测试的方法有许多种,常见的有:

（1）知识测试。这种测试主要用来衡量应聘者是否具备完成某项职责所要求的知识,因为相关知识是将来良好绩效的基础。这种测试方法比较简单,便于操作,通常不需要特殊的设备,费用较低也相对公平,但这种测试方法主要考察应聘者的记忆能力或部分经验知识,对实际工作的能力考察不够,因此通常只作为一种辅助考察手段。

(2)能力测试。能力测试就是衡量应聘者是否具有完成职位职责所具有的能力。能力测试不仅能够判断应聘者具备什么样的能力,还能在某种程度上预测该应聘者将来从事某项工作成功的可能性。能力测试包括一般能力测试和特殊能力测试两种。一般能力测试是指一个应聘者在一般能力、言语能力、数理能力、书写能力、空间判断力、形状知觉、运动协调、手指灵活度、手腕灵活度等多个方面的测试,它可以对应聘者是否适宜从事所应聘的职位做出判断。特殊能力测试是指那些与具体职位相联系的不同于一般能力要求的能力,常见的特殊能力测试体系有明尼苏达办事员测试、西肖音乐能力测试、梅尔美术判断能力测试等。

(3)性格和兴趣测试。性格是指个人对现实的稳定态度和习惯的行为方式。由于人的性格在很大程度上决定他们的行为方式,而不同的职位所要求的行为方式又不同,因此对应聘者的性格进行测试将有助于判断他们是否胜任所应聘的职位。对性格的测试可分为两大类:自陈式测试和投射式测试,前者是向被试者提出一组有关个人行为、态度方面的问题,被试者根据自己的实际情况回答,测试者将被试者的回答和标准进行比较,从而判断他们的性格。后者是向被试者提供一些刺激物或设置一些刺激情景,让他们在不受限制的条件下做出反应,测试者通过分析反应的结果,从而判断被试者的性格。兴趣测试这里是指职业兴趣测试,主要是指人们对具有不同特点的各种职业的偏好以及从事这一职业的愿望。职业兴趣会影响人们对工作的投入程度,如果应聘者的职业兴趣和应聘职位不符,他的工作热情就不会很高;反之,如果相符,他就会积极主动地进行工作。

(4)工作样本测试。工作样本测试就是要求应聘者完成职位中的一项或若干项工作任务,依据任务的完成情况来做出评价。这种方法强调直接衡量工作的绩效,具有较强的预测效度,但对每个应聘者进行单独测试,成本较高,尤其不适用那些完成周期较长的任务。

(5)评价中心测试。评价中心测试就是通过情景模拟的方法来对应聘者做出评价,它是用模拟的工作任务来进行测试。常见的测试方法有无领导小组讨论(LCD)、公文处理、管理游戏、角色扮演、演讲以及案例分析等。

4. 人员招聘中的面试基本程序。

面试是指通过应聘者与面试者之间的面对面的沟通和交流,从而对应聘者进行评价的方法。面试是企业最常用的一种选拔录用方法,常见的程序有:

(1)面试准备。面试准备包括选择面试者、明确面试时间、了解应聘者的情况、准备面试材料(包括面试评价表和面试提纲)、安排面试场所等。

(2)面试实施。这是面试的具体操作阶段,也是整个面试过程的主体部分。它包括引入阶段、正题阶段和收尾阶段。引入阶段是通过询问一些比较轻松的话题营造一个宽松、融洽的面试环境,从而缓和应聘者的紧张情绪;正题阶段是面试者按照事先准备的提纲或根据面试的具体进程,对应聘者提出问题,同时根据应聘者的回答进行各种评价;收尾阶段是在完成对应聘者的正题询问后,面试者询问一些与工作职位无关的、轻松的问题,也可以让应聘者提出一些感兴趣的问题由面试者来回答,从而以一种较为自然的方式来结束面试谈话,避免面试突然结束。

(3)面试结束。面试谈话结束后,面试者要整理面试记录,填写面试评价表,对应聘者进行综合评定,做出录用决策。

第二节 企业组织设计与人力资源管理实训内容及要求

一、实训任务

(一)本单元的实训流程

本单元的实训流程见图2-14:

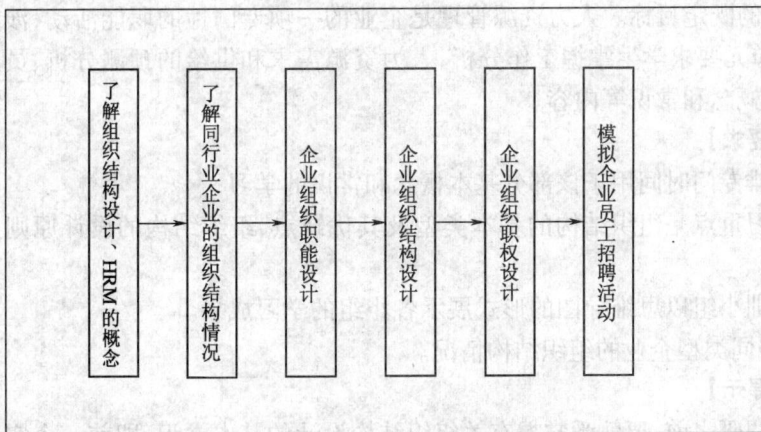

图2-14 实训流程图

(二)实训步骤

1. 了解企业组织结构设计及人力资源管理活动的基本概念与常识。

【实训提示】

(1)组织是指为了完成特定目标,在分工与合作基础上构成的人员的集合。对于组织的概念,可以从广义、狭义、动态、静态、有形、无形等不同角度予以理解。

(2)组织的含义包括:组织是人的集合体;组织必须具有特定的目标;组织中必然存在分工与合作;组织中有不同层次的权力与责任。

(3)在上述定义下,组织具有目的性、整体性、复杂性和开放性等基本特征。

(4)组织结构的基本类型有直线型、职能制、直线职能制、事业部制等传统组织结构形式,也有矩阵式、网络型等新型的组织结构形式,每种组织结构都有其优缺点,也有其适用的具体情形。在组织结构设计的实训过程中,要充分考虑到不同组织结构类型的特点及其适用情形。

(5)组织结构设计的一般原理有:规范原理、效率原理、激励原理、平衡原理、适应原理和有利决策原理,这些原理是组织设计的基础。

(6)组织设计的一般原则有:效益目标原则、分工协作原则、统一协调原则、责权一致性原则、合理管理幅度和层级原则、精简高效原则、集权与分权原则。这些原则是组织设计的重要规范,违背这些原则的组织设计会给组织运行带来困难。

(7)影响组织设计的相关因素有:外部组织环境,组织规模,技术、组织文化和组织战略目标,这些是影响组织设计的现实因素,是组织设计必须考虑的变量。

(8)人力资源管理就是现代的人事管理,它是指企业为了获取、开发、保持和有效利用人力资源,以人为管理对象的各种计划、组织、劳动和控制等管理活动,其目的是为了实现企业的既定目标。人力资源管理是企业的一项专门性的职能活动,涉及内容较多,本实训单元要求学生掌握工作分析、人力资源需求和供给的预测分析、员工选拔与招聘的基本概念和常识等内容。

【实训要求】

(1)安排专门时间用于该部分基本概念和常识的学习;

(2)学习重点是组织结构的基本类型及其优缺点、组织结构的设计原则及其影响因素;

(3)实训小组以思维导图的形式展示各小组的学习成果。

2. 调查同类型企业的组织结构情况。

【实训提示】

(1)在调研之前,要熟悉掌握有关组织结构设计的基本常识,即前一个实训步骤的实训内容。

(2)通过多种渠道(网络、电话访问、实地调研)获得与模拟企业相近(行业相近、规模相仿)的企业的组织结构图。

(3)在掌握了组织结构图的基础上,还应进一步了解企业职能分工与职权实施的实际情况。许多企业内部职能的划分和职权的运行并不完全按照组织结构图进行,还有一些其他因素,如非正式组织、个人因素在组织内部运行特别是职权行使方面发挥着重要作用。实训成员还应该掌握这些因素对组织设计的潜在影响。

【实训要求】

在对同类型企业的组织结构进行调研时,应包括以下内容:

(1)通过多种渠道获得多家同类型企业的组织结构,实训小组应尽量获取不同组织规模(如同行业的大型企业、中型企业、小型企业)的组织结构图;

(2)通过多种方法了解企业的组织沿革和发展历史,分析企业发展阶段对组织结构的影响;

(3)了解企业的组织规模、人员状况,分析企业规模、人力资源状况对组织结构的影响;

(4)运用组织设计的一般原理和常识分析相关企业的组织结构图,评价其合理性和优缺点。

3. 企业组织职能部门设计。

【实训提示】

(1)首先要确定企业的基本职能。在设计组织的基本职能时,应考虑行业的特点、企业的技术特点、企业所处的宏观微观环境、企业的规模以及企业所采用的组织形式。所有这些因素都会影响到企业基本职能部门的设置。

(2)其次要确定企业的中心职能。在确定企业的基本职能后,还应根据企业的发展战略和目标确定企业的核心职能或中心职能,从而在职权分解、人员配置、资源分配、薪酬设计等方面向企业的中心职能部门倾斜,并保证其他部门的工作能够配合中心职能部门的工作。

(3)再次对企业的职能进行分解。在确定企业的基本职能和中心职能之后,还要对职能进行进一步细化,逐步细化为组织部门需要承担的各项职能活动,并通过明确职能部门活动的方式确定各职能部门的责任和义务。

【实训要求】

(1)根据企业的内外部环境和相关因素,列明模拟企业的基本职能部门;

(2)在企业基本职能的基础上,指出企业的中心职能并说明原因和理由;

(3)对企业中心职能部门进行进一步划分,设计其二级部门甚至三级部门;

(4)对企业中心部门和若干基本部门的职能进行分解,说明这些职能部门的具体活动内容。

4. 企业组织结构设计。

【实训提示】

(1)管理幅度和组织层级设计,它直接决定着一个管理者管理多少下属、整个企业有多少层级,它包括以下内容:①确定管理人员的管理幅度。管理幅度是指一个管理人员能有效管理直接下级的数量。管理幅度是确定管理层级、组织等级链数量的重要因素。管理幅度受到管理者素质、下属能力、工作性质和工作意愿、内外部环境的复杂和变化程度、工作条件和信息技术水平等诸多要素的影响,在确定管理幅度时要充分考虑这些因素。②在确定管理幅度之后,根据组织规模设计组织层级。图2-11清晰地说明了管理幅度和组织层级之间的关系。通过增减管理者的管理幅度,可减少或增加企业的组织层级。根据组织层级的多少,企业组织结构形态有扁平式和锥形式两种基本形态,不同的组织结构形态各有优缺点。企业要根据实际情况,选择适合自己的组织结构形态。③对组织权力进行分配。管理幅度和组织层级确定后,接着要对企业的职权范围进行横向和纵向的分配,主要解决组织集(分)权和领导有效授权的问题。

(2)按照恰当的方式对组织职能部门进行组合。在确定管理幅度和组织层级后,要对企业的基本职能部门进行恰当的组合,从而确定部门之间的相互关系尤其是部门之间的报告关系。部门之间常见的组合方式有:职能组合制、事业部组合制、多重组合制和横向组合制。

【实训要求】

(1)根据相关因素具体确定各层级管理者的管理幅度。

(2)按某种确定的部门组合方式将公司职能部门组合起来,形成模拟公司的组织结构图。

(3)对公司的组织结构图进行分析,说明其合理性和科学性。

5. 企业组织职权设计。

【实训提示】

(1)职权是组织内部授予的指导下属活动及其行为的决定权,这些决定一旦下达,下属必须服从。在企业里常见的职权类型有三类:①直线职权是指管理者直接指导下属的工作权限。这种职权由组织的顶端开始,延伸向下至最底层构成所谓的指挥链。②参谋职权是管理者拥有某种特定的建议权或审核权,评价直线职权的活动情况,进而提出建议或提供服务。③职能职权则是一种权益职权,是由直线管理者向自己辖属以外的个人或部门授权,允许他们按照一定的制度在一定的范围内行使的某种职权。设立职能职权的目的是为了减轻直线主管的任务负荷,发挥专业人士的核心作用,提高管理效率。在设计岗位职权时,要充分考虑到职权类型的行使方法和方式。

(2)职权是一种权力,其合法性来自于组织中的职位,因此职权需要围绕职位的核心工作而展开。一个人在获得权力的同时必须承担起相应的责任,这种责任就是职责。职责是每个职位所必须承担的工作任务和活动内容。权责必须一致,有职权无职责必然会导致职权的滥用,而有职责无职权也必然会导致执行者无所适从。

(3)工作分析,也称为职位分析、岗位分析,是了解组织内的一种职位并以一种规范的格式把与这一职位相关的信息描述出来,从而使其他人也能了解这一职位的过程。在明确了岗位的基本职权之后,通常通过工作分析明确每一个职位的权、责和利。工作分析主要回答两个基本问题:某一职位是做什么的? 什么人适合做这一职位?

(4)工作分析的一般步骤包括工作分析的准备阶段、调查阶段、分析阶段和完成阶段。其最终成果是形成工作说明书。工作说明书包括工作描述和工作规范两部分。一份完整的工作说明书包括职位标志、职位概要、履行职责、业绩标准、工作关系、使用设备、工作环境和工作条件、任职资格和其他信息等项内容。

(5)工作分析可以采用定性的方法,也可以采用定量的方法,前者包括观察法、工作实践法、访谈法、问卷调查法、工作日志法等方法,后者包括职位分析问卷法、职能工作分析法、关键事件法等方法,在实训过程中,各小组可根据需要选择合适的分析方法。

【实训要求】

(1)分析企业组织结构中各个部门主要职位的职位类型,并说明职位类型对职权实施的影响。

(2)对主要部门的工作岗位进行工作分析,并尝试撰写工作说明书。

(3)在进行工作分析时,尽量进行实地调研和访谈,如果有,请保留证明资料。

6. 模拟企业员工招聘活动。

【实训提示】

(1)人员招聘是指在企业总体发展战略的指导下,制订相应的职位空缺计划,并决定如何寻找合适的人员来填补这些职位空缺的过程。在进行人员招聘之前要对企业的人力资源需求进行规划,并在规划的基础上制订年度人力资源需求计划。

(2)人员招聘的基本程序包括确定职位空缺、选择招聘渠道、制订招聘计划、选择招聘来源和方法、选拔录用等过程。

(3)人员招聘过程中通常要进行选拔测试,这是企业甄选人才的常规手段。选拔测试的类型有知识测试、能力测试、性格和兴趣测试、工作样本测试和评价中心测试。学生要掌握这些测试的基本内容,尤其是评价中心测试。

(4)面试环节也是招聘过程中的一个重要环节,应聘者在面试中表现的好坏将成为面试成功与否的重要因素。学生在实训过程中要熟悉面试的基本程序,从面试者的角度去模拟面试活动。

【实训要求】

(1)制订模拟企业的年度人力资源招聘计划;

(2)搜集选拔测试类型的试题样本;

(3)模拟评价中心测试的测试过程并进行评价;

(4)模拟面试过程并掌握面试的基本技巧。

二、单元实训成果

本单元应该完成的实训成果有:

1. 有关基础知识的思维导图；
2. 同类型企业组织结构图的分析报告；
3. 模拟企业的职能及组织结构图；
4. 若干重要工作岗位的工作说明书；
5. 模拟企业人员招聘的视频资料及准备资料；
6. 本实训单元各环节所要求的过程材料及证明材料。

三、评价标准

1. 提交实训成果的及时性和材料的完整性；
2. 小组成员的分工协作及合作情况；
3. 调研的深入及认真程度；
4. 提交实训成果的质量；
5. 模拟环节的投入程度及实际效果。

【评价鉴定表】

序号	评价标准和内容	评价等级				
		优秀	良好	中等	合格	不合格
1	提交实训成果的及时性					
2	实训材料的完整性					
3	小组成员的分工协作及合作情况					
4	调研的深入及认真程度					
5	实训材料的实际质量					
6	模拟环节的投入程度及实际效果					

第三单元　市场调查

　　通过本单元的实际训练,使学生了解市场调查的全过程,掌握市场调查的基本技能,能够在公司注册完毕之后,运用所学的市场调查课程的基本知识和手段,寻找和搜集某项业务需求方与供应方的基本信息,按照未来业务要求和必须履行的程序,掌握好进出口贸易所必须要掌握的资料。

知识要求

- 市场调查的类型
- 市场调查的内容
- 市场调查的方法
- 市场调查的工具
- 市场调查计划书及市场调查报告的撰写格式

技能要求

- 能够在调查方案确定的基础上准确书写市场调查计划书
- 能够合理设计调查问卷
- 能够合理撰写市场调查报告

第一节　相关专业知识

　　市场调查是市场营销活动的起点,它通过一定的科学方法对市场进行了解和把握,在调查活动中收集、整理、分析市场信息,掌握市场发展变化的规律和趋势,为企业进行市场预测和决策提供可靠的数据和资料,从而帮助企业确立正确的发展战略。企业的组织构建及各部门职责确立之后,企业将进行正常的业务活动。在这之前,要进行充分的市场调查来获取市场需求的信息,寻找客户,直至把握商务机会,建立起业务关系。同时要了解市场供应状况以及竞争状况,这是有效获取市场需求信息和利用商务机会的前提。这时,调查小组就要掌握市场调查以及信息获取的基本知识和基本技能,以此来获得供应方与需求方的基本信息,为今后寻找客户并建立业务关系奠定基础。

一、市场调查的类型

按照不同的标准对市场调查进行分类,有助于认识调查的不同特点和功能,并针对这些特点和功能,提出不同的调查要求,正确地选择调查法方法和技术。

(一)按调查的目的要求分

根据市场调查的目的要求,可以分为探测性调研、描述性调研、因果性调研和预测性调研。

1. 探测性调研。其对市场环境或其他相关因素进行初始调查与分析,以便确定营销中存在的问题和可能的原因,倾向于使用二手资料,适用于探寻潜在问题和机会,寻找新概念和新假设。

2. 描述性调研。这是一种常见的项目调研,是指对所面临的不同因素、不同方面现状的调查研究,其资料数据的采集和记录着重于客观事实的静态描述。大多数的市场营销调研都属于描述性调研。在描述性调研中,假设调查中所考察的各变量之间存在着某种关系,通过调查可以发现其中的关联,但是,并不能说明两个变量哪个是因、哪个是果。

3. 因果性调研。它假设调查中所考察的一个变量的改变会导致其他一个或多个变量的变化,其目的在于深入了解两个或多个营销变量之间的因果关系,倾向于使用实验调查法。

4. 预测性调研。它一般以因果关系调研的结果为基础,预测未来一定时期内某一环境因素的变动趋势及其对企业营销活动的影响。

(二)按样本确定的方式不同分

根据样本确定的方式不同,可分为普查和抽样调查,抽样调查又分为随机抽样调查和非随机抽样调查。

1. 普查:专门组织的对调查对象进行的一次性全面调查,对全部调查对象进行逐一的无一例外的调查。

2. 抽样调查:从总体中抽出一部分子体作为样本进行调查研究,并根据对样本的研究结果,从数量上推断总体结果。

(1)随机抽样调查,是指按照随机原则从总体中抽取部分元素或单位作为样本进行调查的方法。

(2)非随机抽样调查,包括所有不按随机原则抽取样本的调查方法,两种比较有代表性的是典型调查和重点调查。①典型调查:在对调查对象进行全面分析的基础上,根据市场调查的目的和任务,有意识地选择一些具有典型意义或具有代表性的单位进行的调查。②重点调查:在调查对象中选择一部分对全局有决定性作用的重点单位所进行的调查。

(三)按调查资料来源分

根据调查资料来源不同,可分为一手资料调查和二手资料调查。

一手资料调查,也称原始数据调查,指通过实地调查或实验取得原始数据。

二手资料调查,也称现成数据调查,指对现有的资料和数据进行收集整理。

二、市场调查的内容

市场调查的内容涉及市场营销活动的整个过程,主要包括有:

1. 市场环境的调查。市场环境调查主要包括经济环境、政治环境、社会文化环境、科学环境和自然地理环境等。具体的调查内容可以是市场的购买力水平、经济结构、国家的方针政策和法律法规、风俗习惯、科学发展动态、气候等各种影响市场营销的因素。

2. 市场需求调查。市场需求调查主要包括消费者需求量调查、消费者收入调查、消费结构调查、消费者行为调查,包括消费者为什么购买、购买什么、购买数量、购买频率、购买时间、购买方式、购买习惯、购买偏好和购买后的评价等。

3. 市场供给调查。市场供给调查主要包括产品生产能力调查、产品实体调查等。具体为某一产品市场可以提供的产品数量、质量、功能、型号、品牌等,生产供应企业的情况等。

4. 市场营销因素调查。市场营销因素调查主要包括产品、价格、渠道和促销的调查。产品的调查主要有了解市场上新产品开发、设计的情况,消费者使用的情况,消费者的评价,产品生命周期阶段,产品的组合情况等。产品的价格调查主要有了解消费者对价格的接受情况,对价格策略的反应等。渠道调查主要包括了解渠道的结构、中间商的情况、消费者对中间商的满意情况等。促销活动调查主要包括各种促销活动的效果,如广告实施的效果、人员推销的效果、营业推广的效果和对外宣传的市场反应等。

5. 市场竞争情况调查。市场竞争情况调查主要包括对竞争企业的调查和分析,了解同类企业的产品、价格等方面的情况以及同类企业采取了什么竞争手段和策略,从而做到知己知彼,帮助企业确定企业的竞争策略。

三、市场调查的方法

根据数据来源的不同,可以把市场调查的方法分为两大种:二手数据的调查方法和一手数据的调查方法。

（一）二手数据的调查方法

二手数据也叫已有数据、现成数据。根据二手数据的来源不同又分为企业内部数据和企业外部数据。相对一手数据而言，二手数据的收集比较简单。有些二手数据可以免费获得，有些需要付费才能使用。

企业内部数据可以从企业的数据库、会计部门、统计部门和情报部门获得。

企业外部数据可以从政府机构、行业团体、专业调研机构、出版物和网络获得。

（二）一手数据的调查方法

一手数据也叫原始数据，可通过询问调查法、实验调查法、观察调查法获得。在询问调查法中，调查者通过口头或书面的方式向被调查者提问从而收集数据；实验调查法中，实验者通过实验收集数据，改变一个或几个自变量来测量它们对另一个或几个自变量的影响，是因果关系调研中最常用的方法；观察调查法是调查者在现场对被调查者的情况直接观察、记录，从而取得市场信息的方法。一般采用完全参与观察、不完全参与观察和非参与观察等方法。

这里主要讲市场调查中最常使用的一种方法——询问调查法，其根据调查者与被调查者的接触方式不同，分为以下四种类型：面谈调查、邮寄调查、电话调查、网上调查。

面谈调查是在调查者与被调查者在面对面的情况下，向被调查者提出问题，然后根据被调查者的回答，当场记录获得数据的方法。优点是：可以灵活掌握，样本保持较为完整，获得较多的数据；缺点是：费用较高，容易产生询问偏见。

邮寄调查包括邮寄、留置、期刊插页、产品标签等形式。优点是：可覆盖的区域广，无询问偏见，费用低；缺点是：回收率低，所用时间长，容易代答。

电话调查通过电话向被调查者提出问题，然后记录数据。在电话日益普及的今天，电话调查被越来越多地采用。其优点是：经济、省时，容易控制调查员；缺点是：总体不完整，问题难以深入，时间不能过长。

网上调查借助互联网与被调查者接触，收集数据和资料，可利用网上焦点座谈、E-mail、BBS、论坛、博客等多种方式。互联网的兴起为市场调查带来了巨大的变革，其具有的优势是传统的调查方法无法比拟的：经济，便捷，无时空地域限制，易监控纠错。但也有其不足：总体不完整，缺乏情感交流，同一个人可能多次重复回答，容易出现拒答现象，如E-mail被当做垃圾邮件。

四、市场调查的工具

问卷是市场调查中应用最广泛的一种测量工具，是调查者向被调查者收集数据或资料的问题表。

（一）问卷的构成

问卷一般由三大部分构成：开头部分、正文部分和背景部分。

开头部分一般包括问卷编号、请求和填表说明。问卷编号有利于对问卷进行分类归档，也有利于统计问卷数量。请求部分解释调查目的，说明调查需花费的时间，做出保密的承诺，用于消除被调查者的顾虑，争取他们的合作。填表说明向被调查者说明如何填写问卷。

正文部分是调查者按照调查主题设计的调查内容，是调查问卷中最主要、最核心的部分。

背景部分通常放在问卷的最后，主要包括分类数据和致谢语。分类数据是关于被调查者的个人信息。

（二）问卷设计的程序

问卷设计的程序如图3－1所示。

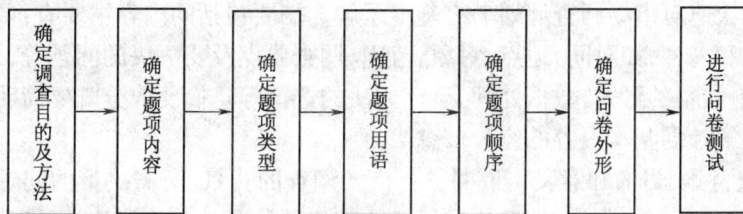

图3－1　问卷设计程序图

1. 确定调查目的及调查方法。明确通过问卷调查要得到什么样的信息；谁来回答问卷；与被调查者的接触方式。这些问题会影响到问卷后续问题的设定。

2. 确定题项内容，这主要包括：设计题项，明确题项的必要性，准确收集信息的能力。

3. 确定题项类型。问卷的题项可以选择自由题项、多项选择题项、二分法题项和态度量表四种形式。

自由题项是开放性的，被调查者不受限制，可以自由回答。多项选择题要求被调查者从事先准备好的答案中选出一个或几个选项。二分法题项只给出两个截然相反的答案，二者选其一。态度量表是对态度进行测量的工具。

4. 确定题项措辞。不同的措辞会使被调查者产生不同的理解，而使回答产生误差。题项中所使用的词汇和语句应使题项的内容简单而易于理解。

5. 确定题项顺序。题项顺序也会影响被调查者对问卷的理解，题项的安排应符合逻辑顺序，避免误差的产生。

6. 确定问卷外形。问卷的外形不仅会影响问卷的美观,也会影响被调查者的回答,合理设计问卷有助于被调查者的合作。

7. 进行问卷测试。问卷在进行正式使用之前应进行测试,了解问卷设计中存在的问题及缺陷,以便修改。修改后的问卷应进行重新测试。测试通过的问卷才能投入正式调查。

五、市场调查计划书和市场调查报告的构成

(一)市场调查计划书的构成

市场调查计划书的结构一般由标题、摘要、调查背景、调查目的和意义、调查方法、分析方法、调查时间和费用、附录等几部分构成。

1. 标题。市场调查计划书的标题应由调查的目的、内容及范围决定,总括市场调查计划的核心内容。

2. 摘要。简单说明每个部分的要点,总结概括整个调查计划,使报告使用者不阅读全文就能快速对市场调查计划书有基本了解。摘要包括的内容主要有:调查的目的;调查的对象和内容,如时间、地点、对象、范围、调查要点及要解决的问题等;调查研究的方法,如资料收集的形式、数据处理、研究方法的选择等。摘要部分既要简明清晰,又要提供帮助理解计划基本内容的充分信息。

3. 调查背景、目的和意义。说明进行市场调查的背景、所需决策的问题、影响它的因素、备选的各种可能决策、该调研结果可能带来的社会效益或经济效益以及在理论研究方面的重大意义。描述调查所得信息类型、这些信息与决策的关系以及进行此项调查的必要性和可行性。

4. 调查方法。描述调查所要采用的数据收集方法、测量工具、抽样方法。

5. 分析方法。描述分析要使用的数据分析技巧和数学工具,计划进行的数据分析类型以及如何解释结果也应予以说明。

6. 调查时间和费用。说明市场调查所需要花费的时间和费用,这将决定这份计划是否得到支持。最好分阶段、分项目详细说明时间和费用的消耗。计划应稍稍留有余地,费用预算应实事求是。

7. 附录。为了满足部分专业人员的需要,可以在附录中用技术性语言详细地描述调查所要采用的方法和模型。

(二)市场调查报告的构成

市场调查报告的结构一般由题目、摘要、正文、结论和建议、附录等几部分组成。市场调查报告的结构不是固定不变的,不同的调查项目、不同的调查机构、不同的需求方以及调查项目自身性质不同,都可以导致调查报告的不同的结构和风格。

1. 调查报告的题目。题目,包括市场调查标题、报告日期、委托方、调查方等,一般

应打印在扉页上。要注意市场调查报告标题是画龙点睛之笔,其必须准确揭示报告的主题思想,做到题文相符。同时标题要简单明了,高度概括,具有较强的吸引力。一般可以采用:①"直叙式标题"。例如,《圣诞节欧洲对核桃需要的调查》。这种标题的特点是简明、客观。②"标明观点式标题",是指直接阐明调查者的观点、看法,或对事物作出判断、评价的标题。例如,《当前非洲电视机需求不旺不容忽视》。这种标题既表明了调查者的态度,又揭示了调查主题,具有很强的吸引力。③"提出问题式标题",是指以设问、反问等形式,突出问题的尖锐性,吸引经营者思考。例如,《中国服装为什么在巴西成交寥寥无几》。标题也可以由主题和副题组成,例如,《洗衣机的出口要考虑不同国家的文化——关于日本洗衣机市场需求的调查》等。

2. 调查报告的摘要。摘要是市场调查报告的内容提要,摘要只给出报告中的重要内容,应当能够引起读者的注意和兴趣。摘要内容与市场调查方案设计应一致。

3. 调查报告的正文。正文是市场调查报告的主要部分。正文部分必须正确阐明全部有关论据,包括问题的提出到引起的结论、论证的全部过程、分析研究问题的方法等。

(1)开头部分。开头部分的撰写可以采用开门见山,揭示主题的形式,开始就交待调查的动机,揭示主题。例如,"我公司受××公司委托,对中国大豆进行一项有关产地、品种、产量现状的调查,以满足×国市场现有需要并预测今后的供货途径"。也可以采用结论先行,逐步论证的形式,先将调查的结论进行描述,然后逐步论证,其特点是观点明确,使人一目了然。例如,"我公司通过对黑龙江省大豆生产现状的调查认为,我国大豆在×国市场具有较大竞争力,原因是……"。也可以采用交代情况、逐步分析的形式,先交代背景情况、调查数据,然后逐步分析,得出结论。"本次关于中国大豆生产现状的调查主要集中在黑龙江、山东、河北、河南等地,调查对象集中于大规模生产地区……"。

(2)论述部分。论述部分必须准确阐明全部有关论据、根据预测所得出的结论、建议交易双方应当采取的措施等,以便解决问题。论述部分包括基本情况部分和分析部分。基本情况部分包括对调查数据资料及背景作客观的介绍说明、提出问题等方面。分析部分包括原因分析、利弊分析、预测分析等。

4. 调查报告中的结论与建议。结论和建议应该采用简明扼要的语言。好的结论可以使报告使用者明确主旨,加深认识,启发交易双方思考和联想。结论应有以下几个方面:

(1)概括全文。经过层层分析后,综合说明调查报告的主要观点,深化报告的主题。

(2)形成结论。在对真实资料进行深入细致的科学分析的基础上,得出报告的结论。

（3）提出看法和建议。通过分析，形成对事物的看法，在此基础上提出建议和可行性方案。

（4）展望未来，说明意义。通过调查分析，展望未来前景。

5. 附录。附录是指调查报告中正文包含不了或没有提及，但是又与正文有关，必须附加说明的部分。它是正文报告的补充或更详尽的说明，包括调查提纲、技术细节、原始材料背景等。

第二节　实训内容及要求

一、实训任务

本单元实训流程见图 3-2，包含了市场调查的基本程序。

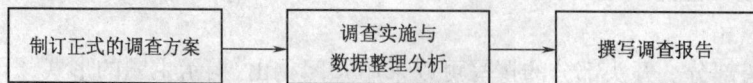

图 3-2　市场调查实训流程图

（一）制订正式的调查方案

通过以下内容的实训，最终应完成一份市场调查计划书。

1. 确定调查目的和内容。了解市场调查的背景，确定市场调查的目的和内容是市场调查的起点。

【实训提示】

如前所述，市场调查的内容涉及市场营销活动的全部过程，包括市场环境调查、市场需求调查、市场供给调查、市场营销因素调查、市场竞争调查等，每一种调查都包含丰富的内容。企业必须搞清楚自己进行调查的背景、目的和内容。

此处以国际化经营的环境调查为例进行说明。对于国际化经营的环境调查可以从以下几方面着手：

（1）产品需要方所在地的基本环境调查。企业在国际化经营中，如何面对海外纷繁复杂的国际市场环境，以尽可能少的风险、尽可能高的投资回报成功开拓海外市场，其首要任务就是选择正确的目标市场。目标市场的选择需借助于必要的市场调研，并在大量信息的整理、分析基础上进行市场的宏观细分与微观细分，才能作出目标市场决策。这一切，均有赖于成功的国际市场调查以及对产品需要方基本环境的掌握。这主要包括以下几方面的内容：

第一，政治法律环境。这是指企业在国际市场经营中所面临的国际政治形势、经济制度以及必须遵守的法律、法规、条例等。在国际贸易中，除了了解相应国家的法律、法规外，还要熟悉国际贸易惯例和世界贸易组织、区域经济集团等的要求。国际政治环境调查包括产品输入国或投资国的社会制度、政治体制、政局变化（地区冲突、国家政策的调整等）情况等。这些都会对企业的经济往来、进出口贸易产生重大的影响。国际法律制度环境包括 WTO 规则，区域经济集团规则，国际贸易的一些重要的国际协定以及产品需要方关于产品方面（标签、产品保证、品牌及商标等），定价方面（价格管制、边界利润的设定等），渠道策略方面和促销策略方面的要求。掌握这些信息，直接关系到企业能否进入国际市场，能否顺利开展国际贸易活动，这对于避免风险、减少损失都有十分重要的意义。

第二，经济技术环境是指企业面临的社会经济条件及其运行状况、发展趋势、产业结构、交通运输、技术发展与应用状况等情况。经济技术环境是制约企业生存和发展的重要因素。如果某一时期经济运营态势好、技术应用状况好，企业的国际贸易条件也好，则适于企业扩充和发展国际贸易业务；反之，如果整体经济不太景气，企业的国际贸易环境也会恶化，企业就要千方百计减少贸易风险。经济技术环境调查包括产品需要方所在国家或地区的社会购买力水平、消费者收支状况、公民的储蓄和信贷情况、新兴技术发展状况、研制与开发新产品的能力等。

第三，社会文化环境调查。产品需要方所在国家或地区的社会文化环境决定着人们的价值观念、信仰、生活方式、行为准则、社会群体及相互关系、文化传统和社会风俗等。不同的社会文化背景使得其消费需求和购买行为呈现出不同的特征，这必然会对企业的国际贸易活动提出不同的要求。实际上，社会文化的影响遍及国际贸易活动的各个环节，因此企业必须认真分析产品需要方所在国家或地区的社会文化环境，并在贸易计划的制订和实施过程中充分考虑不同文化的差异。社会文化环境调查包括物质文化（社会的经济水平和经济发展水平）、社会机构（某一社会制度的基本成分之间有组织的关系）、语言、审美观、宗教信仰以及社会价值体系的调查。

第四，自然地理环境调查。产品需要方所在国家或地区的自然地理环境也是影响国际贸易活动的重要环境因素，与企业的经营活动密切相关。例如，海拔高度、温度、湿度等气候特征，影响着产品的功能和效果；人们的服装、食品也受气候的明显影响。自然地理环境包括气候、季节、自然资源、地理位置等。

第五，竞争环境调查。在任何贸易活动中企业都面临着竞争，其竞争者包括现实的竞争者和潜在的竞争者；同一市场，同类企业数量的多少构成了竞争强度的不同。企业调查竞争环境的目的是了解产品需要方所在国家或地区的市场状况和市场竞争强度，根据本企业的优势，制定正确的竞争策略。同时，还可以了解竞争对手的优势、劣势，取长补短，扬长避短，与竞争者在目标市场选择、产品档次、价格服务策略上有所差别，与竞争对手形成互补的经营结构。竞争环境调查包括现实的竞争者和潜在的竞争者数量、竞争者的竞争策略、竞争者的优势与劣势等方面的调查。

(2)产品需要方所在地的商业惯例的调查。要想在国际贸易活动中取得成功,就应该清楚产品需要方所在国家或地区的商业惯例,并能够适应不同的环境。如果缺乏对他国或地区商业惯例和习俗的了解,就会给国际贸易活动带来巨大障碍。

所谓国际商业惯例是指在长期的国际经济贸易交往中,经过反复实践、反复使用而逐步形成的习惯性规范和原则。现代的国际商业惯例大多数已经通过有关组织的整理和编纂,成为成文的国际商业惯例。只有在当事人明确表示援引某惯例的规定时,该惯例才对当事人有约束力。

各国的商业惯例存在着较大的差异。如果企业不做充分的调查,对国际商业惯例缺乏了解和理解,并误以为其他国家或地区的商业文化与本国的相似而贸然行动,则会对国际贸易活动构成非常严重的威胁。而清楚各国的商业惯例有助于排除许多障碍。所以,在进行国际贸易活动之前,企业必须对目标市场国家的商业惯例进行调查,以做到充分了解和理解。

商业惯例的调查内容包括产品需要方所在国家或地区的商业习俗以及商业道德、商业惯例的状况。

(3)国外客户情况调查。在国际贸易活动中,每种商品都有自己的销售(出货、进货)渠道。销售渠道是由不同客户所组成的。企业进出口商品必须选择合适的销售渠道与合适的客户,做好国外客户的调查研究对国际贸易活动是否成功起着至关重要的作用。一般说来,进出口企业对国外客户的调查主要包括以下内容:①客户政治情况的调查,主要调查客户的政治背景、与政界的关系、公司企业负责人参加的党派及对我国的政治态度。它决定着企业国际贸易活动的可靠性。②客户资信情况的调查,包括客户拥有的资本和信誉两个方面。资本指企业的注册资本、实有资本、其他财产以及资产负债等情况。信誉指企业的经营作风。它决定着企业国际贸易活动的风险性。③客户经营业务范围的调查,主要指客户的公司经营的商品及其品种。它决定着企业国际贸易活动的长期性。④客户公司业务的调查,包括客户的公司是中间商还是直接用户,是专营商或兼营商等。它决定着企业国际贸易活动的稳定性。⑤客户企业经营能力的调查,包括客户企业业务活动能力、资金融通能力、贸易关系、经营方式和销售渠道等。它决定着企业国际贸易活动的可靠性。

可见,调查有可能涉及很多方面。

【实训要求】

就模拟公司的情况确定调查基本内容,并说明调查背景和目的。调查内容可以涉及模拟公司某一方面情况,也可以选择其中的一小部分进行调查。

2. 确定数据来源。数据的来源分为两大类:已有数据和原始数据,也分别叫二手数据和一手数据。

【实训提示】

一般而言，如果通过收集二手数据能够解决问题，考虑到时间和费用问题，就可以不再收集原始数据了。

在确定调查数据来源时，要考虑到不同数据来源的优缺点。二手数据的优点是节省时间和费用，有些数据只能从已有资料中获得；缺点是二手数据有时候可能无法满足调查人员对数据的要求或者已经过时。原始数据的优点是针对性强，可控制；缺点是获得数据费时、费力、费财。原始数据除了企业自行组织进行调查收集外，还可以聘请专业的调研公司获得。

收集二手数据时，要特别注意资料收集人、资料收集目的、资料收集时间、资料收集方式及所得资料与其他资料的一致性，以对二手资料的可信度和适用性进行评估，并且应尽量直接使用最初报道的数据。

在一次调研过程中，可能并不局限单一的数据来源，而是需要混用多种数据来源。

【实训要求】

各模拟公司根据自身调查情况，正确选择数据来源，并能说明理由，为正确选择调查方法奠定基础。对于二手数据，注意评估其准确性和适用性。为了达到实训目的，要求至少有一部分数据需要企业自行设计问卷进行调查。

3. 确定调查方法。调查方法选择的恰当与否，直接影响到调查的时间成本、费用成本，甚至影响到调查结果的准确性。这里主要考虑询问调查法中的四种方式。

【实训提示】

调查方法多种多样，在多种调查方法中，没有哪一种方法是最优的，因此需要根据不同的情况进行选择确定。调查方法的确定应考虑以下因素：问卷的复杂性、样本控制、调查人员控制、时效性和费用。

有些复杂的调研活动为了获得大量的数据必须采用复杂的问卷。邮寄调查和电话调查由于不容易引导、控制被调查者，因此不宜采用过于复杂的问卷。复杂的、数据量大的问卷适宜采用人员访问法。

数据获取的及时性直接影响到数据的使用和准确性。电话调查和网上调查在速度上具有明显的优势，邮寄调查所需要的时间是最长的。

人员访问调查所需要的费用是最大的，除了和其他方法一样要支付调查人员的工资等费用外，还要支付大量的差旅费。

对于国内市场调查而言，可采用的方法较多。对于海外市场调查而言，更多的是通过互联网调查，报纸、杂志、文献资料查询，问卷调查，实地考察，购买现有的市场调查报告，或聘请专业调查公司进行市场调查。

同时要注意以下问题:报纸、杂志和文献资料上的信息不够及时,不够全面;企业对海外客户进行问卷调查也很难操作;实地考察的费用很高,并且不可能对所有的潜在市场都去实地考察;现有的市场调查报告一般很难满足特定的调查需求;聘请专业调查公司进行市场调查费用也很高。对于企业而言,特别是我国的中小企业而言,最合适的调查方法就是网上调查。现在各个企业、组织都把自己的各种信息放到互联网上,调查者可以在网上收集到许多需要的信息:从竞争对手的公司网站上还可以了解到他们的公司信息、产品信息、销售渠道、合作伙伴等信息,以及他们是如何宣传其产品的;从一些行业协会的网站上可以找到潜在的合作伙伴,从报纸、杂志等媒体及展会举办商的网站上可以了解到相关的企业是如何做宣传的。网络方便了企业走出国门,在网络面前,所有企业都是平等的,中小企业完全可以通过网络获得所需的信息,这使企业走出国门变得相对方便了。

【实训要求】

把握各种调查方法的特点。模拟公司根据自身调查的要求,充分利用各种调查方法的优点,对不同的调查内容选择合适的调查方法和调查途径。

4. 设计测量工具。这里的测量工具指的是市场调查中最常用的调查问卷。

【实训提示】

除了了解问卷设计的基本程序外,还需要掌握问卷设计的一些细节。

(1)关于问卷题型。自由题项即开放题,常能得到意想不到的收获,但容易产生较大的询问偏差,数据的整理也比较困难。封闭式的问题有备选答案,回答比较方便,且易于处理分析,但由于范围限定,可能无法反映被调查者的真实想法。

(2)关于问题的措辞。措辞不同,往往会影响到被调查者的理解,从而导致给出不同的答案,因此必须慎重。一般而言,应尽量使用通俗易懂、简单的词汇;使用含义清楚、确定无歧义的词汇;避免引导性或带有倾向性的提问;避免让被调查者凭估计回答问题。

(3)关于问题顺序。问卷中问题的顺序也会影响被调查者的理解。问卷问题顺序的排列一般由问卷设计者的经验决定,但要注意几点:问卷的开头尽量使用简单有趣的题项;先用一般性的问题,再用特殊性的问题;问题的排序应合乎逻辑顺序。

(4)关于问卷的外形。问卷的外形包括问题的格式、间隔、位置、字体的大小等,会直接影响到被调查者的合作态度及问题回答的质量。应使问卷看起来干净整洁,版面设计不要过于拥挤,显得问题过多,令被调查者厌烦。对于开放性的自由题项可适当多留些空白,这样往往能得到更多的回答。

【实训要求】

模拟公司根据自身的调查内容设计一份调查问卷。要求合理设计问题,合理选择题型,合理措辞,问题顺序合乎逻辑,版面设计合理。

5. 抽样设计。在企业的市场调查中,抽样调查比普查更经常被采用。

【实训提示】

抽样的程序包括:定义总体,确定抽样框架,确定抽样方法,确定样本容量,制订抽样计划。

定义总体,就是要确定调查对象的全体。总体界定正确与否将关系到数据是否可靠、数据量大小等问题。

确定抽样框架。抽样框架是总体中抽样单位的表现形式。调查样本需要从抽样框架中抽出,而不是从总体中直接抽出。不完整的抽样框架会产生抽样误差。选定抽样框架时,要注意其适用性、完整性及误差对调查结果的影响程度。

确定抽样方法。抽样方法是抽样单位被选定为样本的方式。这里主要了解随机抽样中的简单随机抽样、分层随机抽样、分群随机抽样和等距随机抽样;非随机抽样中的任意抽样、判断抽样、配额抽样、滚雪球抽样等方法。

确定样本容量,在给定允许误差和置信概率的前提下,根据总体的特点,计算应该抽取的样本单位数。随机抽样样本容量,要根据调查的目的要求、总体的大小、总体的构成和不同的抽样方式,通过统计方法来确定;非随机抽样样本容量,可以按照随机抽样的方法计算样本容量,也可以根据调查预算和抽样成本大概确定一个抽样数目。尽量做到在费用一定条件下,使估计精度最高;在估计精度一定条件下,费用最少。

制订抽样计划,要详细说明如何执行每一项决定,对抽样的具体实施步骤加以规定和说明。

【实训要求】

了解并掌握各种抽样方法,掌握抽样设计的程序,为自己的调查方案进行合理的抽样设计,并写到调查计划书中。

(二)调查实施与数据整理分析

调查实施是正式调查方案具体执行的过程,调查结果的准确与否,很大程度上取决于这一阶段的工作质量。

【实训提示】

1. 调查实施。为确保市场调查工作的顺利进行,要制订出切实可行的具体工作计划,其中包括:工作进度安排,调查人员的调度,项目的预算,报价的形式,等等。

调查实施过程中,要注意与被调查者接触的方式和技巧,学会如何提问、如何追问、如何记录答案以及如何结束访谈;注意调查实施者之间的相互配合;注意对实施过程的管理和控制。

调查者必须做到对问卷完全熟悉。为了使被调查者更好地理解问题,提问时尽量慢一些,尽量使用问卷的措辞;追问时尽量采用中性的问题,不要用带有引导性的问题;适时采用短暂停顿或沉默。记录时要尊重原始答案,不要妄加总结,如果有可能,可以使用录音设备。

2. 数据整理分析。对于调查资料的整理与分析通常首先进行的是频数统计,频数统计不仅是一种初步分析方法,还可以起到资料清理的作用;其次是进行交叉统计,是将某一个调查变量与其他变量交叉分组,例如需求方对某种商品的评价按款式、颜色、价格、性能等特征分组列表,以观察所要调查的变量与其他变量之间的关系。然后可以进行比较复杂的统计分析,例如,均值检验、方差分析等。

需要指出的是,资料分析的方法与调查的问题与目标、数据收集方法、抽样设计等有关,因此不应等到数据资料收集完成后才开始考虑如何分析,而应该在方案设计时就考虑。

【实训要求】

模拟公司根据自身设计的调查方案实施调查。要求实施过程真实,并对收集到的数据进行录入、整理,会使用 SPSS 统计分析软件或 Excel 进行简单的统计分析,得出调查结果,为撰写市场调查报告奠定基础。

(三)撰写市场调查报告

市场调查报告是市场调查的最终成果。市场调查得到的结论要以报告的形式加以总结,并提供给调查报告使用者进行参考。调查报告是进行决策和评价调查过程的主要依据。因此,市场调查报告的撰写者应该从项目的开始阶段就参与进来,涉足市场调查的每一个环节,以增加感性认识。

【实训提示】

1. 书面调查报告。撰写一份好的市场调查报告不是一件容易的事情,调查报告本身不仅显示着调查的质量,也反映了一个企业捕捉机会的能力,除了注意市场调查报告的结构外,在撰写调查报告时还要注意以下几点:

(1)目的明确,紧扣主题。市场调查报告所得结论主要是为决策者提供可靠的信息,撰写报告时首先要搞清楚调查报告的读者是谁? 其兴趣点是什么? 撰写报告时要始终围绕调查目的,明确说明调查结果与决策者所需要的信息有怎样的关联。

(2)兼顾简明性和全面性。大多数决策者都喜欢清晰而简短的调查报告,因此调查报告要力求简明扼要,删除一切不必要的词句,对调查结果进行的概括和表述要做到清楚、准确、简明、易懂。同时,行文要流畅,既简明又全面,语言简练,重点突出。同时要注意,报告简洁明了,不等于将分析工作简单化。要善于运用统计数据和事实说话,使报告言之有物,适当地采用不同类型的图标来说明,能在简化报告的同时突出重点内容。

（3）保证报告客观有效。当调查结果和决策者的经验产生矛盾时,要注意调查报告的结果不能为了迎合决策者而破坏报告的客观性。实事求是是市场调查报告的首要要求。调查人员必须树立严谨的科学态度,客观地报道调查结果。使用报告的决策者有时并非是专业人员,为保证调查报告客观有效,在调查报告中应尽量使用客观描述性的语句,避免使用生僻的专业术语和过分夸张的词句。

2．口头调查报告。口头调查报告是书面报告的补充。进行口头调查报告时要注意:

（1）准备充足的材料,如汇报提纲、PPT 文档等。

（2）汇报注意条理简洁,尽量采用通俗易懂的语言,适当采用图标说明,有助于听众理解报告内容。

（3）汇报时要充满自信,面对听众,与听众进行眼神交流。

（4）把握好汇报时间,使报告既能完整汇报主要内容,又不引起听众的不耐烦。

【实训要求】

根据前述实训任务及模拟公司所进行的市场调查,完成一份书面市场调查报告,并准备口头调查报告所需用的材料,分小组进行汇报。

二、实训成果

通过本环节实训,学生应完成以下成果:

1．一份市场调查计划书;

2．一份市场调查问卷;

3．一份市场调查报告;

4．一份单元实训报告。

三、评价标准

1．是否掌握了市场调查计划书的书写结构;是否明确市场调查的目的和内容;是否合理选择调查方法;是否合理设计抽样方法;是否合理设置时间和费用成本;能否恰当运用统计分析方法。

2．问卷设计是否合理、规范;题项设置是否合理有效;题项用语是否简洁明了,无歧义;题项顺序是否符合逻辑;问卷外形是否整洁合理。

3．书面市场调查报告是否简明充实,客观真实,结论是否明确;口头调查报告是否流畅、有条理,是否注意仪表仪态,时间把握是否合理。

4．实训报告是否真实,内容是否充实。

【评价鉴定表】

序号	评价标准和内容	评价等级				
		优秀	良好	中等	合格	不合格
1	市场调查计划书内容是否全面,是否合理、具有可行性,					
2	问卷设计是否合理、规范					
3	市场调查报告是否简明充实、客观真实、结论明确,口头报告是否流畅、有条理					
4	实训报告是否整洁真实,内容充实					
5	综合成绩					

第四单元 财务分析

实训目的

掌握会计报表的编制方法,根据经济业务、总分类账户和明细分类账户余额编制资产负债表、利润表和现金流量表。运用一定的分析方法、价值量指标,针对三个会计报表提供的信息资料,对企业的财务状况和经营成果进行总结评价,掌握偿债能力分析方法、营运能力分析方法、盈利能力分析方法等财务分析方法。利用杜邦分析法、财务比率综合评分法进行财务综合评价。

知识要求

掌握资产负债表、利润表和现金流量表的编制要求和方法,填制三张会计报表。掌握财务报表分析的内涵,综合利用资产负债表、利润表和现金流量表三张财务报表,全面评价企业的总体财务状况以及经营成果,揭示财务活动过程中存在的矛盾和问题,为改进经营管理提供方向和线索;预测企业未来的报酬和风险,为决策提供帮助;检查企业财务目标的完成情况,考核经营管理人员的业绩,为完善合理的激励机制提供帮助。掌握杜邦分析法核心指标,运用杜邦分析体系、财务比率综合评分法进行企业财务综合评价。

技能要求

提高财务分析能力,使学生切实感受财务分析在现代市场经济中的作用,能够运用财务分析方法,按照科学的财务分析程序,对一些具体财务管理案例进行分析,训练学生资产负债表、利润表和现金流量表的编制能力,综合利用资产负债表、利润表和现金流量表三张财务报表,评价企业偿债能力分析、运营能力分析、获利能力分析、发展能力分析和综合指标分析。

第一节 实训相关专业知识

一、资产负债表编制方法

资产负债表是反映企业某一特定日期财务状况的会计报表,它表明了企业在某一特定日期所拥有或控制的经济资源、所承担的债务和所有者对净资产的要求权。

资产负债表设有"年初余额"和"期末余额"两个金额栏。"年初数"栏内各项数字,应根据上年末资产负债表"期末数"栏内所列数字填列。如果本年度资产负债表规定的各个项目的名称和内容同上年度不一致,应对上年年末资产负债表各项目的名称和数字按照本年度的规定进行调整,填入本表"年初数"栏内。资产负债表"期末数"各项目应根据资产、负债和所有者权益类科目的期末余额填列。资产负债表的各项目,具体填列方法如下:

1."货币资金"项目,反映企业库存现金、银行结算户存款、外埠存款、银行汇票存款、银行本票存款、信用卡存款、信用证保证金存款等的合计数。本项目应根据"库存现金"、"银行存款"、"其他货币资金"科目的期末余额合计填列。

2."交易性金融资产"项目,反映企业持有的以公允价值计量且其变动计入当期损益的为交易目的所持有的债券投资、股票投资、基金投资、权证投资等金融资产。本项目应根据"交易性金融资产"科目的期末余额填列。

3."应收票据"项目,反映企业收到的尚未到期也未向银行贴现的应收票据,包括商业承兑汇票和银行承兑汇票,本项目应根据"应收票据"科目的期末余额,减去"坏账准备"科目中有关应收票据计提的坏账准备期末余额后的金额填列。"应收账款"项目,反映企业因销售商品、提供劳务等经营活动应收取的款项。本项目应根据"应收账款"和"预收账款"科目所属各明细科目的期末借方余额合计数,减去"坏账准备"科目中有关应收账款计提的坏账准备期末余额后的金额填列。如"应收账款"科目所属明细科目期末有贷方余额的,应在资产负债表"预收款项"项目内填列。

4."预付款项"项目,反映企业按照购货合同规定预付给供应单位的款项等。本项目应根据"预付账款"和"应付账款"科目所属各明细科目的期末借方余额合计数,减去"坏账准备"科目中有关预付款项计提的坏账准备期末余额后的金额填列。如"预付账款"科目所属各明细科目期末有贷方余额的,应在资产负债表"应付账款"项目内填列。

5."应收利息"项目,反映企业应收取的债券投资等的利息。本项目应根据"应收利息"科目的期末余额,减去"坏账准备"科目中有关应收利息计提的坏账准备期末余额后的金额填列。

6."应收股利"项目,反映企业应收取的现金股利和应收取其他单位分配的利润。

本项目应根据"应收股利"科目的期末余额,减去"坏账准备"科目中有关应收股利计提的坏账准备期末余额后的金额填列。

7."其他应收款"项目,反映企业除应收票据、应收账款、预付账款、应收股利、应收利息等经营活动以外的其他各种应收、暂付的款项。本项目应根据"其他应收款"科目的期末余额,减去"坏账准备"科目中有关其他应收款计提的坏账准备期末余额后的金额填列。

8."存货"项目,反映企业期末在库、在途和在加工中的各种存货的可变现净值。本项目应根据"材料采购"、"原材料"、"低值易耗品"、"库存商品"、"周转材料"、"委托加工物资"、"委托代销商品"、"生产成本"等科目的期末余额合计,减去"受托代销商品款"、"存货跌价准备"科目期末余额后的金额填列。材料采用计划成本核算以及库存商品采用计划成本核算或售价核算的企业,还应按加或减材料成本差异、商品进销差价后的金额填列。

9."一年内到期的非流动资产"项目,反映企业将于一年内到期的非流动资产项目金额。本项目应根据有关科目的期末余额填列。

10."其他流动资产"项目,反映企业除货币资金、交易性金融资产、应收票据、应收账款、存货等流动资产以外的其他流动资产。本项目应根据有关科目的期末余额填列。

11."可供出售金融资产"项目,反映企业持有的以公允价值计量的可供出售的股票投资、债券投资等金融资产。本项目应根据"可供出售金融资产"科目的期末余额,减去"可供出售金融资产减值准备"科目期末余额后的金额填列。

12."持有至到期投资"项目,反映企业持有的以摊余成本计量的持有至到期投资。本项目应根据"持有至到期投资"科目的期末余额,减去"持有至到期投资减值准备"科目期末余额后的金额填列。

13."长期应收款"项目,反映企业融资租赁产生的应收款项、采用递延方式具有融资性质的销售商品和提供劳务等产生的长期应收款项等。本项目应根据"长期应收款"科目的期末余额,减去相应的"未实现融资收益"科目和"坏账准备"科目所属相关明细科目期末余额后的金额填列。

14."长期股权投资"项目,反映企业持有的对子公司、联营企业和合营企业的长期股权投资。本项目应根据"长期股权投资"科目的期末余额,减去"长期股权投资减值准备"科目期末余额后的金额填列。

15."投资性房地产"项目,反映企业持有的投资性房地产。企业采用成本模式计量投资性房地产的,本项目应根据"投资性房地产"科目的期末余额,减去"投资性房地产累计折旧(摊销)"和"投资性房地产减值准备"科目期末余额后的金额填列;企业采用公允价值模式计量投资性房地产的,本项目应根据"投资性房地产"科目的期末余额填列。

16. "固定资产"项目,反映企业各种固定资产原价减去累计折旧和累计减值准备后的净额。本项目应根据"固定资产"科目的期末余额,减去"累计折旧"和"固定资产减值准备"科目期末余额后的金额填列。

17. "在建工程"项目,反映企业期末各项未完工程的实际支出,包括交付安装的设备价值,未完建筑安装工程已经耗用的材料、工资和费用支出,预付出包工程的价款等的可收回金额。本项目应根据"在建工程"科目的期末余额,减去"在建工程减值准备"科目期末余额后的金额填列。

18. "工程物资"项目,反映企业尚未使用的各项工程物资的实际成本。本项目应根据"工程物资"科目的期末余额填列。

19. "固定资产清理"项目,反映企业因出售、毁损、报废等原因转入清理但尚未清理完毕的固定资产的净值,以及固定资产清理过程中所发生的清理费用和变价收入等各项金额的差额。本项目应根据"固定资产清理"科目的期末借方余额填列,如"固定资产清理"科目期末为贷方余额,以"-"号填列。

20. "生产性生物资产"项目,反映企业持有的生产性生物资产。本项目应根据"生产性生物资产"科目的期末余额,减去"生产性生物资产累计折旧"和"生产性生物资产减值准备"科目期末余额后的金额填列。

21. "油气资产"项目,反映企业持有的矿区权益和油气井及相关设施的原价减去累计折耗和累计减值准备后的净额。本项目应根据"油气资产"科目的期末余额,减去"累计折耗"科目期末余额和相应减值准备后的金额填列。

22. "无形资产"项目,反映企业持有的无形资产,包括专利权、非专利技术、商标权、著作权、土地使用权等。本项目应根据"无形资产"科目的期末余额,减去"累计摊销"和"无形资产减值准备"科目期末余额后的金额填列。

23. "开发支出"项目,反映企业开发无形资产过程中能够资本化形成无形资产成本的支出部分。本项目应根据"研发支出"科目中所属的"资本化支出"明细科目期末余额填列。

24. "商誉"项目,反映企业合并中形成的商誉的价值。本项目应根据"商誉"科目的期末余额,减去相应减值准备后的金额填列。

25. "长期待摊费用"项目,反映企业已经发生但应由本期和以后各期负担的分摊期限在一年以上的各项费用。长期待摊费用中在一年内(含一年)摊销的部分,在资产负债表"一年内到期的非流动资产"项目填列。本项目应根据"长期待摊费用"科目的期末余额减去将于一年内(含一年)摊销的数额后的金额填列。

26. "递延所得税资产"项目,反映企业确认的可抵扣暂时性差异产生的递延所得税资产。本项目应根据"递延所得税资产"科目的期末余额填列。

27. "其他非流动资产"项目,反映企业除长期股权投资、固定资产、在建工程、工程物资、无形资产等资产以外的其他非流动资产。本项目应根据有关科目的期末余额填列。

28. "短期借款"项目,反映企业向银行或其他金融机构等借入的期限在一年以下(含一年)的各种借款。本项目应根据"短期借款"科目的期末余额填列。

29. "交易性金融负债"项目,反映企业承担的以公允价值计量且其变动计入当期损益的为交易目的所持有的金融负债。本项目应根据"交易性金融负债"科目的期末余额填列。

30. "应付票据"项目,反映企业购买材料、商品和接受劳务供应等而开出、承兑的商业汇票,包括银行承兑汇票和商业承兑汇票。本项目应根据"应付票据"科目的期末余额填列。

31. "应付账款"项目,反映企业因购买材料、商品和接受劳务供应等经营活动应支付的款项。本项目应根据"应付账款"和"预付账款"科目所属各明细科目的期末贷方余额合计数填列;如"应付账款"科目所属明细科目期末有借方余额的,应在资产负债表"预付款项"项目内填列。

32. "预收款项"项目,反映企业按照购货合同规定预付给供应单位的款项。本项目应根据"预收账款"和"应收账款"科目所属各明细科目的期末贷方余额合计数填列。如"预收账款"科目所属各明细科目期末有借方余额,应在资产负债表"应收账款"项目内填列。

33. "应付职工薪酬"项目,反映企业根据有关规定应付给职工的工资、职工福利、社会保险费、住房公积金、工会经费、职工教育经费、非货币性福利、辞退福利等各种薪酬。外商投资企业按规定从净利润中提取的职工奖励及福利基金,也在本项目列示。

34. "应交税费"项目,反映企业按照税法规定计算应交纳的各种税费,包括增值税、消费税、营业税、所得税、资源税、土地增值税、城市维护建设税、房产税、土地使用税、车船使用税、教育费附加、矿产资源补偿费等。企业代扣代交的个人所得税,也通过本项目列示。企业所交纳的税金不需要预计应交数的,如印花税、耕地占用税等,不在本项目列示。本项目应根据"应交税费"科目的期末贷方余额填列;如"应交税费"科目期末为借方余额,应以"－"号填列。

35. "应付利息"项目,反映企业按照规定应当支付的利息,包括分期付息到期还本的长期借款应支付的利息、企业发行的企业债券应支付的利息等。本项目应当根据"应付利息"科目的期末余额填列。

36. "应付股利"项目,反映企业分配的现金股利或利润。企业分配的股票股利,不通过本项目列示。本项目应根据"应付股利"科目的期末余额填列。

37. "其他应付款"项目,反映企业除应付票据、应付账款、预收款项、应付职工薪酬、应付股利、应付利息、应交税费等经营活动以外的其他各项应付、暂收的款项。本项目应根据"其他应付款"科目的期末余额填列。

38. "一年内到期的非流动负债"项目,反映企业非流动负债中将于资产负债表日后一年内到期部分的金额,并将于一年内偿还的长期借款。本项目应根据有关科目的期末余额填列。

39. "其他流动负债"项目,反映企业除短期借款、交易性金融负债、应付票据、应付账款、应付职工薪酬、应交税费等流动负债以外的其他流动负债。本项目应根据有关科目的期末余额填列。

40. "长期借款"项目,反映企业向银行或其他金融机构借入的期限在一年以上(不含一年)的各项借款。本项目应根据"长期借款"科目的期末余额填列。

41. "应付债券"项目,反映企业为筹集长期资金而发行的债券本金和利息。本项目应根据"应付债券"科目的期末余额填列。

42. "长期应付款"项目,反映企业除长期借款和应付债券以外的其他各种长期应付款项。本项目应根据"长期应付款"科目的期末余额,减去相应的"未确认融资费用"科目期末余额后的金额填列。

43. "专项应付款"项目,反映企业取得政府作为企业所有者投入的具有专项或特定用途的款项。本项目应根据"专项应付款"科目的期末余额填列。

44. "预计负债"项目,反映企业确认的对外提供担保、未决诉讼、产品质量保证、重组义务、亏损性合同等预计负债。本项目应根据"预计负债"科目的期末余额填列。

45. "递延所得税负债"项目,反映企业确认的应纳税暂时性差异产生的所得税负债。本项目应根据"递延所得税负债"科目的期末余额填列。

46. "其他非流动负债"项目,反映企业除长期借款、应付债券等负债以外的其他非流动负债。本项目应根据有关科目的期末余额减去将于一年内(含一年)到期偿还数后的余额填列。非流动负债各项目中将于一年内(含一年)到期的非流动负债,应在"一年内到期的非流动负债"项目内单独反映。

47. "实收资本(或股本)"项目,反映企业各投资者实际投入的资本(或股本)总额。本项目应根据"实收资本"(或"股本")科目的期末余额填列。

48. "资本公积"项目,反映企业资本公积的期末余额。本项目应根据"资本公积"科目的期末余额填列。

49. "库存股"项目,反映企业持有尚未转让或注销的本公司股份金额。本项目应根据"库存股"科目的期末余额填列。

50. "盈余公积"项目,反映企业盈余公积的期末余额。本项目应根据"盈余公积"科目的期末余额填列。

51. "未分配利润"项目,反映企业尚未分配的利润。本项目应根据"本年利润"科目和"利润分配"科目的余额计算填列。未弥补的亏损在本项目内以"－"号填列。

二、利润表编制方法

利润表又称收益表,是反映企业一定期间生产经营成果的会计报表。通过利润表反映的收入、费用等情况,能够反映企业生产经营的收益和成本耗费情况,表明企业生产经营成果;同时,通过利润表提供的不同时期的比较数字(本月数、本年累计数、上年数),可以分析企业今后利润的发展趋势及获利能力,了解投资者投入资本的完整性。利润表是会计报表中的主要报表。

利润表中"本月数"栏反映各项目的本月实际发生数;在编报中期财务会计报告时,填列上年同期累计实际发生数;在编报年度财务会计报告时,填列上年全年累计实际发生数。如果上年度利润表与本年度利润表的项目名称和内容不一致,应对上年度利润表项目的名称和数字按本年度的规定进行调整,填入本表"上年数"栏。在编报中期和年度财务会计报告时,应将"本月数"栏改成"上年数"栏。本表"本年累计数"栏反映各项目自年初起至报告期末止的累计实际发生数。

利润表应当根据损益类账户的本期发生额来编制,各项目的内容及其填列方法如下:

1."营业收入"项目,反映企业经营主要业务和其他业务所确认的收入总额。本项目应根据"主营业务收入"和"其他业务收入"科目的发生额分析填列。

2."营业成本"项目,反映企业经营主要业务和其他业务所发生的成本总额。本项目应根据"主营业务成本"和"其他业务成本"科目的发生额分析填列。

3."营业税金及附加"项目,反映企业经营业务应负担的消费税、营业税、城市建设维护税、资源税、土地增值税和教育费附加等。本项目应根据"营业税金及附加"科目的发生额分析填列。

4."销售费用"项目,反映企业在销售产品过程中发生的包装费、广告费等费用和为销售本企业产品而专设的销售机构的职工薪酬、业务费等经营费用。本项目应根据"销售费用"科目的发生额分析填列。

5."管理费用"项目,反映企业为组织和管理生产经营发生的管理费用。本项目应根据"管理费用"科目的发生额分析填列。

6."财务费用"项目,反映企业筹集生产经营所需资金等而发生的筹资费用。本项目应根据"财务费用"科目的发生额分析填列。

7."资产减值损失"项目,反映企业各项资产发生的减值损失。本项目应根据"资产减值损失"科目的发生额分析填列。

8."公允价值变动收益"项目,反映企业应当计入当期损益的资产或负债的公允价值变动收益。如为净损失,本项目以"－"号填列。

9."投资收益"项目,反映企业以各种方式对外投资所取得的收益。如为投资损失,本项目以"－"号填列。

10."营业利润"项目,反映企业实现的营业利润。如为亏损,以"－"号填列。

11."营业外收入"项目和"营业外支出"项目,反映企业发生的与其生产经营无直接关系的各项收入和支出。这两个项目应分别根据"营业外收入"科目和"营业外支出"科目的发生额分析填列。

12."利润总额"项目,反映企业实现的利润。如为亏损,本项目以"－"号填列。

13."所得税费用"项目,反映企业应从当期利润总额中扣除的所得税费用。本项目应根据"所得税"科目的发生额分析填列。

14."净利润"项目,反映企业实现的净利润。如为亏损,本项目以"－"号填列。

15."基本每股收益"和"稀释每股收益"项目,反映根据每股收益准则的规定计算的金额。

三、现金流量表编制方法

现金流量表是反映企业一定期间内现金的流入和流出情况的会计报表,实际上是以现金为基础编制的财务状况变动表。现金流量表是以现金和现金等价物为基础编制的。

(一)现金流量表正表各项目的内容及编制方法

1. 经营活动现金流量各项目的内容。

(1)"销售商品、提供劳务收到的现金"项目,反映企业销售商品、提供劳务实际收到的现金(含销售收入和应向购买者收取的增值税额),包括本期销售商品、提供劳务收到的现金,以及前期销售和前期提供劳务本期收到的现金和本期预收的账款,减去本期退回本期销售的商品和前期销售本期退回的商品支付的现金。企业销售材料和代购代销业务收到的现金,也在本项目反映。本项目可以根据"库存现金"、"银行存款"、"应收账款"、"应收票据"、"预收账款"、"主营业务收入"、"其他业务收入"等科目的记录分析填列。

(2)"收到的税费返还"项目,反映企业收到返还的各种税费,如收到的增值税、消费税、营业税、所得税、教育费附加返还等,本项目可以根据"库存现金"、"银行存款"、"主营业务税金及附加"、"补贴收入"、"应收补贴款"等科目的记录分析填列。

(3)"收到的其他与经营活动有关的现金"项目,反映企业除了上述各项外,收到的其他与经营活动有关的现金流入。如罚款收入、流动资产损失中由个人赔偿的现金收入等,其他现金流入如价值较大的,应单列项目反映,本项目可以根据"库存现金"、"银行存款"、"营业外收入"等科目的记录分析填列。

(4)"购买商品、接受劳务支付的现金"项目,反映企业购买材料、商品、接受劳务实际支付的现金,包括本期购入材料、商品及接受劳务支付的现金(包括增值税进项税额），以及本期支付前期购入商品、接受劳务的未付款项和本期预付款项，本期发生的购货退回收到的现金应从本项目内减去。本项目可以根据"库存现金"、"银行存款"、"应付账款"、"应付票据"、"主营业务成本"等科目的记录分析填列。

（5）"支付给职工以及为职工支付的现金"项目，反映企业实际支付给职工，以及为职工支付的现金，包括本期实际支付给职工的工资、奖金、各种津贴和补贴等，以及为职工支付的其他费用。不包括支付的离退休人员的各项费用和支付给在建工程人员的工资等。企业支付给离退休人员的各项费用，包括支付的统筹退休金及未参加统筹的退休人员的费用，在"支付的其他与经营活动有关的现金"项目中反映；支付的在建工程人员的工资，在"购建固定资产、无形资产和其他长期资产所支付的现金"项目反映。本项目可以根据"应付工资"、"库存现金"、"银行存款"等科目的记录分析填列。企业为职工支付的养老、失业等社会保险基金、补充养老保险、住房公积金、支付给职工的住房困难补助以及企业支付给职工或为职工支付的其他福利费用等，应按职工的工作性质和服务对象，分别在本项目和在"购建固定资产、无形资产和其他长期资产所支付的现金"项目中反映。

（6）"支付的各项税费"项目，反映企业按规定支付的各种税费，包括本期发生并支付的税费，以及本期支付以前各期发生的税费和预交的税金，如支付的教育费附加、印花税、房产税、土地增值税、车船使用税、预交的营业税等。不包括计入固定资产价值、实际支付的耕地占用税等；也不包括本期退回的增值税、所得税，本期退回的增值税、所得税在"收到的税费返还"项目反映，本项目可以根据"应交税费"、"库存现金"、"银行存款"等科目的记录分析填列。

（7）"支付的其他与经营活动有关的现金"项目，反映企业除上述各项目外，支付的其他与经营活动有关的现金流出，如罚款支出、支付的差旅费、业务招待费现金支出、支付的保险费等。其他现金流出如价值较大的，应单列项目反映。本项目可以根据有关科目的记录分析填列。

2. 投资活动产生的现金流量的编制方法。

（1）"收回投资所收到的现金"项目，反映企业出售、转让或到期收回除现金等价物以外的短期投资、长期股权投资而收到的现金，以及收回长期债权投资本金而收到的现金，不包括长期债权投资收回的利息，以及收回的非现金资产。本项目可以根据"短期投资"、"长期股权投资"、"库存现金"、"银行存款"等科目的记录分析填列。

（2）"取得投资收益所收到的现金"项目，反映企业因股权性投资和债权性投资而取得的现金股利、利息，以及从子公司、联营企业和合营企业分回利润收到的现金，不包括股票股利。本项目可以根据"库存现金"、"银行存款"、"投资收益"等科目的记录分析填列。

（3）"处置固定资产、无形资产和其他长期资产所收回的现金净额"项目，反映企业处置固定资产、无形资产和其他长期资产所取得的现金,减去为处置这些资产而支付的有关费用后的净额。由于自然灾害所造成的固定资产等长期资产损失而收到的保险赔偿收入,也在本项目反映,本项目可以根据"固定资产清理"、"库存现金"、"银行存款"等科目的记录分析填列。

(4)"收到的其他与投资活动有关的现金"项目,反映企业除了上述各项以外,收到的其他与投资活动有关的现金流入。其他现金流入如价值较大的,应单列项目反映,本项目可以根据有关科目的记录分析填列。

(5)"购建固定资产、无形资产和其他长期资产所支付的现金"项目,反映企业购买、建造固定资产,取得无形资产和其他长期资产所支付的现金,不包括为购建固定资产而发生的借款利息资本化的部分,以及融资租入固定资产支付的租赁费。为购建固定资产而发生的借款利息资本化部分,以及融资租入固定资产所支付的租赁费,应在"筹资活动产生的现金流量"中反映,不在本项目反映。本项目可以根据"固定资产"、"在建工程"、"无形资产"、"库存现金"、"银行存款"等科目的记录分析填列。

(6)"投资所支付的现金"项目,反映企业进行权益性投资和债权性投资支付的现金,包括企业取得的除现金等价物以外的短期股票投资、短期债券投资、长期股权投资、长期债权投资支付的现金以及支付的佣金、手续费等附加费用,本项目可以根据"长期股权投资"、"长期债权投资"、"短期投资"、"库存现金"、"银行存款"等科目的记录分析填列。企业购买股票和债券时,实际支付的价款中包含的已宣告但尚未领取的现金股利或已到付息期但尚未领取的债券的利息,应在投资活动的"支付的其他与投资活动有关的现金"项目反映;收回购买股票和债券时支付的已宣告但尚未领取的现金股利或已到付息期但尚未领取的债券的利息,在投资活动的"收到的其他与投资活动有关的现金"项目反映。

(7)"支付的其他与投资活动有关的现金"项目,反映企业除了上述各项以外,支付的其他与投资活动有关的现金流出。其他现金流出如价值较大的,应单列项目反映。本项目可以根据有关科目的记录分析填列。

3. 筹资活动产生的现金流量的编制方法。

(1)"吸收投资所收到的现金"项目,反映企业收到的投资者投入的现金,包括以发行股票、债券等方式筹集的资金实际收到款项净额(发行收入减去支付的佣金等发行费用后的净额)。以发行股票、债券等方式筹集资金而由企业直接支付的审计、咨询等费用,在"支付的其他与筹资活动有关的现金"项目反映,不从本项目内减去。本项目可以根据"实收资本(或股本)"、"库存现金"、"银行存款"等科目的记录分析填列。

(2)"取得借款所收到的现金"项目,反映企业举借各种短期、长期借款所收到的现金。本项目可以根据"短期借款"、"长期借款"、"库存现金"、"银行存款"等科目的记录分析填列。

(3)"收到的其他与筹资活动有关的现金"项目,反映企业除上述各项目外,收到的其他与筹资活动有关的现金流入,如接受现金捐赠等。其他现金流入如价值较大的,应单列项目反映。本项目可以根据有关科目的记录分析填列。

(4)"偿还债务支付的现金"项目,反映企业以现金偿还债务的本金,包括偿还金融企业的借款本金、偿还债券本金等。企业偿还的借款利息、债券利息,在"分配股利、利润或偿付利息所支付的现金"项目反映,不包括在本项目内。本项目可以根据"短期借款"、"长期借款"、"库存现金"、"银行存款"等科目的记录分析填列。

(5)"分配股利、利润或偿付利息支付的现金"项目,反映企业实际支付的现金股利、支付给其他投资单位的利润及支付的借款利息、债券利息等。本项目可以根据"应付股利"、"财务费用"、"长期借款"、"库存现金"、"银行存款"等科目的记录分析填列。

(6)"支付的其他与筹资活动有关的现金"项目,反映企业除了上述各项外,支付的其他与筹资活动有关的现金流出,如捐赠现金支出、融资租入固定资产支付的租赁费等。其他现金流出如价值较大的,应单列项目反映。本项目可以根据有关科目的记录分析填列。

(7)"汇率变动对现金的影响"项目,反映企业外币现金流量及境外子公司的现金流量折算为人民币时,所采用的现金流量发生日的汇率或平均汇率折算的人民币金额与"现金及现金等价物净增加额"中外币现金净增加额按期末汇率折算的人民币金额之间的差额。

(二)现金流量表正表的编制程序

1. 工作底稿法编制现金流量表内容。采用工作底稿法编制现金流量表,就是以工作底稿为手段,以利润表和资产负债表数据为基础,对每一项目进行分析并编制调整分录,从而编制出现金流量表。

在直接法下,整个工作底稿纵向分成三段:第一段是资产负债表项目,其中又分为借方项目和贷方项目两部分;第二段是利润表项目;第三段是现金流量表项目。工作底稿横向分为五栏,在资产负债表部分,第一栏是项目栏,填列资产负债表各项目名称;第二栏是期初数,用来填列资产负债表项目的期初数;第三栏是调整分录的借方;第四栏是调整分录的贷方;第五栏是期末数,用来填列资产负债表项目的期末数。在利润表和现金流量表部分,第一栏也是项目栏,用来填列利润表和现金流量表项目名称;第二栏空置不填;第三、第四栏分别是调整分录的借方和贷方;第五栏是本期数,根据这一栏的数字可直接编制正式的现金流量表。

2. 工作底稿法编制现金流量表的步骤。

(1)将资产负债表的期初数和期末数列入工作底稿的期初数栏和期末数栏。

(2)对当期业务进行分析并编制调整分录。调整分录大体有这样几类:第一类涉及利润表中的收入、成本和费用项目,以及资产负债表中的资产、负债及所有者权益项目,通过调整,将权责发生制下的收入费用转换为现金基础;第二类是涉及资产负债表和现金流量表中的投资、筹资项目,反映投资和筹资活动的现金流量;第三类是涉及利润表和现金流量表中的投资和筹资项目,目的是将利润表中有关投资和筹资方面的收入和费用列入现金流量表中投资、筹资项目中去。此外,还有一些调整分录并不涉及现金收支,只是为了核对资产负债表项目的期末期初变动。

(3)将调整分录列入工作底稿中的相应部分。

(4)核对调整分录,借贷合计应当相等,资产负债表项目期初数加减调整分录中的借贷金额以后,应当等于期末数。

(5)根据工作底稿中的现金流量表项目部分编制正式的现金流量表。

(三)补充资料各项目的内容及编制方法

1.“将净利润调节为经营活动的现金流量”各项目的填列方法如下:

(1)“资产减值准备”项目,反映企业计提的各项资产的减值准备。本项目可以根据“资产减值损失”账户的记录填列。

(2)“固定资产折旧”项目,反映企业本期累计提取的折旧,本项目可以根据“累计折旧”科目的贷方发生额分析填列。

(3)“无形资产摊销”和“长期待摊费用摊销”两个项目,分别反映企业本期累计摊入成本费用的无形资产的价值及长期待摊费用,这两个项目可以根据“累计摊销”、“长期待摊费用”科目的贷方发生额分析填列。

(4)“处置固定资产、无形资产和其他长期资产的损失(减:收益)”项目,反映企业本期由于处置固定资产、无形资产和其他长期资产而发生的净损失。本项目可以根据“营业外收入”、“营业外支出”、“其他业务收入”、“其他业务支出”科目所属有关明细科目的记录分析填列,如为净收益,以“-”号填列。

(5)“固定资产报废损失”项目,反映企业本期固定资产盘亏(减盘盈)后的净损失。本项目可以根据“营业外支出”、“营业外收入”科目所属有关明细科目中固定资产盘亏损失减去固定资产盘盈收益后的差额填列。

(6)“公允价值变动损失”项目,反映企业交易性金融资产和负债、投资性房地产等以公允价值计量所发生的直接计入当期损益的净损失金额。本项目可根据“公允价值变动损益”账户的记录填列,如为净收益,以“-”号填列。

(7)“财务费用”项目,反映企业本期发生的应属于投资活动或筹资活动的财务费用。本项目可以根据“财务费用”科目的本期借方发生额分析填列;如为收益,以“-”号填列。

(8)“投资损失(减:收益)”项目,反映企业本期投资所发生的损失减去收益后的净损失。本项目可以根据利润表“投资收益”项目的数字填列;如为投资收益,以“-”号填列。

（9）"递延所得税资产减少"项目，反映企业本期递延所得税资产的净减少或净增加。本项目可根据资产负债表"递延所得税资产"的期初、期末余额的差额填列。如期末余额小于期初余额的差额，以正数填列；反之，以"－"号填列。

（10）"递延所得税负债增加"项目，反映企业本期递延所得税负债的净增加或净减少。本项目可根据资产负债表"递延所得税负债"的期初、期末余额的差额填列。如期末余额大于期初余额的差额，以正数填列；反之，以"－"号填列。

（11）"存货的减少（减：增加）"项目，反映企业本期存货的减少（减：增加）。本项目可以根据资产负债表"存货"项目的期初、期末余额的差额填列；期末数大于期初数的差额，以"－"号填列。

（12）"经营性应收项目的减少（减：增加）"项目，反映企业本期经营性应收项目（包括应收账款、应收票据和其他应收款中与经营活动有关的部分及应收的增值税销项税额等）的减少（减：增加）。

（13）"经营性应付项目的增加（减：减少）"项目，反映企业本期经营性应付项目（包括应付账款、应付票据、应付福利费、应交税金、其他应付款中与经营活动有关的部分，以及应付的增值税进项税额等）的增加（减：减少）。补充资料中的"现金及现金等价物净增加额"与现金流量表中的"现金及现金等价物净增加额"的金额相等。

2. 不涉及现金收支的投资和筹资活动各项目的编制方法。

"不涉及现金收支的投资和筹资活动"，反映企业一定期间。内影响资产或负债但不形成该期现金收支的所有投资和筹资活动的信息。不涉及现金收支的投资和筹资活动各项目的编制方法如下：

（1）"债务转为资本"项目，反映企业本期转为资本的债务金额；

（2）"一年内到期的可转换公司债券"项目，反映企业一年内到期的可转换公司债券的本息；

（3）"融资租入固定资产"项目，反映企业本期融资租入固定资产，计入"长期应付款"科目的金额。

四、财务报表分析比率

（一）短期偿债能力分析

偿债能力是指企业偿还各种到期债务的能力。偿债能力分析主要分为短期偿债能力分析和长期偿债能力分析。

短期偿债能力是指公司偿还流动负债的能力。流动负债是将在一年内或一个营业周期内需要偿还的债务。这部分债务如果不能及时偿还，会使公司面临破产的危险。一般来说，流动负债需要流动资产进行偿还，在资产负债表中，流动负债与流动资产形成一种对应关系，通过分析流动负债与流动资产的关系来判断短期偿债能力。反映短期偿债能力的比率主要是流动比率、速动比率和现金流量比率。

1. 流动比率。流动比率是企业流动资产与流动负债的比率,其计算公式如下:

$$流动比率 = \frac{流动资产}{流动负债}$$

流动比率是衡量企业短期偿债能力的一个重要财务指标,这个比率越高,说明企业偿还流动负债的能力越强,流动负债得到偿还的保障越大。根据西方国家的经验,流动比率在2∶1左右比较合适。流动比率在评价企业短期偿债能力时,存在一定局限性。如果流动比率较高,但流动资产的流动性较差,则企业的短期偿债能力仍然不强。

2. 速动比率。速动比率是速动资产与流动负债的比率。流动资产扣除存货后的资产称为速动资产。通过速动比率来判断企业短期偿债能力比用流动比率更进了一步,因为它撇开了变现力较差的存货。速动比率越高,说明企业的短期偿债能力越强。其计算公式如下:

$$速动比率 = \frac{速动资产}{流动负债}$$

速动比率是衡量企业短期偿债能力的一个重要财务指标,这个比率越高,说明企业偿还流动负债的能力越强,流动负债得到偿还的保障越大,根据西方国家的经验,速动比率在1∶1左右比较合适。

3. 现金流量比率。现金流量比率是企业经营活动现金净流量与流动负债的比率。其计算公式如下:

$$现金流量比率 = \frac{经营活动现金净流量}{流动负债}$$

现金流量比率是衡量企业短期偿债能力的一个重要财务指标,这个比率越高,说明企业偿还流动负债的能力越强。

（二）长期偿债能力分析

长期偿债能力是指企业偿还长期负债的能力,企业的长期负债主要有长期借款、应付长期债券、长期应付款等。对于企业的长期债权人和所有者来说,不仅关心企业短期偿债能力,更要关心企业长期偿债能力。因此,在对企业进行短期偿债能力分析的同时,还需分析企业的长期偿债能力,以便于债权人和投资者全面了解企业的偿债能力及财务风险。

1. 资产负债率。资产负债率是企业负债总额与资产总额的比率,也称为负债比率或举债经营比率,它反映企业的资产总额中有多少是通过举债而得到的。其计算公式如下:

$$资产负债率 = \frac{负债总额}{资产总额}$$

资产负债率反映企业偿还债务的综合能力,这个比率越高,企业偿还债务的能力越差;反之,偿还债务的能力越强。

2. 股东权益比率与权益乘数。股东权益比率是股东权益与资产总额的比率,该比率反映资产中有多少是所有者投入的。其计算公式如下:

$$股东权益比率 = \frac{股东权益总额}{资产总额} \times 100\%$$

由于股东权益比率与负债比率之和等于1,因此,这两个比率是从不同的侧面来反映企业长期财务状况的,股东权益比率越大,负债比率就越小,企业的财务风险也越小,偿还长期债务的能力就越强。

股东权益比率的倒数,称作权益乘数,即资产总额是股东权益的多少倍。该乘数越大,说明股东投入的资本在资产中所占比重越小。其计算公式如下:

$$权益乘数 = \frac{资产总额}{股东权益总额}$$

3. 负债股权比率。负债股权比率是负债总额与股东权益总额的比率,也称产权比率。其计算公式如下:

$$负债股权比率 = \frac{负债总额}{股东权益总额}$$

负债股权比率实际上是负债比率的另一种表现形式,它反映了债权人所提供资金与股东所提供资金的对比关系,因此它可以揭示企业的财务风险以及股东权益对债务的保障程度。该比率越低,说明企业长期财务状况越好,债权人贷款的安全越有保障,企业财务风险越小。

(三) 企业营运能力分析

企业的营运能力反映了企业资金周转状况,对此进行分析,可以了解企业的营业状况及管理水平。评价企业营运能力常用的比率有应收账款周转率、存货周转率、流动资产周转率、固定资产周转率、总资产周转率。

1. 存货周转率,也称存货利用率,是企业一定时期的销售成本与平均存货的比率。其计算公式如下:

$$存货周转率 = \frac{销售成本}{平均存货}$$

$$平均存货 = \frac{期初存货余额 + 期末存货余额}{2}$$

存货周转率说明了一定时期内企业存货周转的次数,反映了企业的销售效率和存货使用效率。在正常情况下,如果企业经营顺利,存货周转率越高,说明存货周转得越快,企业的销售能力越强,营运资金占用在存货上的金额也会越少。

2. 应收账款周转率。应收账款周转率是企业一定时期赊销收入净额与应收账款平均余额的比率。它反映了企业应收账款的周转速度。其计算公式如下：

$$应收账款周转率 = \frac{赊销收入净额}{应收账款平均余额}$$

$$应收账款平均余额 = \frac{期初应收账款 + 期末应收账款}{2}$$

公式中赊销收入净额是指销售收入扣除了销货退回、销货折扣及折让后的赊销净额。也可以用应收账款平均收账期来反映应收账款的周转情况。其计算公式如下：

$$应收账款周转天数 = \frac{360}{应收账款周转率} = \frac{应收账款平均余额 \times 360}{赊销收入净额}$$

应收账款平均收账期表示应收账款周转一次所需的天数。平均收账期越短，说明企业的应收账款周转速度越快。应收账款平均收账期与应收账款周转率成反比例变化，对该指标的分析是制定企业信用政策的一个重要依据。

3. 资产周转率。流动资产周转率是销售收入与流动资产平均余额的比率，它反映的是全部流动资产的利用效率。其计算公式如下：

$$流动资产周转率 = \frac{销售收入}{流动资产平均余额}$$

$$流动资产平均余额 = \frac{流动资产期初余额 + 流动资产期末余额}{2}$$

流动资产周转率表明在一个会计年度内企业流动资产周转的次数，反映了流动资产周转的速度。该指标越高，说明企业流动资产的利用效率越好。通常分析流动资产周转率应比较企业历年的数据并结合行业特点。

4. 固定资产周转率，也称固定资产利用率，是企业销售收入与固定资产平均净值的比率。其计算公式如下：

$$固定资产周转率 = \frac{销售收入}{固定资产平均净值}$$

$$固定资产平均净值 = \frac{期初固定资产净值 + 期末固定资产净值}{2}$$

固定资产周转率主要用于分析对厂房、设备等固定资产的利用效率，该比率越高说明固定资产的利用率越高，管理水平越好。

5. 总资产周转率。总资产周转率是企业销售收入与资产平均总额的比率。计算公式如下：

$$总资产周转率 = \frac{销售收入}{资产平均总额}$$

$$资产平均总额 = \frac{期初资产总额 + 期末资产总额}{2}$$

（四）企业获利能力分析

获利能力是指企业赚取利润的能力。盈利是企业的重要经营目标,是企业生存和发展的物质基础,它不仅关系到企业所有者的利益,也是企业偿还债务的一个重要来源。因此,企业的债权人、所有者以及管理者都十分关心企业的获利能力。评价企业获利能力的财务比率主要有资产报酬率、股东权益报酬率、销售毛利率、销售净利率、成本费用净利率等。

1. 资产报酬率,也称资产收益率、资产利润率或投资报酬率,是企业在一定时期内的净利润与资产平均总额的比率。其计算公式如下:

$$资产报酬率 = \frac{净利润}{资产平均总额} \times 100\%$$

资产报酬率主要用来衡量企业利用资产获取利润的能力,它反映了企业总资产的利用效率。这一比率越高,说明企业的获利能力越强。

在利用资产报酬率分析企业的获利能力和资产利用效率的同时,也可以用资产现金流量回报率来进一步评价企业的资产利用效率。其计算公式如下:

$$资产现金回报率 = \frac{经营活动现金净流量}{资产平均总额} \times 100\%$$

资产现金流量回报率指标客观地反映了企业在利用资产进行经营活动过程中获得现金的能力,因而更进一步反映了资产的利用效率。该比率越高,说明企业的经营活动越有效率。

2. 股东权益报酬率。股东权益报酬率,也称净资产收益率、净值报酬率或所有者权益报酬率,它是一定时期企业的净利润与股东权益平均总额的比率。其计算公式为:

$$股东权益报酬率 = \frac{净利润}{股东权益平均总额} \times 100\%$$

$$股东权益平均总额 = \frac{期初股东权益 + 期末股东权益}{2}$$

股东权益报酬率是评价企业获利能力的一个重要财务比率,它反映了企业股东获取投资报酬的高低。该比率越高,说明企业的获利能力越强。股东权益报酬率也可以用以下公式表示:

$$股东权益报酬率 = 资产报酬率 \times 平均权益乘数$$

股东权益报酬率取决于企业的资产报酬率和权益乘数两个因素。因此,提高股东权益报酬率可以有两种途径:一是在权益乘数,即企业资金结构一定的情况下,通过增收节支,提高资产利用效率,提高资产报酬率;二是在资产报酬率大于负债利息率的情况下,可以通过增大权益乘数,即提高资产负债率,来提高股东权益报酬率。第一种途径不会增加企业的财务风险,而第二种途径会导致企业的财务风险增大。

3. 销售毛利率,也称毛利率,是企业的销售毛利与销售收入净额的比率。其计算公式如下:

$$销售毛利率 = \frac{销售利润}{销售收入净额} \times 100\%$$

$$= \frac{销售收入净额 - 销售成本}{销售收入净额} \times 100\%$$

销售毛利是企业销售收入净额与销售成本的差额,销售毛利率反映了企业的销售成本与销售收入净额的比例关系。

4. 销售净利率。销售净利率是企业净利润与销售收入净额的比率。其计算公式如下:

$$销售利润率 = \frac{净利润}{销售收入净额} \times 100\%$$

销售净利率说明了企业净利润占销售收入的比例,它可以评价企业通过销售赚取利润的能力。销售净利率表明企业每1元销售净收入可实现的净利润是多少。该比率越高,说明企业通过扩大销售获取收益的能力越强。评价企业的销售净利率时,应比较企业历年的指标,从而判断企业销售净利率的变化趋势。

资产报酬率可以分解为总资产周转率与销售净利率的乘积,资产报酬率主要取决于总资产周转率与销售净利率两个因素。其计算公式如下:

$$资产报酬率 = 总资产周转率 \times 销售净利率$$

企业的销售净利率越大,资产周转速度越快,则资产报酬率越高。因此,提高资产报酬率可以从两个方面入手:一方面加强资产管理,提高资产利用率;另一方面加强销售管理,增加销售收入,节约成本费用,提高利润水平。

5. 成本费用净利率。成本费用净利率是企业净利润与成本费用总额的比率。它反映企业生产过程中发生的耗费与获得的收益之间的关系。其计算公式如下:

$$成本费用净利率 = \frac{净利润}{成本费用总额} \times 100\%$$

成本费用是企业为了取得利润而付出的代价,主要包括销售成本、销售费用、销售税金、管理费用、财务费用和所得税等。这一比率越高,说明企业为获取收益而付出的代价越小,企业的获利能力越强。因此,通过这个比率不仅可以评价企业获利能力的高低,也可以评价企业对成本费用的控制能力和经营管理水平。

(五)杜邦分析法

杜邦分析法是一种通过几个主要的财务比率之间的关系来综合分析企业财务状况的方法。这种方法最先是由美国杜邦公司提出来的,故此被称为杜邦分析法。企业的财务状况是一个完整的系统,内部各种因素都是相互依存、相互作用的,任何一个因素的变动都会引起企业整体财务状况的改变。利用杜邦分析法,可以了解影响企业整体财务状况的主要因素及它们之间的关系。

杜邦分析法的基本思路是:以股东权益报酬率为核心指标,然后层层分解,依次列出各主要财务比率之间的相互关系,通过各财务比率之间的关系,系统地反映企业的综合财务状况,揭示财务状况系统内部各影响因素之间的相互关系。杜邦分析系统如图4-1所示。

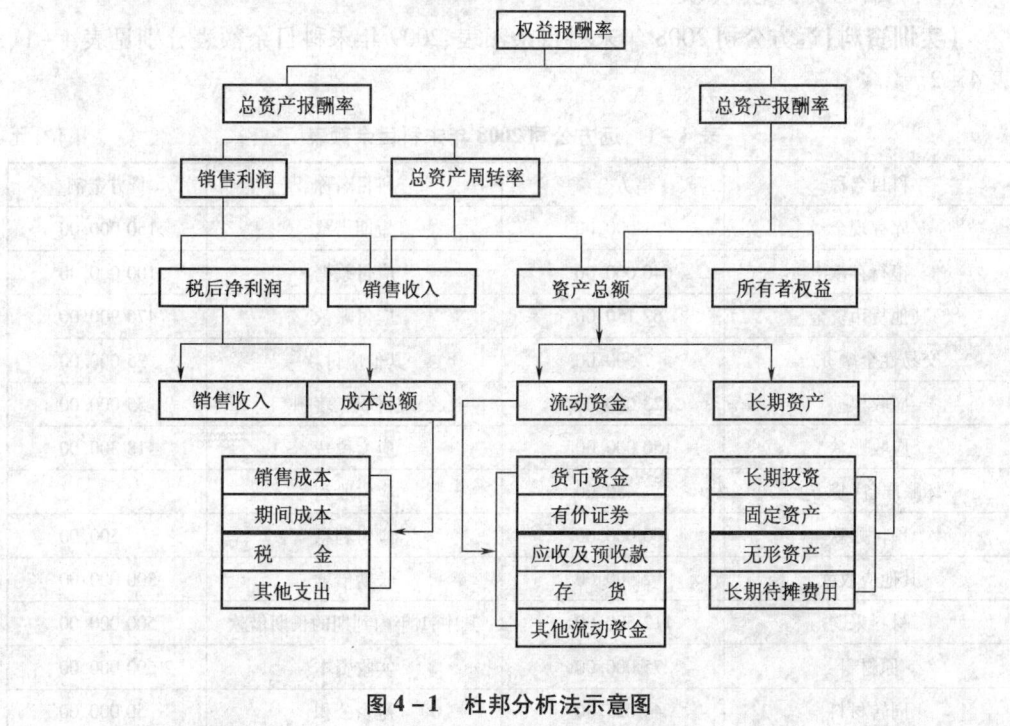

图4-1　杜邦分析法示意图

1. 股东权益报酬率是企业的核心财务指标,它集中反映了企业的整体财务状况。企业财务管理的主要目标就是实现股东财富的最大化,在一定程度上,股东权益报酬率越大,也就意味着股东财富越大。这一比率反映了企业筹资、投资和生产运营等方面经营活动的效率。股东权益报酬率取决于企业的资产报酬率和权益乘数。

2. 资产报酬率(总资产营利能力)是一项综合财务指标,它取决于企业的销售营利能力和资产管理效率。在图4-1中,"资产报酬率=销售净利率×总资产周转率"这一等式也叫杜邦等式。杜邦等式说明了资产报酬率指标反映了企业在销售营利能力和资产利用效率方面的综合效率,这两个方面财务状况的改善,都可以在资产报酬率指标中得到反映。

3. 销售净利率指标反映了企业在扩大收入、降低成本、节约费用方面的成果。

第二节　实训内容及要求

一、实训任务

(一)编制资产负债表

【实训资料】远方公司 2008 年末科目余额表、2009 年末科目余额表分别见表 4-1、表 4-2。

表 4-1　远方公司 2008 年末科目余额表　　　　　　　　　单位:元

科目名称	借方金额	科目名称	贷方金额
库存现金	1 000.00	短期借款	150 000.00
银行存款	640 000.00	应付票据	100 000.00
其他货币资金	62 150.00	应付账款	476 900.00
交易性金融资产	7 500.00	其他应付款	25 000.00
应收票据	123 000.00	应付职工薪酬	55 000.00
应收账款	150 000.00	应交税费	18 300.00
坏账准备(贷方)	450.00	应付股利	
预付账款	100 000.00	应付利息	500.00
其他应收款	2 500.00	长期借款	800 000.00
材料采购	112 500.00	其中:1 年内到期的长期借款	500 000.00
原材料	275 000.00	实收资本	2 500 000.00
周转材料	44 025.00	盈余公积	50 000.00
库存商品	840 000.00	利润分配——未分配利润	25 000.00
材料成本差异	18 475.00		
长期股权投资	125 000.00		
固定资产	750 000.00		
累计折旧(贷方)	200 000.00		
工程物资	0.00		
在建工程	750 000.00		
无形资产	300 000.00		
长期待摊费用	100 000.00		
合计	4 200 700.00	合计	4 200 700.00

表4-2　远方公司2009年末科目余额表　　　　单位:元

科目名称	借方金额	科目名称	贷方金额
库存现金	1 000.00	短期借款	25 000.00
银行存款	418 134.50	应付票据	50 000.00
其他货币资金	3 650.00	应付账款	476 900.00
交易性金融资产	0.00	其他应付款	25 000.00
应收票据	23 000.00	应付职工薪酬	90 000.00
应收账款	300 000.00	应交税费	105 972.00
坏账准备(贷方)	900.00	应付股利	16 107.92
预付账款	50 000.00	应付利息	0.00
其他应收款	2 500.00	长期借款	580 000.00
材料采购	137 500.00	其中:1年内到期的长期借款	0.00
原材料	22 500.00	实收资本	2 500 000.00
周转材料	19 025.00	盈余公积	69 704.38
库存商品	1 106 200.00	利润分配——未分配利润	120 550.20
材料成本差异	2 125.00		
长期股权投资	125 000.00		
固定资产	1 200 500.00		
累计折旧(贷方)	85 000.00		
工程物资	75 000.00		
在建工程	289 000.00		
无形资产	270 000.00		
长期待摊费用	100 000.00		
合计	4 059 234.50	合计	4 059 234.50

【实训要求】根据远方公司2008年末科目余额表和2009年末科目余额表,编制远方公司2009年度资产负债表。

【实训提示】根据资产负债表编制方法,结合年末科目余额表编制,其中根据2008年末科目余额表填制"年初余额"金额栏;根据2009年末科目余额表填制"期末余额"金额栏。

（二）编制利润表

【实训资料】远方公司2009年末损益科目累计发生净额见表4-3。

表4-3　远方公司损益科目2009年度累计发生净额　　　单位:元

项　　目	借方发生额	贷方发生额
主营业务收入		625 000.00
主营业务成本	375 000.00	
营业税金及附加	1 000.00	
销售费用	10 000.00	
管理费用	79 000.00	
财务费用	20 750.00	
投资收益		15 750.00
营业外收入		25 000.00
营业外支出	9 850.00	
所得税	38 787.50	

【实训要求】根据远方公司2009年末损益科目累计发生净额,编制远方公司2009年度利润表。

【实训提示】根据利润表编制方法,结合远方公司2008年末损益科目累计发生净额编制,填制"本年金额"栏,建议"上年金额"栏省略。

（三）编制现金流量表

【实训资料】远方公司2009年末现金流量表工作底稿见表4-4。

表4-4　远方公司2009年末现金流量表工作底稿　　　单位:元

项　　目	期初数	调整分录		期末数
		借方	贷方	
一、资产负债表项目				
资产借方项目				
货币资金	703 150.00		(25)280 365.50	422 784.50
短期借款	7 500.00		(7)7 500.00	
应收票据	123 000.00		(1)10 000.00	23 000.00
应收账款	150 000.00	(1)150 000.00		300 000.00
预付账款	100 000.00			100 000.00

续表

| 项　　目 | 期初数 | 调整分录 | | 期末数 |
		借方	贷方	
其他应收款	2 500.00			2 500.00
存货	1 290 000.00		(2)2 650.00	1 287 350.00
长期股权投资	125 000.00			125 000.00
固定资产原价	750 000.00	(13)750 500.00	(9)200 000.00 (10)100 000.00	1 200 500.00
工程物资	0.00	(15)75 000.00		75 000.00
在建工程	750 000.00	(15)249 000.00	(13)700 000.00	9 293 500.00
无形资产	300 000.00		(16)30 000.00	6 270 000.00
长期待摊费用	100 000.00			100 000.00
资产借方项目合计	4 200 700.00			4 059 234.50
资产贷方项目				
坏账准备	450.00		(11)450.00	900.00
累计折旧	200 000.00	(9)75 000.00 (10)90 000.00	(14)50 000.00	85 000.00
短期借款	150 000.00	(17)125 000.00		250 000.00
应付票据	100 000.00	(2)50 000.00		50 000.00
应付账款	476 900.00			47 690.00
其他应付款	25 000.00			25 000.00
应付职工薪酬	55 000.00	(18)150 000.00	(18)150 000.00 (15)14 000.00 (19)21 000.00	90 000.00
应付股利	0.00		(24)16 107.50	16 107 93.00
应交税金	15 000.00	(20)107 365.50	(1)25 500.00 (8)38 787.50 (15)50 000.00 (20)80 750.00	102 672.00
其他应交款	3 300.00			3 300.00
应付利息	500.00	(21)6 250.00	(6)5 750.00	

续表

项　　目	期初数	调整分录 借方	调整分录 贷方	期末数
长期借款	800 000.00	(22)500 000.00	(6)5 000.00 (15)75 000.00 (22)200 000.00	580 000.00
实收资本	2 500 000.00			2 500 000.00
盈余公积	50 000.00		(24)19 704.38	69 704.38
未分配利润	25 000.00	(24)35 812.30	(23)131 362.50	120 550.20
贷方项目合计	4 200 700.00		4 059 234.50	
二、利润表项目				
营业收入			(1)625 000.00	625 000.00
减:营业成本		(2)375 000.00		375 000.00
营业税费		(4)1 000.00		1 000.00
销售费用		(3)10 000.00		10 000.00
管理费用		(5)79 000.00		79 000.00
财务费用		(6)20 750.00		20 750.00
投资收益			(7)15 750.00	15 750.00
营业外收入			(9)25 000.00	25 000.00
营业外支出		(10)9 850.00		9 850.00
所得税		(8)38 787.50		38 787.50
净利润		(23)131 362.50		131 362.50
三、现金流量表项目				
(一)经营活动产生的现金流量				
销售商品、提供劳务收到的现金		(1)600 500.00 (2)80 750.00	(6)10 000.00	671 250.00
现金收入小计				671 250.00
购买商品、接受劳务支付的现金		(12)45 000.00 (14)40 000.00 (18)142 500.00 (19)19 950.00	(2)422 350.00 (20)21 233.00	196 133.00

续表

项　目	期初数	调整分录		期末数
		借方	贷方	
支付给职工及为职工支付的现金			(18)150 000.00	150 000.00
实际交纳的增值税			(20)50 000.00	50 000.00
实际支付的所得税			(20)36 132.50	36 132.50
支付的除增值税、所得税以外的其他税费			(4)1 000.00	1 000.00
支付的其他与经营活动有关的现金		(11)450.00 (12)5 000.00 (14)10 000.00 (16)30 000.00 (18)7 500.00 (19)1 050.00	(3)10 000.00 (5)79 000.00	35 000.00
现金支出小计			468 265.50	
经营活动产生现金流量净额				202 984.50
(二)投资活动产生的现金流量				
收回投资所收到的现金				
分得股利或利润所收到的现金		(7)8 250.00		8 250.00
处置固定资产收回的现金净额		(7)15 000.00 (9)150 000.00 (10)150.00		165 150.00
现金收入小计				173 400.00
购建固定资产所支付的现金			(13)50 500.00 (15)175 000.00	225 500.00
现金支出小计				225 500.00
投资活动产生的现金流量净额				−52 100.00
(三)筹资活动产生的现金流量				
借款所收到的现金		(22)200 000.00		200 000.00

续表

| 项　　目 | 期初数 | 调整分录 | | 期末数 |
		借方	贷方	
现金收入小计				200 000.00
偿还债务所支付的现金			(17)125 000.00 (22)500 000.00	625 000.00
偿还利息所支付的现金			(21)6 250.00	6 250.00
现金支出小计				631 250.00
筹资活动产生的现金流量净额				−431 250.00
（四）现金及现金等价物净减少额				−280 365.50
调整分录借方及贷方合计		467 910.50	467 910.50	

【实训要求】根据远方公司 2009 年工作底稿中现金流量表部分的资料,编制 2009 年度现金流量表。

【实训提示】根据现金流量表编制方法,结合 2009 年工作底稿中现金流量表部分的资料,编制 2009 年度现金流量表,填制"经营活动产生的现金流量"、"投资活动产生的现金流量"、"筹资活动产生的现金流量"本期金额,建议"上期金额"省略。

（四）短期偿债能力分析

【实训资料】远方公司 2009 年资产负债表、利润表和现金流量表资料。

【实训要求】计算下列指标,分析评价企业短期偿债能力。

（1）流动比率;

（2）速动比率;

（3）现金流量比率;

（4）分析评价企业短期偿债能力。

（五）长期偿债能力分析

【实训资料】远方公司 2009 年资产负债表、利润表和现金流量表资料。

【实训要求】计算下列指标,分析评价企业长期偿债能力。

（1）资产负债率;

（2）股东权益比率与权益乘数;

（3）负债股权比率;

（4）分析评价企业长期偿债能力。

（六）企业营运能力分析

【实训资料】远方公司2009年资产负债表、利润表和现金流量表资料。

【实训要求】计算下列指标,分析评价企业营运能力。

(1)存货周转率;

(2)应收账款周转率;

(3)流动资产周转率;

(4)固定资产周转率;

(5)总资产周转率;

(6)分析评价企业营运能力。

（七）企业获利能力分析

【实训资料】远方公司2009年资产负债表、利润表和现金流量表资料。

【实训要求】计算下列指标,分析评价企业获利能力。

(1)资产报酬率;

(2)股东权益报酬率;

(3)销售毛利率;

(4)成本费用净利率;

(5)分析评价企业获利能力。

（八）杜邦分析法

【实训资料】远方公司2009年资产负债表、利润表和现金流量表资料。

【实训要求】运用杜邦分析指标体系,分析企业综合财务能力。

(1)股东权益报酬率;

(2)资产报酬率(总资产赢利能力);

(3)销售净利率;

(4)综合分析评价企业的财务能力。

二、单元实训成果

1. 完成编制三张会计报表(资产负债表、利润表、现金流量表);

2. 根据会计报表进行财务报表分析(价值量分析指标体系);

3. 本单元实训报告。

三、评价标准

1. 实训报告中对企业财务分析的工作描述是否完整、有序、正确;能否分析编制会计报表中的各种问题、难题;

2. 会计报表的各种表格是否完整、规范、填写正确。

【评价鉴定表】

序号	评价标准和内容	评价等级				
		优秀	良好	中等	合格	不合格
1	对编制会计报表的工作描述是否完整、有序、正确					
2	能否有针对性地分析会计报表中的问题、难题					
3	会计报表填写是否完整、规范、正确					
4	实训报告是否整洁、内容充实、结论明确					
5	综合成绩					

第三节 财务会计各种表格

一、资产负债表

资 产 负 债 表

编制单位：　　　　　　　　　　　　　年　月　日　　　　　　　　　　会企 01 表
　　　　　　　　　　　　　　　　　　　　　　　　　　　　　　　　　　单位:元

资　产	年初余额	期末余额	负债和所有者权益（或股东权益）	年初余额	期末余额
流动资产:			流动负债:		
货币资金			短期借款		
交易性金融资产			交易性金融负债		
应收票据			应付票据		
应收账款			应付账款		
预付账款			预收账款		
应收利息			应付职工薪酬		
应收股利			应交税费		
其他应收款			应付利息		

续表

资　产	年初余额	期末余额	负债和所有者权益（或股东权益）	年初余额	期末余额
存货			应付股利		
一年内到期的非流动资产			其他应付款		
其他流动资产			一年内到期的非流动负债		
流动资产合计			其他流动负债		
非流动资产：			流动负债合计		
可供出售金融资产			非流动负债：		
持有至到期投资			长期借款		
长期应收款			应付债券		
长期股权投资			长期应付款		
投资性房地产			专项应付款		
固定资产			预计负债		
在建工程			递延所得税负债		
工程物资			其他非流动负债		
固定资产清理			非流动负债合计		
生产性生物资产			负债合计		
油气资产			所有者权益（或股东权益）：		
无形资产			实收资本(或股本)		
开发支出			资本公积		
商誉			减:库存股		
长摊待摊费用			盈余公积		
递延所得税资产			未分配利润		
其他非流动资产			所有者权益（或股东权益)合计		
非流动资产合计					
资产总计			负债和所有者（或股东）权益总计		

二、利润表

利润表

会企 02 表

编制单位：　　　　　　　　　　　　　年度　　　　　　　　　　　　　单位:元

项　　目	上 年 金 额	本 年 金 额
一、营业收入		
减:营业成本		
营业税费		
销售费用		
管理费用		
财务费用(收益以"－"号填列)		
资产减值损失		
加:公允价值变动净收益(净损失以"－"号填列)		
投资净收益(净损失以"－"号填列)		
二、营业利润(亏损以"－"号填列)		
加:营业外收入		
减:营业外支出		
其中:非流动资产处置净损失(净收益以"－"号填列)		
三、利润总额(亏损总额以"－"号填列)		
减:所得税		
四、净利润(净亏损以"－"号填列)		
五、每股收益		
(一)基本每股收益		
(二)稀释每股收益		

三、现金流量表

现金流量表

会企 03 表

编制单位：　　　　　　　　　　　　　年度　　　　　　　　　　　　　单位:元

项　　目	本期金额	上期金额
一、经营活动产生的现金流量:		
销售商品、提供劳务收到的现金		
收到的税费返还		

续表

项　　目	本期金额	上期金额
收到的其他与经营活动有关的现金		
现金流入小计		
购买商品、接受劳务支付的现金		
支付给职工及为职工支付的现金		
支付的各项税费		
支付的其他与经营活动有关的现金		
现金流出小计		
经营活动产生的现金流量净额		
二、投资活动产生的现金流量：		
收回投资所收到的现金		
取得投资收益所收到的现金		
处置固定资产、无形资产和其他长期资产所收回的现金净额		
收到的其他与投资活动有关的现金		
现金流入小计		
购建固定资产、无形资产和其他长期资产所支付的现金		
投资所支付的现金		
支付的其他与投资活动有关的现金		
现金流出小计		
投资活动产生的现金流量净额		
三、筹资活动产生的现金流量：		
吸收投资所收到的现金		
借款所收到的现金		
收到的其他与筹资活动有关的现金		
现金流入小计		
偿还债务所支付的现金		
分配股利、利润或偿付利息所支付的现金		
支付的其他与筹资活动有关的现金		
现金流出小计		
筹资活动产生的现金流量净额		

续表

项　　目	本期金额	上期金额
四、汇率变动对现金的影响：		
五、现金及现金等价物净增加额：		
期初现金及现金等价物净余额		
期末现金及现金等价物净余额		

四、企业主要财务指标表

企业主要财务指标对比

指　　标	
流动资产	
固定资产净值	
资产总额	
资产负债率	
负债总额	
股东权益总额	
未分配利润	
股东权益报酬率	
本年主营业务利润	
本年营业利润	
净资产与股东投资比	

第五单元　企业战略管理

实训目的

　　战略管理主要研究企业"向何处发展的问题",为企业指明发展方向;同时也告诉企业"如何发展的问题"。可以说在企业的成长发展过程中,战略管理发挥着至关重要的作用。企业的健康、快速、持续发展离不开战略管理的指导,而战略管理的成功应用也将极大地帮助企业在激烈的市场竞争中获取竞争优势,保持全面、可持续发展。

　　本章战略管理实训主要围绕企业战略管理的关键内容展开,主要包括一般环境分析、产业环境分析、内部能力分析、综合分析、战略选择与战略描述。针对每项实训内容,结合具体战略分析工具进行分析。

　　本环节的实训目的在于使学生对战略管理的过程和分析方法有一个全局性的系统认识;从战略管理的概念、战略管理的层次和战略管理的流程等多方面进行整体性地把握和了解战略管理;掌握并运用战略管理分析工具,对企业战略制定过程中的相应环节进行分析。能够熟练运用 PEST 方法分析一般环境特征,熟练运用五力模型分析产业结构特征、竞争格局,熟练运用价值链分析、企业资源分析等工具进行企业内部能力分析,能够熟练运用 SWOT 分析工具,进行综合分析;同时结合分析给出战略描述。

　　通过本章的学习使学生了解和掌握现代企业战略管理的基本理论和应用方法、基本的企业战略分析工具的应用方法,掌握企业战略制定、实施的过程和方法,并将以往所学的管理知识加以运用,进一步提高学生综合分析问题和解决问题的能力。

　　特别说明:实训中,学生分组进行,各个小组可以选择不同行业内特定企业进行战略分析,一经选定,将在以后的模拟业务中沿用。

知识要求

- 掌握一般环境分析的 PEST 方法;
- 掌握并熟练运用产业结构分析的五力模型分析方法;

- 掌握并熟练运用企业内部能力分析的价值链分析和企业资源分析方法;
- 掌握并熟练运用 SWOT 分析方法;
- 掌握企业战略选择与描述方法。

技能要求

- 能够分析总结外界宏观环境变化特征给企业带来的机会和威胁;
- 能够对产业环境进行深度分析,刻画产业竞争格局,分析产业环境的机会和威胁;
- 能够运用价值链和企业资源分析确定评价内部战略要素,总结企业优势和劣势;
- 能够综合企业面临的机会与威胁、优势与劣势,制定相应的战略措施。

第一节 企业战略管理实训相关专业知识

一、战略管理

(一)战略管理概念

战略管理的思想早在我国春秋时期的军事名著《孙子兵法》中就有所体现。现代意义上的战略管理最早由美国近代组织理论的奠基人巴纳德于 1938 年出版的《经理的职能》一书中提出。巴纳德运用战略的思想对企业诸多因素及其相互影响进行了分析,首开企业战略管理研究之先河。进入 20 世纪 60 年代,随着钱德勒的《战略与结构——美国工业企业史的考证》和安索夫的《企业战略》的相继出版,正式拉开了企业战略管理研究的序幕。

战略管理可以归纳为两种类型,即广义的战略管理和狭义的战略管理。广义的战略管理是指运用战略对整个企业进行管理,代表人物是安索夫。狭义的战略管理是指对战略的制定、实施、控制和调整进行的管理,代表人物是斯坦纳。目前,狭义的战略管理居主流地位。其内涵主要包括以下几个方面:

1. 战略管理是决定企业长期问题的一系列重大管理决策和行动,包括企业战略的制定、实施、评价和控制。

2. 战略管理是企业制定长期战略和贯彻这种战略的活动。

3. 战略管理是企业处理自身与环境关系过程中实现其愿景的管理过程。

4. 战略管理不是静态的、一次性的管理,而是一种循环的、往复性的动态管理过程。它需要根据外部环境的变化、企业内部条件的改变以及战略执行效果等反馈信息,不断地进行新一轮战略管理过程。

(二)战略管理的特点

1. 战略管理具有全局性。企业战略管理以企业的全局性发展为研究对象,根据企业总体发展的需要而制定。虽然这种管理也包括企业的局部活动,但是这些局部活动是作为总体活动的有机组成在战略管理中体现的。战略管理不是强调企业某一事业部或某一职能部门的重要性,而是通过制定企业的使命、目标和战略来指导、协调企业各部门的发展,通过各部门的共同努力来实现企业总体战略目标,这样也就使战略管理具有综合性和系统性的特点。

2. 战略管理具有长远性。战略管理是从长期发展的角度出发,在未来较长时期内,针对企业生存和发展问题进行的统筹规划。战略管理立足于企业的使命和发展愿景,以外部动态环境变化和内部资源能力特征为出发点,在综合分析的基础上作出企业长远发展规划。所以,战略管理也是面向未来的管理,具有长远性。在迅速变化和激烈竞争的复杂环境中,企业要取得持续健康发展就必须对复杂环境的动态变化具有敏锐的洞察力,对未来的发展趋势具有前瞻性,同时采取预应性的措施,这就需要企业做出长期性的战略计划。

3. 战略管理的主体是企业的高层管理人员。战略管理与决策涉及企业活动的各个方面,总体来讲,战略管理的主体是企业高层管理人员。虽然战略管理也需要企业基层管理者和全体员工的积极参与和支持,但企业高层管理人员的主导作用和大力支持对战略的制定执行和最终成功至关重要。这不仅是由于他们能够统观企业全局,了解企业的全面情况,更重要的是他们具有对战略实施所需资源进行分配的权力。

4. 战略管理涉及企业大量资源的配置问题。战略管理为企业指明了发展方向和途径,其核心体现在有效匹配企业资源实现战略目标。所以,战略管理活动涉及企业大量的资源配置问题,包括人力资源、设备资源、财务资源等。企业或者在内部进行资源的配置调整,或者从企业外部来筹集,其目的在于最大程度发挥资源的效用,致力于实现战略目标。为保证战略目标的实现,战略管理活动将对企业的资源进行统筹规划,合理配置。

5. 战略管理需要考虑企业外部环境中的诸多因素。现今的企业都存在于一个开放的系统中。在未来竞争的环境中,企业要使自己占据有利地位并取得竞争优势,就必须考虑相关外界因素的影响,包括竞争者、顾客、资金供给者、原材料供给者、政府等诸多因素,以使企业的行为适应不断变化的外部力量,在复杂多变的动态市场环境中获取持续竞争优势。

（三）战略管理过程

一个规范性的、全面的战略管理过程大体可分解为三个阶段：战略分析阶段、战略选择及评价阶段和战略实施及控制阶段。

进行战略分析之前，首先要确立或审视企业的使命。战略管理过程可用图 5－1 来表示。

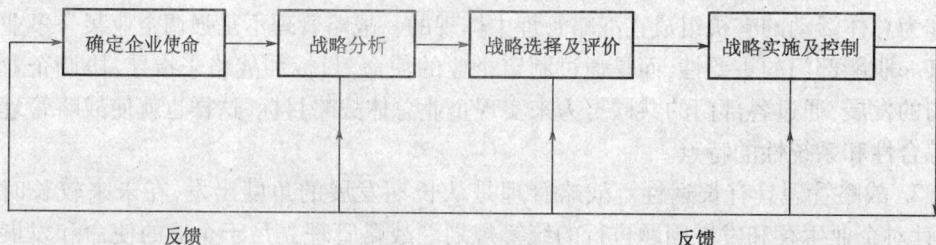

图 5－1　战略管理过程

1. 战略分析。战略分析可分为企业外部环境分析和企业内部环境或条件分析两部分。

企业外部环境一般包括下列因素或力量：政治—法律因素、经济因素、技术因素、社会因素以及企业所处行业中的竞争状况。外部环境分析的目的是为了适时地寻找和发现有利于企业发展的机会，以及对企业来说所存在的威胁，以便在制定和选择战略中能够利用外部条件所提供的机会而避开对企业的威胁因素。

企业的内部分析主要是从企业内部资源的角度对企业进行深度分析，具体包括生产经营活动的各个方面，如生产、研究与开发、技术创新、市场营销、财务、人力资源、管理能力等。内部分析的目的是为了发现企业所具备的优势或劣势，以便在制定和实施战略时能扬长避短、发挥优势，有效地利用企业自身的各种资源。

2. 战略选择及评价。战略选择及评价过程实质是战略决策过程——它是在战略分析的基础上对战略进行探索、制定以及选择。一个跨行业经营的企业的战略选择应当解决两个基本的战略问题：一是企业的经营范围或战略经营领域，即确定企业从事生产经营活动的行业，明确企业的性质和所从事的事业，确定企业以什么样的产品或服务来满足哪一类顾客的需求；二是企业在某一特定经营领域的竞争优势，即要确定企业提供的产品或服务，要在什么基础上取得超过竞争对手的优势。

3. 战略实施及控制。企业的战略方案确定后，必须通过具体化的实际行动，才能实现战略即战略目标。一般来说可在三个方面来推进一个战略的实施：

一是制定职能战略，如人力资源战略、生产战略、研究与开发战略、市场营销战略、财务战略等。在这些职能战略中要能够体现出战略推出步骤，采取的措施、项目以及时间进度安排等。

二是对企业的组织结构进行重新构建,以使构造出的组织结构能够适应所采取的战略,为战略实施提供一个有利的组织环境。

三是要使领导者的素质及能力与所执行的战略相匹配,即挑选合适的企业高层管理者来贯彻既定的战略方案。在战略的具体化和实施过程中,要建立监督反馈机制,将战略实施过程中的反馈信息和实际成效与预定的战略目标进行比较,以便采取必要的措施进行调整。当由于原来分析不周、判断有误,或是环境发生剧烈变化而引起偏差时,可能会重新审视环境,制订新的战略方案,进行新一轮的战略管理过程。

（四）战略管理层次

战略管理可以分为三个层次:公司层战略、业务层战略和职能层战略。

1. 公司层战略。公司层战略是战略管理的最高层,也叫总体战略。公司层战略是企业的战略总纲领,是企业最高管理层指导和控制企业的一切行为的最高行动纲领。公司层战略主要关注两个问题:一是企业应该做些什么,这是企业的发展方向问题,涉及如何确定企业的性质和宗旨,选择企业的活动范围和重点。显然,这是企业生存和发展的根本问题。二是企业怎样去发展这些业务,主要的关注点在于如何决定各个战略单位的设立与否、具体目标和资源配置。

因此,公司层战略注重把握企业内外部环境的变化,同时努力将企业内部各个部门间的资源进行有效的战略配置,并以企业的整体为对象。公司层战略强调"做一件正确的事情"。该层次的战略以价值为取向,并以抽象的原则为基础,忽略具体性原则。该层次战略注重深远性和未来性,代表了企业的发展方向。

2. 业务层战略。业务层战略是在总体战略指导下,针对于某一个特定战略单位的战略计划。业务层战略的重点是在既定范围内和既定资源配置条件下,如何实现可持续竞争优势的问题。它对巩固和提升企业的竞争地位及竞争优势起着关键的作用。为此,业务单元战略更着重于考虑企业如何在特定的市场上获取竞争优势。比如,如何发现新的商机,在什么样的市场和什么时机推出什么样的产品,提供什么样的服务等。业务层战略在实施公司总体战略过程中有如下几个要点:①如何贯彻企业使命;②业务发展的机会和挑战分析;③业务发展的内在条件分析;④业务发展的目标和要求;⑤业务发展的重点、阶段和措施。

可见,业务层战略是在总体战略基础上,特别是在共同的企业使命前提下,根据各个业务(事业)部门所面临的机会和挑战、自身条件等做出的战略决策。业务(事业)部门一般拥有自己的职能部门,要有效实施业务战略,还需要将业务战略分解到各自的职能部门。所以,职能部门也可以理解为是战略执行部门。

3. 职能层战略。职能层战略考虑如何有效组合企业内部资源来实现总体战略和业务单元战略。它更注重企业内部主要职能部门的短期战略计划,以使职能部门的管理人员能够清楚地认识到本职能部门在实施企业总体战略和业务单元战略中的责任与要求。职能层战略思考如何提升企业的运作效能以使企业获得较佳的效率、品质、创新和顾客响应方面的能力。

作为战略执行部门,职能战略不仅仅要秉承企业总体战略的使命和要旨,更主要的是在业务层战略指导下,针对于某一特定职能单位的性质制订战略执行计划。因此,职能战略从某种意义上来讲是一种执行战略,它的关注重点是如何提高企业资源利用效率,它由一系列详细的方案和计划构成,涉及企业的各个职能领域,其主要内容包括:①如何贯彻事业发展目标;②职能目标的确定及论证;③职能发展的重点、阶段和主要措施;④职能战略实施中的风险分析和应变能力分析等。

图5-2为公司三层次企业战略管理过程示意图:

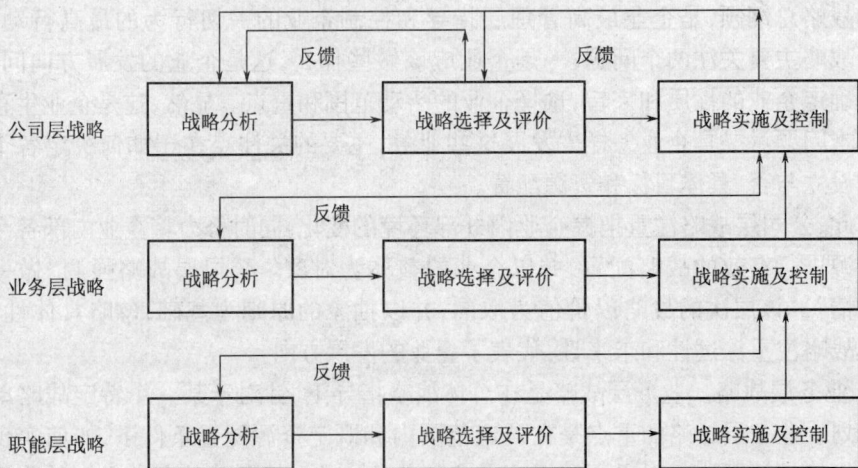

图5-2 三层次企业战略管理过程

战略管理层次划分的目的是为了明确企业战略在执行过程中的各个不同部门的战略目标和任务,最终达到各个部门对企业战略发挥自己应有的作用。因此,对战略层次的划分方法不是问题的关键,而战略执行过程中各个部门发挥作用、达到企业总体战略目标的要求才是问题的关键。

对战略管理三个层次的划分使得战略在制定与实施的过程中能够促使企业各管理层进行充分的协商与密切的合作。而公司层战略、业务层战略与职能层战略共同构成了企业战略体系。表5-1列出了公司层战略、业务层战略和职能层战略三个层次战略的特征比较。

表5-1　三个层次战略的比较

特点	战略层次		
	公司层战略	业务层战略	职能层战略
性质	观念型	中间	执行型
明确程度	抽象	中间	确切
可衡量程度	以判断评价为主	半定量化	通常可定量
频率	定期或不定期	定期或不定期	定期
时期	长期	中期	短期
所起作用	开创性	中等	改善增补性
对现状的差距	大	中	小
承担的风险	较大	中等	较小
营利潜力	大	中	小
代价	较大	中等	较小
灵活性	大	中	小
资源	部分具备	部分具备	基本具备
协调要求	高	中等	低

（五）战略管理学派

1. 以环境因素为基础的传统战略管理理论。20世纪60年代,美国著名管理学者小阿尔福莱德·D. 钱德勒出版了《战略与结构——美国工业企业史的考证》一书,揭开了企业战略理论研究的序幕。他分析指出:企业战略应当适应环境变化、满足市场需求,而组织结构又必须适应企业战略要求,随着战略的发展变化而变化。

同时代又产生了关于战略问题的两个学派:设计学派和计划学派。设计学派以哈佛商学院的安德鲁斯教授为代表,他们认为:首先,在制订战略的过程中要分析企业的优势与劣势、环境所带来的机会与造成的威胁;其次,高层经理人应是战略制订的设计师,而且还必须督导战略的实施;再者,战略构造模式应是简单而又非正式的,关键在于指导原则,成功的战略应该具有创造性和灵活性。计划学派的代表人物是安索夫。他在1965年出版的《公司战略》一书中主张:战略构造应是一个有控制、有意识的正式计划过程;企业的高层管理者应当负责计划的全过程,而具体制订和实施计划的人员必须对高层负责;通过目标、项目和预算的分解来实施所制订的战略计划等。

早期以环境因素为基础的传统战略理论的核心思想主要体现在三个方面:

（1）企业的战略出发点是适应环境。环境是企业无法控制的,只有适应环境变化,企业才能生存和发展。

（2）企业的战略目标是为了提高市场占有率。企业战略要适应环境变化，要满足市场需求，获得足够的市场占有率，这样才有利于企业的生存与发展。

（3）企业战略的实施要求组织结构与之相适应。传统企业战略实质是一个组织对其环境的适应过程以及由此带来的组织内部结构变化的过程。因而，在战略实施上，势必要求企业组织结构要与企业战略相适应。

2. 以产业竞争结构分析为基础的竞争战略理论。20世纪80年代，哈佛商学院的迈克尔·波特根据产业经济学中的结构—行为—绩效理论，提出了以产业竞争结构分析为基础的竞争战略理论，并逐渐占据了战略管理理论的主流地位。他的著作《竞争战略》和《竞争优势》对战略管理的理论和实践产生了巨大的影响，并成为这一时期的系统模式——波特模型。这种竞争结构模型认为，一个产业中投资的收益率取决于5个方面的竞争压力：产业内部现有竞争者的竞争、替代品的威胁、潜在进入者的威胁、供应商的议价能力和用户的议价能力。波特认为：企业战略的核心是获取竞争优势，而影响竞争优势的因素有两个：一是企业所处产业的营利能力，即产业的吸引力；二是企业在产业中的相对竞争地位。

3. 以资源为基础的核心竞争力理论。以资源为基础的核心竞争力理论存在三个基本假设：第一，每个组织是独特资源和能力的结合体，它们是战略的基础，也是利润的源泉；第二，企业具有不同资源，开发了独特的能力，同样，在特定的行业竞争中的所有企业不一定拥有相同的战略资源和能力；第三，资源不能在公司间自由流动。资源的差异、企业利用资源的独特方式是企业形成竞争优势的基础。

以资源为基础的核心竞争力理论的出现，标志着战略管理理论的重心已经从对短期、外在的竞争优势的追求转向持久的、内在的竞争优势的追求，已由产业和产品的竞争转向为创造未来而竞争。为此，企业要获得竞争优势，就必须去寻找最有价值的核心能力，去发现怎样运用这些能力获取最大利润的方式。

4. 20世纪90年代后期战略管理理论。这一时期，出现了战略联盟理论、创新和创造来超越竞争的理论、商业生态系统理论等。

（1）战略联盟理论。20世纪90年代以前的企业战略管理理论大多建立在对抗竞争的基础上，都比较侧重于讨论竞争和竞争优势。时至20世纪90年代，战略联盟理论的出现使人们将关注的焦点转向了企业间各种形式的联合。这一理论强调竞争合作，认为竞争优势是构建在自身优势与他人竞争优势结合的基础上的。

（2）创新和创造来超越竞争理论。进入20世纪90年代中期，随着产业环境的日益动态化、技术创新的加快、竞争的全球化和顾客需求的日益多样化，企业逐渐认识到，如果想发展，无论是增强自身的能力，还是拓展新的市场，都需要与其他公司共同创造消费者感兴趣的新价值。企业必须培养以发展为导向的协作性经济群体，在此背景下，通过创新和创造来超越竞争开始成为企业战略管理研究的一个新焦点。

（3）商业生态系统。美国学者穆尔（James F. Moore）1996年出版的《竞争的衰亡》反映了战略理论思想的重大发展和突破。他提出了"商业生态系统"这一全新的概念，打破了传统的以行业划分为前提的战略理论的限制，力求"共同进化"。穆尔站在企业生态均衡演化的层面上，把商业活动分为开拓、扩展、领导和更新四个阶段。商业生态系统在作者理论中的组成部分是非常丰富的，他建议高层经理人员经常从顾客、市场、产品、过程、组织、风险承担者、政府与社会等七个方面来考虑商业生态系统和自身所处的位置；系统内的公司通过竞争可以将毫不相关的贡献者联系起来，创造一种崭新的商业模式。在这种全新的模式下，作者认为制定战略应着眼于创造新的微观经济和财富，即以发展新的循环代替以行业为基础的战略设计。

二、企业愿景

（一）企业愿景

愿景是人们心中或脑海中所持有的期待意象或景象，而企业愿景则可以解释为组织中人们所共同持有的期待意象或景象，是指企业中成员共同愿望的景象。通俗地讲，愿景要回答这样一个问题，"将来我们想要创造什么？或者说未来我们想成为什么样的企业或组织？"它要求组织的全体成员拥有一个共有的目标、价值观与使命感，把大家凝聚在一起。为了实现大家衷心渴望实现的目标（即组织目标），而主动地去努力学习、追求卓越。

彼得·圣吉在其著作《第五项修炼》中指出，愿景为企业学习提供了焦点和能量，并将其分为三个层次：个人愿景、团队愿景和组织愿景。企业愿景要求将个人愿景、团队愿景和组织愿景有机结合起来形成共同愿景，在企业内部建立一个共同期待的奋斗目标，形成合力。

愿景是企业文化的核心内容，它给整个企业指明方向，并赋予员工一种事业的意义。一个明晰的企业愿景，应该是对企业内外的一种承诺，使员工可以想象达成愿景后的收益，同时它能够让人们激情澎湃，鼓励成员，调动员工的积极性，让人们甘心为实现共同愿景而全力奋斗。愿景是企业价值观和使命在未来某一时刻实现的生动图景，它表达了企业中人们对未来的梦想、渴望，能够对人们的心灵产生鼓舞的力量，确立人们一致努力的方向，并形成协力效益，遍布到组织活动的各个层面，使各种不同的活动融汇起来。

企业愿景主要包括两个部分：一是核心经营理念，它是在企业成长、扩展和实行产品多元化过程中把组织聚合起来的黏合剂，由企业核心价值观和企业核心目的组成；二是企业生动的未来前景，即企业10~30年要实现的目标以及实现目标后将会是什么样子的生动描述，它需要企业领导者描绘出企业10~30年的BHAG蓝图，即宏伟（Big）、惊险(Hairy)、大胆(Audacious)和目标(Goal)。在企业愿景中,核心价值观是企业重要和永恒的信条,是不易随时间改变的指导原则,它决定着一个企业的耐久性;核心目的是企业存在的理由,是企业的灵魂,反映了人们在企业中从事工作的理想和动力;企业生动的未来前景是激发企业变革与进步,推动公司向未来迈进的强大精神力量。

（二）企业文化

企业文化是企业在生产经营实践中,逐步形成的企业价值观、企业精神以及广大员工认同的道德规范和行为准则。企业文化是企业的灵魂,是推动企业发展的不竭动力。企业文化的真正作用在于由内而外地指引企业员工的行为,凭着这种发自内心的信念或信仰,产生强大的、真正的凝聚和激励作用。

企业文化的作用可体现在以下五个方面:

1. 导向作用,即把企业职工个人的目标引导到企业所确定的目标上来。在激烈的市场竞争中,企业如果没有一个自上而下的统一的目标,很难参与激烈的市场角逐,更难在竞争中求得生存与发展。在一般的管理概念中,为了实现企业的既定目标,需要制定一系列的策略来引导员工,而如果有了一个合适的企业文化,员工就会在潜移默化中接受共同的价值理念,形成一股力量向既定的方向努力。

企业文化就是在企业具体的历史环境条件下,将人们的事业心和成功的欲望化成具体的目标、信条和行为准则,形成企业员工的精神支柱和精神动力,为企业共同的目标而努力,因此,优秀的企业文化建立的实质是建立企业内部的动力机制。这一动力机制的建立,使广大员工了解了企业正在为崇高的目标而努力奋斗,这不但可以产生出具有创造性的策略,而且可以使员工勇于实现企业目标而做出个人牺牲。

2. 约束作用。作为一个组织,企业常常不得不制定出许多规章制度来保证生产的正常运行,这当然是完全必要的;但是,即使有了千万条规章制度,也很难规范每个员工的行为,而企业文化是用一种无形的文化上的约束力量,形成为一种行为规范,制约员工的行为,以此来弥补规章制度的不足。它使信念在员工的心理深层形成为一种定势,构造出一种响应机制,只要外部诱导信号发生,即可以得到积极的响应,并迅速转化为预期的行为。这就形成了有效的"软约束",它可以减弱硬约束对职工心理的冲撞,缓解自治心理与被治理现实形成的冲突,削弱由其引起的一种心理抵抗力,从而使企业上下左右达成统一、和谐和默契。

3. 凝聚作用。文化是一种极强的凝聚力量。企业文化是一种黏合剂,把各个方面、各个层次的人都团结在本企业文化的周围,对企业产生一种凝聚力和向心力,使员工个人思想和命运与企业的安危紧密联系起来,使他们感到个人的工作、学习、生活等任何事情都离不开企业这个集体,将企业视为自己最为神圣的东西,与企业同甘苦、共命运。

4. 激励作用。企业文化的核心是要创造出共同的价值观念,优秀的企业文化就是要创造出一种人人受重视、受尊重的文化氛围。良好的文化氛围,往往能产生一种激励机制,使每个成员做出的贡献都会及时得到员工及领导的赞赏和奖励,由此激励员工为实现自我价值和企业发展而勇于奉献,不断进取。

5. 辐射作用。企业文化塑造着企业的形象。优良的企业形象是企业成功的标志。它具体包括两个方面:一是内部形象,可以激发企业员工对本企业的自豪感、责任感和崇尚心理;二是外部形象,它能够更深刻地反映出该企业文化的特点及内涵。企业形象除了对本企业有很大的影响之外,还会对本地区乃至国内外的其他一些企业产生一定的影响,因此,企业文化有着巨大的辐射作用。

从结构上讲,企业文化结构大致上可以分为三个层次,即物质层、制度层和精神层。

第一,物质层。这是企业文化的表层部分,是形成制度层和精神层的条件,其往往能够折射出企业的经营思想、经营管理哲学、工作作风和审美意识。它主要包括厂容厂貌、产品的外观及包装、企业技术工艺和设备特性等三个方面,从这三个方面中往往能折射出企业的经营思想、经营哲学、工作作风及审美意识,反映出企业文化的个性色彩。

第二,制度层。这是企业文化的中间层次,主要是指对企业员工和企业组织行为产生规范性、约束性影响的部分,它集中体现了企业文化的物质层及精神层对员工和企业组织行为的要求。制度层主要规定了企业成员在共同的生产经营活动中应当遵循的行动准则,主要应该包括企业的工作制度、责任制度和特殊制度(主要是指企业的非程序化制度)三个方面,这三个方面主要是规定了企业成员在共同的生产经营活动中所应当遵循的行为规划。

第三,精神层。精神层主要是指企业的领导和员工共同遵守的基本信念、价值标准、职业道德及精神风貌,它是企业文化的核心和灵魂,是形成企业文化的物质层和制度层的基础和原则。企业文化的精神层主要包括企业的经营哲学、企业精神、企业风气、企业目标及企业道德方面,企业文化中有没有精神层是衡量一个企业是否形成了自己的企业文化的一个标志和标准。

第二节　企业战略管理实训内容及要求

一、实训任务

本节实训任务主要针对企业战略分析和战略选择两个环节,从一般环境分析、产业环境分析、企业内部能力分析、综合分析以及战略选择等几个方面展开。每部分实训任务会结合具体分析内容,给出实训任务提示和实训要求。

图5-3和图5-4分别为企业战略管理环境分析主要因素示意图和企业战略管理一般环境主要因素示意图,并随后介绍了这些因素的主要内容。

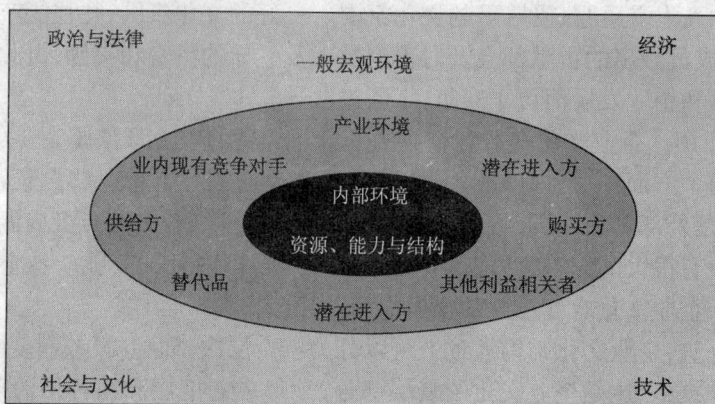

图 5-3 企业战略管理环境分析主要因素示意图

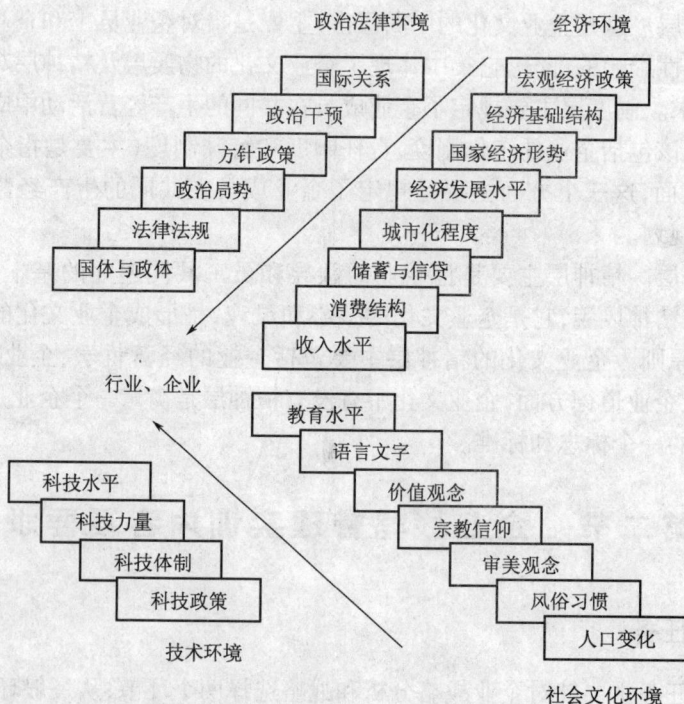

图 5-4 企业战略管理一般环境主要因素示意图

1. 政治法律环境。政治法律环境是指一个国家或地区的政治制度、体制、方针政策、法律法规等方面因素对企业经营发展的影响。这些因素常常制约、影响企业的经营行为,尤其是影响企业较长期的投资行为。

政治环境分析主要分析国内的政治环境和国际的政治环境。国内的政治环境包括以下一些要素:①政治制度;②政党和政党制度;③政府相关方针政策;④政府管制等。国际政治环境主要包括:①国际政治局势;②国际关系;③目标国的国内政治环境。

法律环境分析的因素主要体现在法律规范方面,特别是和企业经营密切相关的经济法律法规,如《公司法》、《证券法》、《中外合资经营企业法》、《合同法》、《专利法》、《商标法》、《税法》、《企业破产法》等。同时,国际法所规定的相关国际法律法规和目标国的国内法律环境,也是在进行法律环境分析时不可忽略的因素。另外,企业的法律意识反映出企业对法律制度的认识和评价,其最终都会物化为一定性质的法律行为,并造成一定的行为后果,从而也构成每个企业不得不面对的法律环境。

2. 经济环境。经济环境是指构成企业生存和发展的社会经济状况和国家经济政策。社会经济状况包括经济要素的性质、水平、结构、变动趋势等多方面的内容,涉及国家、社会、市场及自然等多个领域。国家经济政策是国家履行经济管理职能,调控国家宏观经济水平及结构,实施国家经济发展战略的指导方针,对企业经济环境有着重要的影响。

企业的经济环境主要由社会经济结构、经济发展水平、经济体制和宏观经济政策等四个要素构成。

社会经济结构指国民经济中不同的经济成分、不同的产业部门以及社会再生产各个方面在组成国民经济整体时相互的适应性、比例关系及关联的状况。社会经济结构主要包括五个方面的内容,即产业结构、分配结构、交换结构、消费结构、技术结构,其中最重要的是产业结构。

经济发展水平是指一个国家经济发展的规模、速度和所达到的水准,反映一个国家经济发展水平的常用指标有国民生产总值、国民收入、人均国民收入、经济发展速度、经济增长速度等。

经济体制是指国家组织经济的形式。经济体制规定了国家与企业、企业与企业、企业与各经济部门的关系,并通过一定的管理手段和方法,调控或影响社会经济流动的范围、内容和方式等。

经济政策是指国家、政党制定的一定时期国家经济发展目标实现的战略与策略,它包括综合性的全国经济发展战略和产业政策、国民收入分配政策、价格政策、物资流通政策、金融货币政策、劳动工资政策、对外贸易政策等。

企业的经济环境分析就是要对以上的各个要素进行分析,运用各种指标,以准确地分析宏观经济环境对企业的影响,从而制订出正确的企业经营战略。

3. 社会文化环境。社会文化环境包括一个国家或地区的社会性质、人们共有的价值观、人口状况、教育程度、风俗习惯、宗教信仰等各个方面。从影响企业战略制定的角度来看,社会文化环境可分解为文化、人口两个方面。

对人口因素的分析可以使用以下一些变量展开：离婚率、出生和死亡率、人口的平均寿命、人口的年龄和地区分布、人口在民族和性别上的比例变化、人口和地区在教育水平和生活方式上的差异等。

文化环境对企业的影响是间接的、潜在的和持久的，文化的基本要素包括哲学、宗教、语言与文字、文学艺术等，它们共同构筑成文化系统，对企业文化有重大的影响。

4. 技术环境。企业的技术环境指的是企业所处的社会环境中的科技要素及与该要素直接相关的各种社会现象的集合。企业的科技环境大体包括四个基本要素：社会科技水平、社会科技力量、国家科技体制、国家科技政策和科技立法。

社会科技水平是构成科技环境的首要因素，它包括科技研究的领域、科技研究成果门类分布及先进程度和科技成果的推广及应用三个方面。社会科技力量是指一个国家或地区的科技研究与开发的实力。科技体制指一个国家社会科技系统的结构、运行方式及其与国民经济其他部门的关系状态的总称，主要包括科技事业与科技人员的社会地位，科技机构的设置原则与运行方式、科技管理制度、科技推广渠道等。国家的科技政策与科技立法指的是国家凭借行政权力与立法权力，对科技事业履行管理、指导职能的途径。

表 5 – 2　战略分析一般环境

环境类别	影响因素	影响、作用途径
经济环境	社会经济结构	重点分析特定产业结构、消费结构和技术结构给企业发展带来的潜在影响
	经济发展水平	重点分析国内生产总值（GDP）、经济增长和发展速度、国民收入等因素带来的影响
	经济体制	在特定产业或行业内，经济体制对企业的影响
	宏观经济政策	经济发展战略和产业政策、对外贸易政策和金融货币政策等因素的影响
社会文化环境	人口因素	人口的年龄和地区分布、知识结构、教育水平等
	文化	国家、地区和民族文化差异
技术环境	社会科技水平	科技研究成果，推广及应用程度，技术发展趋势
	社会科技力量	科技研究与开发的实力，研发经费的投入
	国家科技体制	各级政府对科技事业的支持和投入
	科技政策和科技立法	相关知识产权保护、技术创新政策支持，技术对产业和信息化的影响
政治法律环境	政治制度与政府管制	特殊的地方及行业规定，对特定行业的管制和限制
	政府相关方针政策	政府预算、政府采购、财政支出等和相关行业经济振兴规划
	各种法律法规限制	公司法、合同法等和企业密切相关的法律因素影响
	国际政治局势	国际局势的稳定性、贸易摩擦与争端
	国际关系、目标国的政治环境	国家间的战略合作与经济贸易关系，国家政局的稳定性、可预测性等因素

下面以天津市发展建材流通业为例进行一般环境分析实例，具体内容见图5-5。

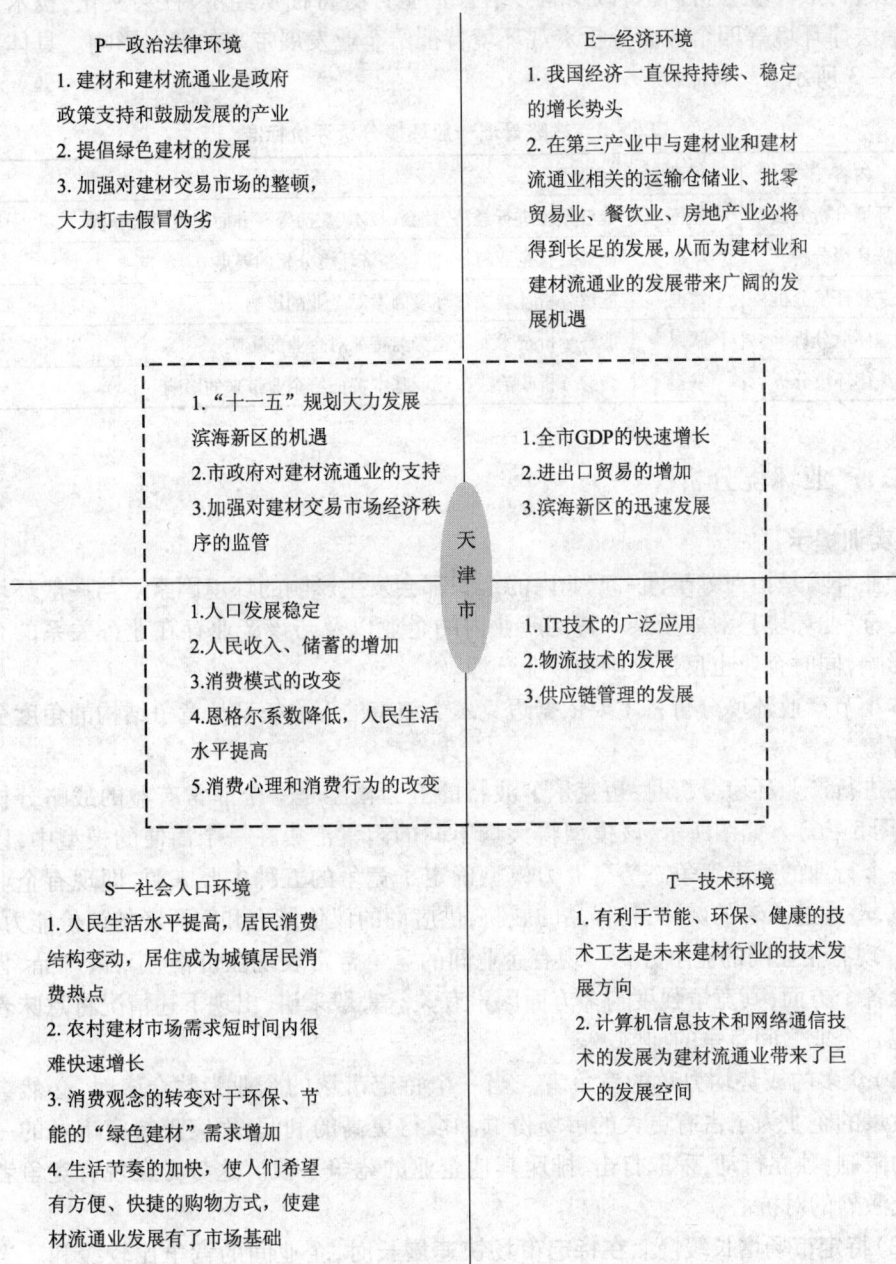

P—政治法律环境

1. 建材和建材流通业是政府政策支持和鼓励发展的产业

2. 提倡绿色建材的发展

3. 加强对建材交易市场的整顿，大力打击假冒伪劣

E—经济环境

1. 我国经济一直保持持续、稳定的增长势头

2. 在第三产业中与建材业和建材流通业相关的运输仓储业、批零贸易业、餐饮业、房地产业必将得到长足的发展，从而为建材业和建材流通业的发展带来广阔的发展机遇

1. "十一五"规划大力发展滨海新区的机遇

2. 市政府对建材流通业的支持

3. 加强对建材交易市场经济秩序的监管

1. 全市GDP的快速增长

2. 进出口贸易的增加

3. 滨海新区的迅速发展

天津市

1. 人口发展稳定

2. 人民收入、储蓄的增加

3. 消费模式的改变

4. 恩格尔系数降低，人民生活水平提高

5. 消费心理和消费行为的改变

1. IT技术的广泛应用

2. 物流技术的发展

3. 供应链管理的发展

S—社会人口环境

1. 人民生活水平提高，居民消费结构变动，居住成为城镇居民消费热点

2. 农村建材市场需求短时间内很难快速增长

3. 消费观念的转变对于环保、节能的"绿色建材"需求增加

4. 生活节奏的加快，使人们希望有方便、快捷的购物方式，使建材流通业发展有了市场基础

T—技术环境

1. 有利于节能、环保、健康的技术工艺是未来建材行业的技术发展方向

2. 计算机信息技术和网络通信技术的发展为建材流通业带来了巨大的发展空间

图5-5 天津市建材流通业一般环境分析实例

【实训要求】

通过一般环境分析训练,做到能够结合企业自身特征从经济、社会文化、技术发展和政治法律环境等四个方面分析宏观环境特征给企业发展带来的潜在影响。具体要求如表5－3所示。

表5－3　战略管理一般环境分析评价标准

内容	标准	具体要求
一般环境分析方法	熟练	能够熟练进行经济、社会、技术、政治等多方面宏观因素分析
经济环境分析	掌握	能够结合企业特征,掌握经济环境分析的要点
社会文化环境分析	掌握	能够分析社会文化环境因素对企业的影响
技术环境分析	掌握	能够分析技术发展趋势与特征对企业的影响
政治法律环境分析	掌握	能够分析政治法律环境基本特征给企业带来的影响

二、产业环境分析

【实训提示】

产业环境是指对处于同一产业内的组织都会发生影响的环境因素。与一般环境不同的是,产业环境只对处于某一特定产业内的企业以及与该产业存在业务关系的企业发生影响,同时企业也反过来影响产业环境。

本小节产业环境分析将主要依据迈克尔·波特的五力模型从竞争结构的角度分析产业环境。

在进行产业环境分析时,迈克尔·波特的五力模型是一个非常有益的战略分析工具(见图5－6)。如图所示,该模型将大量不同的因素汇集在一个简便的模型中,以此分析一个行业的基本竞争态势。五力模型确定了竞争的五种主要来源,即现有企业间的竞争,潜在进入者的威胁,替代品的威胁,供应商的议价能力和购买者的议价能力。

1. 现有企业间的竞争分析。现有企业间的竞争常常表现在价格、广告、产品、售后服务等各个方面,其竞争强度与多方面因素有关。一般来讲,出现下述情况将意味着行业中现有企业之间竞争的加剧。

(1)众多的或势均力敌的竞争者。当一个特定市场的企业为数众多时,必然会有一定数量的企业为了占有更大的市场份额和取得更高的利润,而突破特定市场的一致行动的限制,独立行动,采取打击、排斥其他企业的竞争手段。这势必在现有竞争者之间形成激烈的对抗。

(2)特定市场增长缓慢。在特定市场快速增长时,企业间的竞争比较缓和。当特定市场处于缓慢增长时,有限的发展势必就使各企业为了寻求自己的出路,把力量放在争夺现有市场的占有率上,从而使现有竞争者的竞争激化。

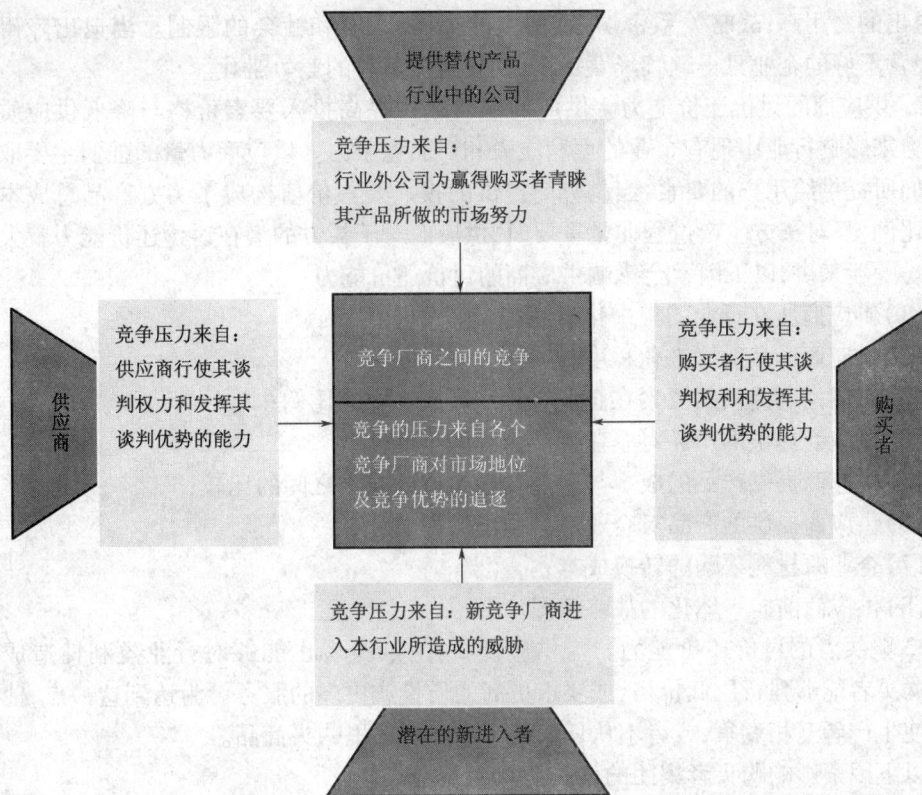

图 5-6 五力模型

（3）高固定成本和库存成本。当一个特定市场固定成本较高时，企业为降低单位产品的固定成本，势必采用增加产量的措施。企业的这种发展趋势，会使生产能力过剩，而且还会导致价格大战，从而使现有竞争者的竞争激化。

（4）产品统一性高和转换成本低。一个特定市场的产品若差异性明显，则购买者倾向于根据产品的差异和个人的偏好来购买商品，这样生产企业间的竞争就会缓和。反之，产品统一性高，购买者所选择的是价格和服务，就会使生产者在价格和服务上展开竞争，使现有竞争者之间的抗衡激化。同样，转换成本低时，购买者选择自由，也会产生相同的作用。

（5）规模经济的要求。在规模经济要求大量增加企业生产的特定市场，新的生产能力的不断增加，就必然会经常打破特定市场的供需平衡，使特定市场产品供过于求，迫使企业不断降价销售，强化了现有竞争者的抗衡。

（6）退出障碍壁垒。退出障碍壁垒是指经营困难的企业在退出特定市场时所遇到的困难,这是由以下原因造成的:专业化的固定资产;固定资产清算价值低或转换成本高;退出的费用高;战略关系密切;感情上的障碍;政府和社会的限制。当退出障碍高时,经营不好的企业只得继续经营下去,使现有竞争者的竞争激化。

2. 供应商的讨价还价能力。供应商主要通过提高投入要素价格与降低供应质量的能力来影响行业中现有企业的盈利能力和产品竞争力。供应商力量的强弱主要取决于他们所提供给用户的要素,当供应商提供的投入要素价值构成了买方产品总成本的较大比例,且对买方生产过程非常重要时,供应商对于买方的潜在讨价还价能力就大大增强。一般来讲,以下因素会影响供应商的讨价还价能力:

(1)供应商所在行业的集中化程度;

(2)供应商产品的标准化程度;

(3)供应商所提供的要素在企业整体产品成本中的比例;

(4)供应商提供的产品对企业生产流程的重要性;

(5)供应商提供产品的成本与企业自己生产的成本之间的比较;

(6)供应商提供的产品对企业产品质量的影响;

(7)企业原材料采购的转换成本;

(8)供应商前向一体化的战略意图。

3. 购买者的讨价还价能力。与供应商一样,购买者也能够对行业盈利性造成威胁。购买者能够强行压低价格,或要求更高的质量或更多的服务。为达到这一点,他们可能使生产者互相竞争,或者不从任何单个生产者那里购买商品。

以下因素影响购买者集团的议价能力:

(1)集体购买;

(2)产品的标准化程度;

(3)购买者对产品质量的敏感性;

(4)替代品的替代程度;

(5)大批量购买的普遍性;

(6)产品在购买者成本中占的比例;

(7)购买者后向一体化的战略意图。

4. 潜在进入者的威胁。一个行业的进入者通常带来大量的资源和额外的生产能力,并且要求获得市场份额。新进入者威胁的严峻性来源于多个方面,包括一家新的企业进入该行业的可能性、规模经济、进入壁垒、产品差异优势等。

(1)进入可能性。一家企业进入一个新的行业的可能性主要取决于该行业的前景如何,行业的平均利润率高说明该行业营利性强,行业增长率高则表明未来有良好的发展前景。当一个行业处于有较高的利润水平且快速增长的阶段时,就有可能面临较高的潜在进入者的竞争威胁。

（2）规模经济。规模经济迫使新加入者必须以大的生产规模进入，并冒着现有企业强烈反击的风险；或者以小的规模进入，但要长期忍受产品成本高的劣势。这两种情况都会阻碍潜在进入者的进入。

（3）产品差异优势。产品差异优势是指原有企业所具有的商标信誉和用户的忠诚性等。产品差异性所造成的影响将迫使新加入者要用很大代价来树立自己的信誉和克服现有用户对原有产品的忠诚。

（4）资金需求。资金需求所形成的进入障碍，是指在这种特定市场经营的企业，不仅需要大量资金，而且经营风险较大，进入者要在握有大量资金、冒很大风险的情况下才敢进入。

（5）转换成本。这里说的转换成本是指购买者变换供应者所支付的一次性成本。当购买方的转换成本较高时，对潜在进入者来说，成功进入新行业并获取客户资源就会面临较大的困难。

5. 替代品的威胁。替代品是指那些与客户产品具有相同功能的或类似功能的产品。如手机从功能上正在慢慢代替固定电话，飞机远距离运输可能被火车代替等，那么生产替代品的企业本身就给客户甚至行业带来威胁，替代竞争的压力越大，对客户的威胁越大。决定替代品压力大小的因素主要有：

（1）替代品的营利能力；

（2）替代品生产企业的经营策略；

（3）购买者的转换成本。

行业中的每一个企业或多或少都必须应付以上各种力量构成的威胁，同时市场竞争中各种力量并非单独存在的，它们彼此之间相关作用和影响，共同形成产业环境的作用机制。

为了更好地分析行业竞争环境，在运用五力模型分析的基础上，可以运用表5－4对行业影响因素进行分析汇总，以更好地把握行业竞争结构的特征及其对企业带来的影响。

表5－4　行业分析调查表

行业最主要的经济特性是什么？
行业中的变革驱动因素有哪些？
决定在行业环境中取得竞争成功的因素是什么？
行业是否具有吸引力以及取得超过年平均水平的盈利前景如何？
行业的竞争结构如何？哪一方力量最强大？
客户能找到替代产品的难易程度如何？
供应商对该行业有多大影响力？
在购买过程中，客户是否有很大的讨价还价能力？
经销商在该行业中起着怎样的作用？
主要竞争对手是谁？有什么样的竞争策略？

【实训要求】

产业环境分析是战略分析中重要的一环,深刻透彻的产业环境分析对于准确把握产业特征、分析竞争态势、明确力量对比、预测发展趋势有着至关重要的作用。作为产业环境分析中一种被业界广泛认可和接受的分析工具,五力模型是本节战略实训中着重分析并明确要求掌握的知识内容。具体要求见表5-5:

表5-5 产业环境分析评价标准

内容	标准	具体要求
五力模型分析	熟练掌握	掌握五力模型分析的要点,熟练分析五种市场力量
现有企业间的竞争分析	熟练掌握	能够准确分析主要竞争对手的优势、竞争策略等
供应商的讨价还价能力	熟练掌握	能够准确分析影响供应商议价能力的关键因素
购买者的讨价还价能力	熟练掌握	能够准确分析影响购买方议价能力的关键因素
潜在进入者的威胁	熟练掌握	能够准确分析潜在进入者的威胁影响因素
替代品的威胁	熟练掌握	能够准确分析替代品的威胁影响因素

三、企业内部能力分析

【实训提示】

外部环境的变化给企业的发展带来不可忽视的影响,同样,企业的内部能力和资源也是企业在制定战略时必须考虑的要素。本节旨在通过企业内部能力分析实训,帮助学生掌握确定内部战略要素,分析评价内部战略要素的方法。

1. 价值链分析。早期的价值链思想是由美国的麦肯锡咨询公司提出来的,后由美国哈佛商学院著名战略管理学家迈克尔·波特在《竞争优势》一书中加以发展。价值链分析的核心是将目标企业的所有资源、价值活动与企业的战略目标紧密连接起来,以价值增长为目的,形成一个简明而清晰的结构框架,帮助客户清晰认识企业生存发展中相关各链条的重要意义。

价值链反映出企业生产经营活动的历史、重点、战略以及实施战略的方法,还有生产经营活动本身所体现的经济学观念。如果企业所创造的价值超过其成本,企业便有盈利;如果盈利超过竞争对手的话,企业便有更多的竞争优势。

从图5-7的价值链图中可以看出,企业的生产经营活动可以分成基本活动和支持活动两大类。支持活动是指用以支持基本活动而且内部之间又相互支持的活动,包括企业投入的采购管理、技术研究与开发、人力资源管理和企业基础设施。图中的虚线表明采购管理、技术开发、人力资源管理三项支持活动既支持整个价值链的活动,又分别与每项具体的主体活动有着密切的联系。企业的基本职能活动支持整个价值链的运行,而不分别与每项基本活动发生直接的关系。

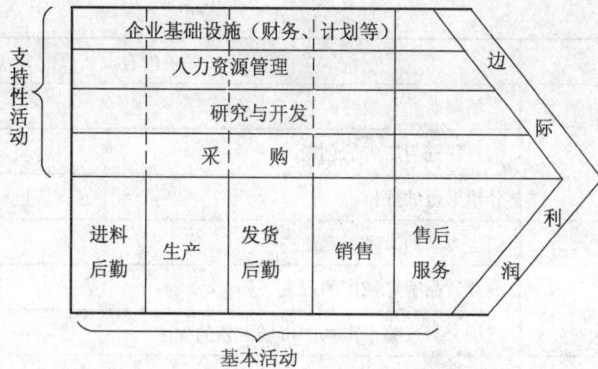

图 5-7　价值链分析

　　企业要分析自己的内部条件,判断由此产生的竞争优势,首先要确定自己的价值活动,然后识别价值活动的类型,最后构成具有自身特色的价值链。

　　(1)主体基本活动。主体基本活动一般可细分为五种活动,而每一种活动又可以根据具体的行业和企业的战略再进一步细分成若干活动。①进料后勤是指产品的投入品的进货、仓储和分配等相关后勤活动,如原材料的装卸、入库、盘存、运输以及退货等。②生产加工是指将投入转换成最终产品的活动,如加工、装配、包装、设备维修、检测等等。③成品储运发货是指与产品的库存、发送给购买者有关的活动,如最终产品的入库、接受订单、送货等。④市场营销是指与促进和引导购买者购买产品的活动,如广告、定价、销售渠道等。⑤售后服务是指为了保持或提高产品价值有关的活动,如培训、修理、零部件的供应和产品的调试等。

　　在认识企业基本活动的同时,有必要对构成企业价值链的基本活动和支持活动的各个具体内容确定评价标准,然后予以量化的评价分析,具体见表 5-6。

表 5-6　企业价值链基本活动评价

基本活动	评价内容
进料后勤	原材料与存货控制系统的健全
	原材料仓储的效率
生产	与主要竞争对手比较的设备生产能力
	适当的生产工艺自动化
	生产控制体系对改善质量与降低成本的有效性
	工厂与工艺设计的效率
发货后勤	产成品分销的时间安排与效率
	产成品仓储活动的效率

续表

基本活动	评价内容
市场与销售	市场调研的有效性
	销售促进与广告的创新
	分销渠道的评价
	销售力量的激励与竞争
	消费者品牌忠诚度的程度
	市场分割或整个市场中市场占领的程度
售后服务	顾客倾听的方式
	恰当的产品保证政策
	顾客的培训
	零部件与维修服务的能力

注:每条都应分为差、一般、优秀三档。

　　(2)支持活动。在任何行业里,支持活动一般可以分为四种活动,而每一种活动又可依据行业的不同进一步细分成若干独具特色的活动。

　　第一,采购管理,是指采购企业所需投入品的职能,而不是被采购的投入品本身。这里的采购是广义的,既包括原材料的采购,也包括其他资源投入的采购。例如,企业聘请咨询公司为企业进行广告策划、市场预测、管理信息系统设计、法律咨询等都属于采购管理。

　　企业的采购部门是为企业整体服务的,它的采购政策也适用于整个企业。但某项具体的采购活动一般是与某项具体活动或支持活动有关。在分析企业的采购活动时则不能笼而统之,要具体问题具体分析。此外,采购活动的费用在总成本中可能只占很少的比重,但它对企业采取低成本战略或差别化战略起着重要作用。因此,改进采购管理活动,可以在很大程度上改进被购买的投入品的质量和费用以及使用该投入品的质量和费用。

　　第二,技术研究与开发,可以改进企业产品和工序的一系列技术活动。这是一个广义的概念,既包括生产性技术,也包括非生产性技术。因此,企业中每项生产经营活动中都包含着技术,只不过其技术的性质、开发的程度和利用的范围不同而已。有的属生产方面的工程技术,有的属于通信方面的信息技术,还有的属于领导的决策技术。这些技术开发活动不仅仅是与企业最终产品直接相关,而且支持着企业的全部活动,成为判断企业实力的一个重要标志。

　　第三,人力资源管理,是指企业员工的招聘、雇用、培训、提拔和退休等各项管理活动。这些活动支持着企业的每项主体活动、支持活动以及整个价值链。人力资源管理在调动职工生产积极性上起着重要作用,影响着企业的竞争力。

第四,基础设施,是指企业的组织结构、控制系统以及文化等活动。由于企业高层管理人员能在这些方面发挥重要影响,因此,企业高层管理人员往往也被视为基础结构的一部分。企业的基础结构与其他的支持活动不同,一般是用来支持整个价值链的运行。在多种经营的企业里,公司总部和经营单位各有自己的基础结构。

表5-7为企业价值链与支持活动评价表。

表5-7　企业价值链支持活动评价表

基本活动	评价内容
人力资源管理	招募、培训与提高所有雇员技能水平的有效性
	激励与挑战雇员的报酬机制的适当性
	雇员激励与工作满意程度的水平
技术研究与开发	研究与开发活动的成功(产品与方法革新的领先)
	R&D部门与其他部门之间的协调关系的质量
	技术发展活动的进度安排
	实验室与其他实验设施的质量
	鼓励创作与创新的工作环境的能力
采购管理	投入资源的替代
	采购原材料:及时性、可能的最低成本、可接受的质量水平
	租赁与购买决策标准的制定
	与可信赖的供应商之间良好的长期关系
基础设施	评估新产品市场机会与潜在环境威胁的能力
	完成战略目标的战略计划体系的质量
	有组织的分支单位之间与价值链有关的所有活动的协调与整合
	获得相对较低成本的资本支出与流动资本的资金能力
	制定战略与日常决策中信息系统支持的水平
	管理人员对一般环境与竞争环境及时与准确的信息
	与公共政策制定者及利益集团间的关系
	公众形象与公司的表现

注:每条都应分为差、一般、优秀三档。

价值链不是一些独立活动的集合,而是相互依存的活动构成的一个系统。在这个系统中,各项活动之间存在着一定的联系。这些联系体现某一价值活动进行的方式与成本之间的关系,或者与另一活动之间的关系。

(3)内在联系形成竞争优势的方式。企业价值活动间的内在联系所形成的竞争优势有两种形式:最优化与协调。企业为了实现其总体目标,往往在各项价值活动间的联系上进行最优化的选择,以获得竞争优势。如企业在考虑产品设计与服务成本时,为了获得差异化优势,可能会选择成本高昂的产品设计、严格的材料规格或严密的工艺检查,以减少服务成本。

在协调方面,企业通过协调各活动间的联系,来增加产品的差异化或降低成本。如要做到按时发货,企业需要协调企业内部的生产加工、产品储运和售后服务等活动之间的联系。在最优化和协调的过程中,企业需要大量的信息去认识形式多样的联系。为此,企业有必要利用信息技术,建立自己的信息系统,创作与发展新的联系,增强旧的联系。

2. 企业资源分析。企业资源分析是从全局来把握企业资源在量、质、结构、分配、组合等方面的情况,它形成企业的经营结构,也是构成企业实力的物质基础。企业资源的现状和变化趋势是制定总体战略和进行经营领域战略选择的根本的制约条件。因为,企业能投入到经营活动中的资源是有限的。这种有限性是双重的。所以,在企业战略管理中的资源分析,一是要对企业现有资源的状况和变化趋势进行分析,二是要对战略期中应增加哪些资源进行预测。

在进行企业资源分析的时候,需要特别强调的是企业的无形资源,如商誉、商标、人力资源等。企业有效创造竞争力的源泉在很大程度上取决于这些资源。另外,在进行企业资源分析的时候,除了要对各资源要素进行分析外,还应考察其配置、组合是否合理,以真实确定差距和挖掘潜力。

通过运用价值链分析和企业资源分析,可以确定企业内部的战略要素,在此基础上找出企业急需改进的重点区域。如图5-8所示,通过从行业竞争重要性和企业拥有度两个维度将企业各要素分别置于各个象限,可以发现企业急需重点改进的区域。具体方法如下:

(1)主要分析各要素对行业竞争的重要性以及本企业对这些要素的拥有程度;

(2)通过将各因素根据两维指标在矩阵中定位后,企业可以直观地分析出企业对关键因素的拥有程度;

(3)企业应将其核心能力构建在行业关键成功因素上;

(4)企业资源投入应从拥有程度高,但本身重要性不高的那些因素中转移出来,转而投到那些目前拥有程度低,但对行业竞争成功意义重大的因素中去。

表5-8列出了一些关键成功因素,在实训时可以结合价值链分析和内部资源分析方法从以下几个方面对企业的关键成功因素进行分析。

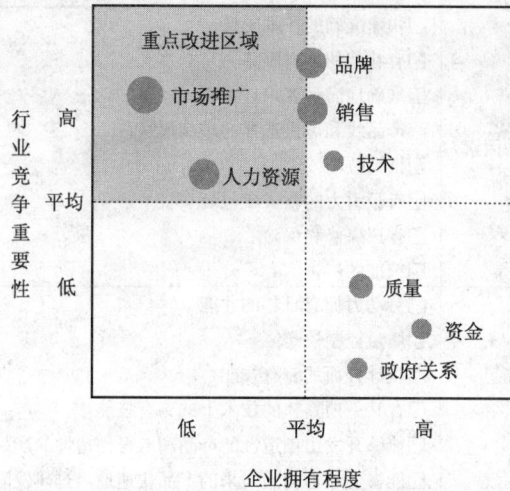

图5-8　关键因素分析

表5-8　常见的关键成功因素

与技术相关的关键成功因素	□技术研究能力 □在产品工艺和制造过程中进行有创造性改进的能力 □产品革新能力 □在既定技术上的专有技能 □运用网络发布信息、承接订单、送货和提供服务的能力
与制造相关的关键成功因素	□低成本生产效率 □固定资产很高的利用率 □低成本的生产工厂定位 □能够获得足够的熟练劳动力 □劳动生产率高 □低成本的产品设计和产品工程 □能够定制化生产一系列规格的产品
与分销相关的关键成功因素	□强大的批发分销商/特约经销商网络 □通过互联网建立起来的电子化的分销能力 □能够在零售商的货架上获得充足的空间 □拥有公司自己的分销渠道和网点 □分销成本低 □送货速度快

续表

与市场营销相关的关键成功因素	□快速准确的技术支持 □有礼貌的客户服务 □准确地满足客户订单 □产品线和可供选择的产品很宽 □推销技巧 □有吸引力的款式或包装 □客户保修和保险 □精准的广告
与技能相关的关键成功因素	□劳动力拥有卓越的才能 □质量控制诀窍 □设计方面的专有技能 □在某一项具体的技术上的专有技能 □能够开发出创造性的产品和取得创造性的产品改进 □能够使最近构想出来的产品快速地经过研发阶段到达市场 □组织能力 □卓越的信息系统 □能够快速地对变化的市场环境做出反应 □能够熟练地使用互联网和电子商务完成交易 □拥有较多的经验和技术秘密
其他关键成功因素	□在购买者中间拥有积极的公司形象/声誉 □总成本很低 □便利的选址 □公司职员在与所有客户打交道时都很礼貌,态度和善可亲 □专利保护

在进行内部战略要素分析之后,要从各项具体分析中归纳出企业的优势和劣势。在此基础上,就可以对企业内部战略要素做一个定量评价。这种定量评价的基本方法是内部战略要素评价矩阵法。战略要素评价矩阵法可以帮助企业战略决策者对企业内部各个领域的主要优势与劣势进行全面综合的评价。其具体分析步骤如下:

(1)基于前期的深度分析,识别企业内部战略条件中的关键要素。通常列出 10 ~ 15 个为宜。

(2)为每个关键战略要素指定一个权重以表明该要素对企业战略的相对重要程度。权重取值范围从 0(表示不重要)到 1(表示很重要),但必须使各要素权重值之和为 1。

(3)以 1、2、3、4 代表相应要素对于企业战略来说的价值,分别是:主要劣势、一般劣势、一般优势和主要优势。

(4)将每一要素的权重与相应的评价值相乘,即得到该要素的加权评价值。

(5)将每一要素的加权评价值加总,就可求得企业内部战略条件的优势与劣势情况的综合评价值。

运用内部战略要素评价矩阵法进行评价,企业的总加权分数最高是4分,最低是1分,平均是2.5分。得4分表明企业内部战略要素的综合地位处于行业领先水平,1分则说明该企业在内部战略要素获取上处于劣势。

表5－9为某企业内部条件战略要素评价矩阵分析情况。从中可以看出,该企业的主要优势在于产品质量,评价值为4;劣势是组织结构上适应性差,评价值为1;从加权评价值来看,产品质量为0.8,职工士气为0.6,这两个关键战略要素对企业战略产生的影响最大;该企业的综合加权评价值为2.4,说明该企业内部条件的综合地位处于行业平均水平(2.5)以下,应引起高度重视。

表5－9　企业内部条件战略要素评价矩阵

关键战略要素	权重	评价值	加权评价值
职工士气	0.20	3	0.60
产品质量	0.20	4	0.80
营运资金	0.10	3	0.30
利润增长水平	0.15	2	0.30
技术开发人才	0.05	2	0.10
组织结构	0.30	1	0.30
综合加权评价值	1.00		2.40

【实训要求】

内部能力分析是企业战略分析的重要环节,它对于准确把握企业的优势与劣势,确定并评价关键战略要素具有重要作用。为此,本节实训要求学生掌握相关价值链分析、企业要素分析和内部战略要素评价矩阵方法。具体要求如表5－10所示。

表5－10　企业内部能力分析评价标准

要求内容	标准	解释
价值链分析	熟练掌握	掌握企业价值链各项活动划分,并能从中找出战略要素
企业要素分析	掌握	能够从内部资源角度分析企业关键要素
内部战略要素评价矩阵法	掌握	能够运用定量方法对目标战略要素进行综合评价

四、综合分析

【实训提示】

本节在进行一般环境分析、产业环境分析和企业内部资源分析的基础上,运用

SWOT 工具汇总各项结论进行综合性分析。SWOT 分析是把企业内外环境所形成的机会(Opportunities)、威胁(Threats)、优势(Strengths)和劣势(Weaknesses)四个方面的情况,结合起来进行分析,以寻找制定适合本企业实际情况的经营战略和策略的方法。其主要目的在于对企业的综合情况进行客观公正的评价,以识别各种优势、劣势、机会和威胁因素,有利于开拓思路,正确地制定企业战略。

通过 SWOT 分析不仅可以找到企业突出的竞争能力,即企业拥有的特殊资源和能力,以及企业使用特殊资源的能力,还可以发现企业由于缺乏竞争力而丧失的机会。表 5-11 是企业 SWOT 分析的框架。

表 5-11　企业 SWOT 分析框架

内部要素 外部要素	优势(S) 列出 5~10 个内部优势	劣势(W) 列出 5~10 个内部劣势
机会(O) 列出 5~10 个外部机会	SO 战略 运用优势利用机会的战略	WO 战略 克服劣势利用机会的战略
威胁(T) 列出 5~10 个外部威胁	ST 战略 利用优势避免威胁的战略	WT 战略 使劣势降到最低点以避免威胁的战略

从表中可以看出,表的右边两列是从内部角度分析企业的优势和劣势,左侧两行则是从外部环境角度分析企业面临的机会和威胁。然后将二者结合起来形成四种不同情况下的战略选择,即:SO 战略、WO 战略、ST 战略和 WT 战略。

SO 战略就是依靠内部优势去抓住外部机会的战略。如一个资源雄厚(内在优势)的企业发现某一国际市场尚未饱和(外在机会),那么它就应该采取 SO 战略去开拓这一国际市场。

WO 战略是利用外部机会来改进内部弱点的战略。如一个面对计算机服务需求增长的企业(外在机会),却十分缺乏技术专家(内在劣势),那么就应该采用 WO 战略来培养、招聘技术专家,或购入一个高技术的计算机公司。

ST 战略就是利用企业的优势,去避免或减轻外部威胁的打击。如一个企业的销售渠道(内在优势)很多,但是由于各种限制又不允许它经营其他商品(外在威胁),那么就应该采取 ST 战略,走集中型、多样化的道路。

WT 战略就是克服内部弱点和避免外部威胁的战略。如一个商品质量差(内在劣势),供应渠道不可靠(外在威胁)的企业应该采取 WT 战略,强化企业管理,提高产品质量,稳定供应渠道,或通过与其他企业联合、合并之路以谋求生存和发展。

SWOT 方法的基本出发点,就是企业战略的制定必须使其内部能力(强处和弱点)与外部环境(机遇和威胁)相适应,以获取经营的成功。

表 5-12 是针对天津一个建材企业运用 SWOT 工具进行分析的实例。

表 5 – 12　××建材集团 SWOT 矩阵分析

	SO 运用优势利用机会的战略　　WO 克服劣势利用机会的战略 ST 利用优势避免威胁的战略　　WT 使劣势降低以避免威胁的战略	
SW **OT**	**S——优势** S1 高层决策能力及战略意识 S2 优势地理位置和规模 S3 独特经营模式 S4 与重要商户的战略伙伴关系 S5 良好的社会关系 S6 良好的经营业绩及资金实力 S7 品牌形象已经形成 S8 低成本 S9 "第三类市场"可满足不同消费群体的需要 S10 员工的忠诚 S11 良好的售后服务	**W——劣势** W1 缺乏人才,管理层断层 W2 企业文化建设不足 W3 体制对企业发展的制约 W4 部门之间协调不力 W5 缺少与现代流通相适应的信息系统 W6 没有建立统一的配送系统 W7 激励机制不健全 W8 制度规范性比较差 W9 缺乏完善的质量管理体系 W10 管理、控制体系不健全 W11 没有获得更多的战略性土地资源
O——机会 O1 建材和建材流通业是政府政策支持的产业 O2 国家大力提倡发展绿色建材,而且,消费观念的转变对于环保、节能的"绿色建材"需求增加 O3 "十一五"规划大力发展滨海新区房地产业 O4 天津鼓励建材市场发展 O5 国家基础设施建设为建材流通提供了广阔前景 O6 房地产业带动建材流通业发展 O7 建材市场容量大,潜在需求大 O8 天津住宅市场建设增速很快,建材流通业发展潜力大 O9 建材流通业处于成长期 O10 建材流通业进入壁垒高 O11 计算机信息技术和网络通信技术的发展,为建材流通业带来了巨大的发展空间 O12 汽车配件城在天津刚刚兴起	**SO 战略** 1. 发挥规模优势,抓住滨海新区建设机遇,扩大经营规模 2. 利用建材流通发展机会,抢占战略性资源,扩大市场规模 3. 在行业发展的成长期,使独特的经营模式更加完善,增强竞争力 4. 开辟网络建材超市 5. 建立专门的绿色新型建材市场或产品专区 6. 强化品牌,扩大多元化战略成果 7. 密切与战略伙伴的关系,共同扩大经营规模 8. 利用金融信用能力建设新市场 9. 加大品牌建设力度,打造全国最知名品牌 10. 寻求兼并、收购、联营等低成本的资本经营方式扩大规模 11. 建立更加完善的售后服务体系,增加竞争力	**WO 战略** 1. 从根本上解决体制问题,适应竞争导向需要 2. 实施战略人力资源管理,引进和储备高水平建材流通管理人才,避免人力资源管理滞后 3. 实施独特的企业文化战略 4. 实施体现企业特性的集团化组织模式 5. 采用先进的 ERP 等系统解决管理问题 6. 形成独特的"环渤海"配送体系和质量管理体系 7. 采取多种途径获取战略性资源 8. 建立有效的财务预决算控制体系 9. 储备新进入产业的管理人才

续表

SO 运用优势利用机会的战略　　WO 克服劣势利用机会的战略		
ST 利用优势避免威胁的战略　　WT 使劣势降低以避免威胁的战略		
	ST 战略	WT 战略
T——威胁 T1 国家加强对建材交易市场的整顿 T2 天津市整顿建材市场 T3 居然之家等潜在进入者的威胁 T4 建材超市、网上建材城等模式的竞争威胁 T5 消费者对质量、价格、环保等方面的要求越来越高 T6 品牌供应商的议价能力与优势地理位置相关 T7 行业成长期竞争异常激烈 T8 天津建材流通企业竞争激烈 T9 竞争对手纷纷采用扩张战略,占领优势地段 T10 不断有新的竞争者进入行业 T11 经营场所局限,影响商户稳定 T12 农村建材市场需求难以与城市比拟,短时期难以快速增长	1. 借助建材市场整顿,完善企业经营模式,提高管理水平 2. 借助建材市场整顿和激烈竞争,收购、兼并经营不善的企业 3. 扩大规模的同时考虑扩大与战略伙伴的合作 4. 借助资本经营与强势竞争对手或国外品牌强强合作,结成战略联盟或共同扩大规模 5. 培养忠诚、具有适应能力的员工 6. 通过科学的售后服务体系体现竞争力 7. 密切与战略伙伴的关系,共同扩大经营规模 8. 保持现有业务范围的广泛性,全方位服务社会 9. 利用本土品牌优势保持在天津市场的竞争优势 10. 短期不到郊县建立大型建材市场	1. 实施战略人力资源管理 2. 实施企业文化战略 3. 实施竞争导向的战略,将企业彻底推向市场,通过产权调整建立现代企业制度 4. 采用先进的信息管理系统 5. 通过产权调整调动管理者和员工的积极性 6. 实施体现竞争性的管理体系,包括财务控制、质量控制、售后服务体系、配送体系 7. 不发展势必失去战略伙伴,全力扩大规模,保持在天津的优势 8. 通过产权调整,实现规范、独立的企业集团化管理 9. 避开现有区域内的过度竞争,开发新的有优势的经营区域 10. 避免到郊县建立大型建材市场,失去主流竞争优势

【实训要求】

SWOT 分析重点在于将企业内部的优势、劣势和外部面临的机会、威胁结合起来进行综合分析,同时针对不同的情况制定相应的战略措施,这是成功完成 SWOT 分析的关键。本节 SWOT 分析实训具体要求见表 5-13。

表 5-13　SWOT 分析评价标准

要求内容	标准	解释
SWOT 分析	熟练掌握	能够结合企业的优势、劣势,面临的机会和威胁,制定相应的战略措施

五、战略选择和战略描述

【实训提示】

在充分分析外界各种环境和企业内部资源的基础上,企业面临着战略制定和选择的问题。本部分将运用战略选择矩阵帮助学生进行战略选择和战略描述的实训练习。战略选择矩阵是一种指导企业进行战略管理的模型。企业应结合自身的优劣势和内外部资源的运用状况,选择合适的战略。如图 5 - 9 所示,从企业内部资源和外界环境的角度可将企业的战略分为四个象限。

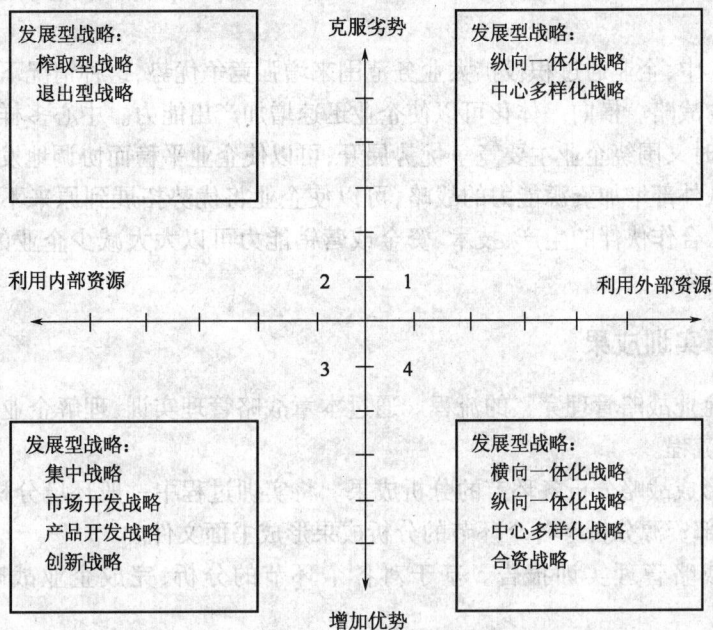

图 5 - 9　战略选择矩阵

在象限 1 中,为了克服自身的劣势,有效利用外部资源,企业可以考虑采用纵向一体化战略来减少原材料或顾客渠道方面的不确定性所带来的风险。企业也可以采用中心多样化战略,既能投资获利,又不用转移对原有经营业务的注意力。

在象限 2 中,企业常采用较为保守的克服劣势的办法。在保持基本使命不变的情况下,企业将在内部对经营业务进行一定程度的调整,根据营利能力和发展前景,将一种经营业务转向另一种经营业务,加强有竞争优势的经营业务的发展。企业可以采用榨取型战略,精简现有业务。实际上,压缩也是起着一种战略转变的作用,即从提高工作效率、消除浪费中获得新的优势。如果某种业务已经成为成功的重大障碍,或者克服劣势耗资巨大,或者成本效益过低,就必须考虑采取退出或分离战略,退出这种业务的经营,同时获得补偿。当经营业务只是徒然耗费组织资源,又增加破产危险时,就可以考虑清算。

在象限 3 中,企业如果认为能利用这四种战略,建立获利能力并希望从内部增强竞争优势,就可以进行选择集中战略,即着力加强市场渗透,全力倾注于现有的产品和市场,力求通过再投入资源,增强优势以巩固自己的地位。市场开发和产品开发都是要扩展业务,前者适用预先有产品,需要开发新顾客群的情况,后者适用于现有顾客对企业现有的相关产品感兴趣的情况。产品开发也适用于拥有专门技术或其他竞争优势的条件。

在象限 4 中,企业通过积极扩大业务范围来增强竞争优势,这种情况下需要选用一种注重外部的战略。横向一体化可以使企业迅速增加产出能力。中心多样化与新业务密切相关,同时又围绕企业主要竞争优势展开,可以使企业平稳而协调地发展。合资经营战略也是从外部增加资源能力的战略,可以使企业将优势拓展到原来不易独自进入的竞争领域。合作伙伴的生产、技术、资金或营销能力可以大大减少企业的投资,增加企业获利的能力。

二、单元实训成果

1. 理解企业战略管理完整的流程。通过本章战略管理实训,理解企业战略管理的完整、规范的流程。

2. 书面形成战略分析各环节的分析成果。将实训过程中一般环境分析、产业环境分析、企业内部资源分析等各个环节的分析成果形成书面文件。

3. 企业战略管理实训报告。基于对各个环节的分析,完成企业战略管理实训报告。

三、评价标准

本部分评价标准如表 5 – 14 所示。

表 5 – 14　战略分析评价标准综合表

类　别	内　容	标　准	具体要求
一般环境分析	一般环境分析方法	熟练	能够熟练进行经济、社会、技术、政治等多方面宏观因素分析
	经济环境分析	掌握	能够结合企业特征,掌握经济环境分析的要点
	社会文化环境分析	掌握	能够分析社会、文化、环境因素对企业的影响
	技术环境分析	掌握	能够分析技术发展趋势与特征对企业的影响
	政治环境分析	掌握	能够分析政治环境基本特征给企业带来的影响

续表

类　别	内　容	标　准	具体要求
产业环境分析	五力模型分析	熟练掌握	掌握五力模型分析的要点,熟练分析五种市场力量
	现有企业间的竞争分析	熟练掌握	能够准确分析主要竞争对手的优势、竞争策略等
	供应商的讨价还价能力	熟练掌握	能够准确分析影响供应商议价能力的关键因素
	购买者的讨价还价能力	熟练掌握	能够准确分析影响购买方议价能力的关键因素
	潜在进入者的威胁	熟练掌握	能够准确分析潜在进入者的威胁影响因素
企业内部资源分析	价值链分析	熟练掌握	掌握企业价值链各项活动划分,并能从中找出战略要素
	企业要素分析	掌握	能够从内部资源角度分析企业的关键要素
	内部战略要素评价矩阵法	掌握	能够运用定量方法对目标战略要素进行综合评价
综合分析	SWOT 分析	熟练掌握	能够结合企业的优势、劣势,面临的机会和威胁,制定相应的战略措施
战略选择与战略描述	战略选择矩阵	掌握	理解不同战略选择的前提和背景,能够针对企业面临的不同内外部环境,制定合适的企业战略

第六单元　商务及公关活动策划

实训目的

　　商务及公关活动是企业在经营管理的过程中,根据企业发展的需要,为促进业务发展,改善内外环境而采取的各项管理实践活动。有效的商务及公关活动不仅可以增强企业内部员工的凝聚力和向心力,而且还可以密切企业各种利益相关者的关系,树立良好的企业形象。因此,管理人员要熟练掌握各种商务及公关活动的策划与实施方法。

　　本章实训主要围绕商务及公关活动的策划与实施展开实训练习,主要内容包括商务策划的基本概念、商务策划创意方法练习、常见商务及公关活动策划技巧、商务策划书的构思与撰写以及商务与公关活动的模拟展示。

　　本环节实训目的是为了让学生知晓商务策划的一般概念,掌握商务策划的各种创意方法,能够根据企业经营环境的需要确定各种商务及公关项目,并能进行有效的策划与实施。

　　通过本章学习,学生可以有效提高商务及公关活动的策划能力,以及各类策划书的写作能力。

知识要求

- 掌握商务策划的概念、特征、程序与步骤;
- 掌握商务策划的创意方法;
- 掌握常见商务及公关活动的策划技巧;
- 掌握常见商务及公关策划书的一般结构。

技能要求

- 能够根据企业内外环境的需要,策划各类商务及公关活动;
- 能够运用创意方法对各类商务及公关活动进行创新性策划;
- 能够运用相关知识筹备与组织各类公关活动;

● 能够撰写各类商务及公关活动策划书。

第一节　商务及公关活动策划实训相关专业知识

一、策划与商务策划

(一)策划与商务策划的概念

策划在我国古已有之。"策划"一词最早出现在《后汉书·隗嚣传》中："是以功名终申,策划复得。"策划组成一个词组,在古代有筹划、谋划、计划、计策等含义。在英语中,包含有策划意思的词语有 plan,plot,scheme,strategy,engineer 等,其中最能完整呈现策划内涵的词语是 strategy,更多地指带有战略的、前瞻性的、整体性的、全局的谋划。

一般来讲,策划是一种创造性的智力活动,它一方面是针对未来的构想、谋划、计划、决策和实施方案;另一方面是运用各种工具及手段改变现状的实施过程。策划是程序,也是过程,在本质上是人运用脑力的理性行为。

商务策划则是指在商业活动领域内所进行的谋划活动。商业活动涉及人们社会生活的方方面面,常见的商务策划有广告策划、品牌策划、销售渠道策划、市场推广策划、公关策划、企业形象策划、企业文化策划以及企业融资和重组策划等。

(二)商务策划的基本特征

1. 一定的虚构性。策划是从虚构出发,然后创造事实。虚构需要一定的想象力,是合理、具有预见性的想象,绝非头脑发热,胡思乱想。虚构也是一种创造,其基本要求是:能够透过现实,看到别人看不到的景象;善于联想,在情理之中,但又在意料之外。策划活动如果没有虚构也就失去了创造力。

2. 相对的新颖性。相对新颖性是指策划者的策划活动要比以前的思维更加有新意,或者相当于实施对象是新颖的。策划活动不必追求绝对的新颖性,过分新颖超出了管理者理解和接受的程度,反而不利于策划方案的实施。

3. 相对的超前性。相对超前性是指策划者的策划思维相对于竞争对手而言,要超前,相对于整体市场竞争环境要超前。

4. 可操作性。策划的可操作性是指策划方案切实可行,经济合理。或者说,策划方案要充分考虑到实施对象的内外条件,能够在企业资源承受的范围之内。

(三)商务策划的程序和步骤

策划是一个系统性工作,按照科学的、合理的程序进行策划是策划成功的必要条件。策划人必须明确先做什么、后做什么,按照一定的步骤去思考问题。一般来讲,策划程序可分为以下四步:

1. 制定策划目标。制定策划目标是整个策划过程的起点,起点是否恰当,是策划成败的关键,过高、过低的目标都不利于策划。在制定策划目标阶段涉及的具体工作有:有效确定策划的对象(即商务策划的具体领域),弄清策划的本意,善于抓住策划重点,细化主要问题,明确策划主题,尽量量化策划目标,明确策划要实现的期望值。

2. 设计策划方案。这是策划的第二个阶段,在明确了策划目标后,商务策划人员要通过各种策划方法集思广益,进行思维碰撞,将在交流过程中形成的新火花、新思想以策划书的形式固化下来。撰写策划书也是策划人员将策划灵感理性化整理的过程,因此策划书不仅包含着策划人员的智慧和灵感,还要求考虑现实的条件和能力,不要一味追求新、奇、特。当然,根据对市场前景预测的差异以及资源整合的力度,可能会出现多项策划方案,每种方案侧重点不同,优劣势也会各有不同。

3. 选择策划方案。策划方案是策划人员智慧的结晶,接下来就要对策划方案进行论证和选择。策划方案的选择需要把握如下原则:

(1)有效实现目标的原则。好的策划方案都是围绕着活动目标展开的。判断方案好坏的首要目标是其能否有效实现事先确定的目标。偏离目标的方案即使再完美,也不能选择。

(2)可行性原则。方案策划与设计要考虑组织的资源与能力,即企业现有的资金、技术、人员和其他要素资源能否支持该方案的实施与落实。好的策划方案必须建立在现实条件的基础上。

(3)经济效益原则。策划方案还需要进行投入—产出比分析。企业都是以盈利为目的的社会组织,任何活动项目都必须考虑投入—产出比。好的策划方案应追求低投入、高产出,而不是相反。

(4)满意原则。策划方案的选择也是企业管理者进行决策的过程。而现代决策遵循的一项基本原则即是满意原则,即在充分考虑现有实际条件和各项方案的风险、优劣的基础上,选择最适合自己、最现实可行的方案,而不一定是最优方案。

4. 实施策划方案。在对各项方案进行优劣分析,同时兼顾企业现实条件的基础上,相关管理者会最终选择一项方案并予以实施。方案的有效实施是最终实现策划目标的保障。在方案实施的过程中应考虑的问题有:要成立实施小组,对小组成员进行合理分工,要做到"人人有事做,事事有人管",事项安排既无空白点,也无交叉点;根据方案的时间流程落实方案各项工作,保证所有的工作在规定的时间内完成;要有评估措施,在方案实施的过程中,要不断地对实施情况进行评估,以确保方案按照当初的设想进行,以免出现偏差;当方案的实施过程出现较大偏差时,应对实施过程进行干预,以保证方案顺利实现策划目标,必要时对方案进行补充和完善;当外部环境发生重大变化,客观环境与主观设想出现重大偏差时,即方案的现实基础已不具备的情况下,为避免更大的损失,应停止执行原方案,必要时启动预案。

二、商务策划的创意与方法

（一）创意的概念

创意是策划人员进行策划时关注的焦点。一个策划方案的新颖性主要取决于方案是否有创意。何为创意？通俗地来讲，创意是指好主意、别出心裁的想法或高明的点子。严格来讲，好的主意、想法或点子只是策划人员创造性思维的结果，还不是真正意义上的创意。真正意义上的创意应当是一种创造新事物、新形象的思维方式和行为，是进行创造性思维的过程。只有将创意看做创造性思维过程而不是一个静止的思维成果，好的点子、主意或想法才会源源不断地被创造出来。

（二）创意对策划的作用

对于商务策划来说，创意既关键，又重要。任何策划活动都要和创意紧密联系在一起。离开了创意，策划也就不称其为策划，而只能算作是计划。从某种意义上说，创意是策划的核心或灵魂。创意在策划中的具体作用为：

1. 创意为策划方案提供好的点子与想法。创意对于策划的作用首先体现在为方案提供新颖的点子、构思上。通过创造性思维的作用，一些新奇的想法、点子会随之出现。

2. 创意使策划活动更具独特性与创新性。创意对于策划活动的另一个作用是能使策划活动更具独特性与创新性。创意的过程，是创造的过程、创新的过程。使用创造性的思维方式与行为，能够使策划方案更加新颖、独特。只有蕴涵了创意的策划活动，才是真正意义上的策划活动。

（三）创意的来源

创意是创造性活动的过程，常常给策划活动带来新颖、神奇的效果，但创意也不是神秘的活动或过程，许多创意都来自于策划人员的身边。创意的常见来源有：

1. 创意来源于生活。丰富多彩的日常生活是创意最主要的来源。许多优秀的创意都是来源于对生活深入细致的观察和体会。这也是艺术创造人员要深入生活获取创造灵感的原因。

2. 创意来源于大胆的想象，甚至幻想。想象力是人们特有的能力，天马行空、不拘一格的想象力可以突破我们的日常思维定式，产生出好的点子或主意。因此在策划过程中，要鼓励策划人员的奇思妙想，谨慎批评。

3. 创意来源于兴趣。"兴趣是人们最好的老师"。兴趣对于创意活动会产生很重要的影响，策划人员只有对某个问题或某一方面感兴趣，其思维才能兴奋和活跃，想象力才能够丰富和奔放，从而激发出灵感来。

4. 创意来源于积累。厚积才能博发，创意正是如此。如果没有平时知识、技能和经验的广泛积累,好的创意就很难产生。创意的产生也许是一瞬间的事情,但之前通常需要有大量的思考和准备过程来积淀。因此,策划人员要想提高自己的创意水平,平时必须多读、多听、多想、多记,为创意发挥奠定基础。

(四)商务策划创意方法

1. 移植创意法。移植法就是把某一领域内成功的事物、做法、经验照搬到另一个领域或地方的一种创意思维方法。如在改革开放的过程中,我们可以把国外成功的经验移植到经济特区和沿海开放城市来,可以把发达的东部地区的政策或做法移植或推广到不发达的中西部地区去。我们可以把成熟产业中的理念和方法移植到新兴产业中,也可以把新兴产业中的新方法、新技术应用到传统产业中。

移植法的核心是人类的模仿本能,使用这一方法的关键是找出与策划对象相近似的移植对象,把移植对象的成功经验和方法移植到策划对象上。移植法又分为直接移植与间接移植两种,前者是简单的、几乎不做改进的移植;后者则是在借鉴移植对象经验的同时,结合实际情况进行再创造、再创新的过程,在策划创意活动中,更常采用后者。

采用移植法进行创意活动,不仅要挖掘移植对象和策划对象的共同点,寻找合适的移植对象,更要考虑到策划对象和移植对象的不同点,要考虑到现实条件的差异,避免"东施效颦"式的移植法。

【案例链接:构盾工程法的发明】

采用传统方法进行水下施工既费工时又费成本,许多工程师为找到新的施工方法冥思苦想,大伤脑筋。工程师布鲁内尔也没少费精力,但一直也没找到好的方法。有一天,当他观察到一只昆虫在挖橡树,小昆虫用嘴挖出树屑,立即用自身的硬壳挺进去形成一个"构盾",然后再继续深挖前进。他茅塞顿开,将木虫的方法移植到工程施工中,先设计一个钢柱打入水底,以此作为构盾,边掘进边延伸,在构盾的保护下进行施工,这就是著名的构盾施工法。构盾施工法是移植法应用的重大成果,现在这种施工方法已广泛运用在河底、地铁等施工现场。

2. 分解创意法。分解创意法是把整个商务策划活动分解成若干个步骤或相对独立的商务子过程,或把一个整体的商务内容分解成若干个内容,从而进行更加深入的创意思维活动。分解或细化是一种手段,其目的是为了便于创意和策划。当一项工作内容比较宏大,目标较多时,整体创意较难,可以将相应的目标和工作内容进行分解,逐项进行创新。如2008年北京奥运会的开幕式是一项大型的活动,涉及任务较多,如果不进行分解,整体创新策划就比较难。为了能找到好的创意,我们就要对该活动进行分解,如开幕前热舞策划、焰火策划、运动员入场策划、歌舞表演策划、点火策划等,然后对人员进行有效分工,分别负责不同的事情,从而使策划人员可以将思维聚焦到单一目标上,从而产生灵感,想出好的点子或方法来。

利用分解法进行策划创新时,要注意创新的协调性,即对整体事项进行分解后,要注意各项分目标要始终围绕整体目标展开;为实现分目标而找到的新点子和方法要有助于实现整体目标,而不是相反;各项创意之间要相互协调,而不是相互冲突。

【案例链接:策划师现场演示利用分解法进行创意活动】

2003 年秋,某地一位高级策划师现场讲授分解法,以当时最红的 F4 演唱组合即将来本地举办演唱会为策划对象,在该项目已经被多家广告赞助商分解承包买断的情况下,看看还有没有新的商机。策划师对整个演出活动和现场进行分解,层层剖析,最终还是找到了空白点:把给 F4 台上演出献花作为新的商机。然后对献花程序进行层层分解:谁愿意献花? 在什么时候献花? 怎样选拔献花者? 献花可得到什么样的展示机会? 怎样献花? ……由此策划出了一场"向 F4 献花少女选拔大赛"。该创意活动被演唱会的举办方所接受,结果不仅不少美少女报名非常踊跃,连当地企业也跃跃欲试,最终成为一个创收 20 多万元的演唱会亮点活动。该案例向我们充分展示了利用分解法进行创意活动的实效。

3. 组合创意法。组合创意法是指通过将不同性质的事物或功能进行搭配或联结,组合为一体,以产生新的创意的一种思维方法。它是通过一定的程序和方式,将若干分立要素奇妙地结合或重组,从而获得新的创意优势;或把似乎不相关的事物有机地合为一体,并产生新奇的效果。比如,在商业领域中常见的强强联合的情形,就是组合法的具体应用。

在使用组合法进行创意策划时,应注意以下问题:首先,要考虑不同要素之间能否进行有机的组合。在对不同要素进行组合时,我们必须认识到并不是所有要素都能实现有效的组合,生硬组合可能会产生相反的效果。比如,商业赞助的一个基本原则是,赞助对象要与本企业目标顾客具有一致性,这样才能有效提高宣传效果。其次,组合要实现倍增效应。组合不是几个要素之间的简单堆砌和拼凑,要对不同要素进行有机整合,实现 1 + 1 > 2 的倍增效果。例如,商业大片绝不仅仅是名导演、名演员、名编剧、明星发行公司的简单组合,一定是团队的高度整合和有机协调。最后,要考虑要素组合的成本控制。各种不同要素进行组合,尤其是强强联合式的组合法,其成本往往比较高,策划人员必须关注成本控制,防止成本高企令企业难以承担。

【案例链接:2009 年 8 月 8 日在"鸟巢"举行的意大利超级杯比赛】

2009 年 8 月 8 日是北京奥运会举办一周年纪念日,北京乃至全国各地都在陆续举行各式各样的纪念活动,"鸟巢"作为奥运会开幕式所在地自然备受人们关注。意大利的超级杯比赛也是国内球迷普遍关注的赛事之一,尤其是今年决赛又在国际米兰和拉奇奥这两支知名球队之间进行。如果既能参观"鸟巢",又能在现场观看意大利超级杯决赛,还能得到全国媒体的高度关注,岂不是一举多得。事实上,事后在"鸟巢"举行的意大利超级杯赛座无虚席证明了这是一次充满创意的商业策划活动。

4. 逆向思维创意法。逆向思维就是从正常思考路径的反面去寻求解决问题途径的一种创意思维方法。逆向思维法是求新思维的典型方法，是一种反常规的思维方法，即"反其道而行之"。该方法最大的特点在于思维进行的方向是逆向的，它改变了人们传统的固定思维方式，因此常常为人们看问题、想问题提供了一个新的角度，从而使许多看似不可能的事情变得可能。如商业领域内常见的"反潮流生产"、"反时尚设计"、"反季节销售"等都是逆向思维的具体表现。

在利用逆向思维进行创意活动时，需要注意以下问题：首先，要有逆向思维的习惯和意识。常规的思维方式对人们的影响是根深蒂固的，如果我们不能从常规思维路径下获得突破，我们就需要回过头来想一想。良好的逆向思维能力需要有意识地训练才能实现。其次，要掌握逆向思维的方式和途径。逆向思维的方式有许多种，既有直接反转型逆向，也有转换型逆向。直接反转型逆向是指从已有事物的相反方向出发，通过逆向思维来引导创意的构思和设计，而转换型逆向则是通过对原有求解思路的悖逆和转换，来寻找更合适的解决问题的方法。再次，也要避免"逢创新必逆向"的思维定式。逆向思维是求新思维的典型方法，但不是唯一方法，许多常规思维方法也能产生好的创意。另外，并不是所有的活动和项目都适合逆向思维，一味地逆向思维反而会使自己陷入新的思维定式。

【案例链接：怎么能把梳子卖给和尚】

一位已近暮年的商人为了在四个儿子中挑选出自己事业的继承人，决定做一个测试：让他们在一天的时间内向寺庙里的和尚们推销梳子。早晨，四个儿子身背梳子分头而去。不一会儿工夫老大便悻悻而归："这不是明摆着折腾人吗？和尚们根本就没有头发，谁买梳子？"中午，老二沮丧而回："我到处跟和尚讲我的梳子是如何如何的好，对头发护理是多么多么的重要，结果那些和尚都骂我是神经病，笑话他们没有头发，赶我走甚至要打我。这时候我看到一个小和尚头上生了很多癞子，很痒，正在那里用手抓。我灵机一动，劝他买把梳子挠痒，还真管用，结果就卖出了一把。"下午老三得意地回来："我想了很多办法，后来我到了一座高山上的寺庙里，我问和尚，这里是不是有很多人拜佛？和尚说是的，我又问他，如果礼佛的人头发被山风吹乱了，或者叩头时头发散乱了，于佛祖尊敬不尊敬？和尚说，当然不尊敬。我说你知道了又不提醒他，是不是一种罪过？他说当然是一种罪过。于是我建议他在每个佛像前摆一把梳子，香客来了梳完头再拜佛。一共12座佛像我便卖出去一打！"晚上，老四满身疲惫地归来，不仅所带梳子悉数卖光，还带回了与寺庙签署的厚厚订单以及与寺庙合资成立梳子厂的协议。看到大家惊诧不已，老四解释说："我找到当地香火最旺的寺庙，直接跟方丈讲，你想不想给寺庙增加收入？方丈说当然想啦。于是我就给他出主意说，在寺庙最显眼的位置贴上告示，只要给寺庙捐钱捐物就有礼物可拿。什么礼物呢，一把经过得道高僧开光并刻有寺名的功德梳。这个梳子有个特点，一定要在人多的地方梳头，这样就能梳去晦气梳来运气。于是很多人捐钱后就在人群中梳头,这又使得更多的人也照做模仿,这样所有的梳子都卖出去了还不够。"

5. 实证法。实证法就是用事实说话,用实际的、相关公众看得见、摸得着的功效来证实产品的优越性。在众多的策划创意方法中,实证法是最容易理解的,即通过实际展示,向策划的目标对象展示显著的、甚至戏剧性的效果。实证法以其能够让目标受众身临其境地感受产品或服务的方式,使相关人群获得最直观的感受。许多商务活动都是实证法的具体体现,如展览会的现场演示、新产品的新闻发布会、免费试用、汽车的试驾试乘活动、免费派送派发活动等。

在利用实证法进行创意活动时应注意的问题有:首先,要通过恰当的场合和渠道选择精准的目标受众,避免"对牛弹琴"。其次,避免"王婆卖瓜,自卖自夸"。实证法最好能有权威机构、第三方独立机构来对本企业的产品进行认证和说明,避免自吹自擂或雇托说事。最后,实证法要和其他的创意方法结合使用,并且避免小商小贩式的街头展示。在使用实证法时,要进行恰当的包装,制造适当的新闻和噱头,从而引起大家的兴趣,以获得更广泛的关注和认同。

【案例链接:涂料老总现场当众喝涂料】

2000年10月8日,《北京晚报》刊登通栏广告:10月10日上午在北京展览馆面前开展"真猫真狗喝涂料活动",以证明富亚公司的涂料是完全无毒的。广告一经刊登,便引起媒体和不少市民的广泛关注和非议,不少市民纷纷给相关部门打电话,要求制止这一危害动物的行为,动物保护协会的负责人号召会员去现场抗议,阻止这一行为。10月10日上午9点,展览馆面前悬挂起公司活动的横幅,富亚公司还特地请了北京市崇文区的2名公证员到场,实验用的一猫三狗也准备就绪。随着活动时间的临近,现场气氛变得紧张起来。动物保护协会和中国环境科学学会的不少会员情绪十分激动,现场秩序变得有些混乱。这时,富亚公司的总经理蒋和平出面,和相关人员进行协商,希望活动能圆满进行。最后,蒋和平宣布:考虑到大家情绪,决定不再让猫狗喝涂料,改为人喝涂料,由他亲自喝。现场变得鸦雀无声,蒋经理请上2名公证员,在公证员的监督下,当场打开一桶涂料,倒了半杯,又兑了点矿泉水,举在公众面前顿了顿,然后一饮而尽。涂料老总当场喝涂料的事件引起了极大的轰动,几天内有200多家媒体进行了报道和转载,连新华社都播发了700多字的通稿。富亚涂料也随着该事件一夜扬名。事后得知,该事件是公司相关部门刻意策划出来的,真猫真狗喝涂料只不过是一个噱头,其目的是引起人们的高度关注。

三、商务及公关活动策划技巧

(一)新闻发布会的策划技巧

1. 新闻发布会的定义。新闻发表会有狭义和广义之分,狭义的新闻发布会又称为记者招待会、信息发布会,它是政府、企业、社会团体或个人把各新闻机构的记者召集在一起,宣布某一重要消息,并就这一消息或相关专题回答记者提问的一种特殊的会议形式。从广义上来讲,特定媒体专访、以媒体为主要对象的聚会、宴请和答谢媒体的社交性酒会也可归入新闻发布会的范畴。本文所指的新闻发布会是指狭义的新闻发布会。随着公司对新闻传递时效性要求的提高,越来越多的公司趋向于召开新闻发布会传递信息。

2. 新闻发布会的策划与筹备。

(1)确定有无必要召开新闻发布会。企业召开新闻发布会要记住:非必要,不能随便召开。针对特定媒体发布的内容,只要将书面新闻稿和相关照片交给记者就可以了。如果记者对某一方面的细节感兴趣,可以安排私下通电话或会面。如果人数较多,可以考虑举办一个非正式的活动,比如下午茶。如果确定要召开,则需要确定新闻发布会的目标、形式、性质与规格,这些因素会对新闻发布会的后续筹备工作产生重要的影响。

(2)确定新闻发布会的主题与名称。发布会主题的确定标准是:主题要简洁。因为它将来会成为媒体报道的题目。主题要联系目标,让人一目了然。主题要有信息个性。信息个性是指表述新闻主题的信息要新颖独特。

(3)成立筹备小组。这方面的工作有:确定主管领导;抽调工作人员;对筹备工作进行分工;规划现场工作人员并培训;聘请公关公司提供支持。在新闻发布会现场上的工作人员有主持人、发言人、接待人员、摄影人员、录音人员、记录人员、展示人员、保安人员及突发事件处理人员、翻译人员等。

(4)确定合适的时间。新闻发布会时间的确定包括发布会的时机、发布会的具体日期、发布会的具体时间、发布会的持续时间等相关因素。其中时机非常重要,在时机选择上应考虑下列问题:利用或避开节假日;避免与社会重大活动事件、竞争对手特定时间的公关活动等相冲突。

(5)确定合适的地点与场所。在地点和场所选择上要考虑下列因素:地点本身对活动宣传所带来的影响、场所的整体档次与规格、到会的便利程度、场地的费用情况等。

(6)编制预算。新闻发布会的基本费用包括:租用场地的费用、设施的租借费用、记者邀请费、名人车马费、相关资料费用、现场的布置费用、礼品费用、后续活动的费用、项目人员的相关费用。

(7)筹备工作流程。新闻发布会所有的工作事项都要以清单的形式明确列出,明确每一事项的责任人和完成期限,安排专人负责各事项的完成情况。如果未能完成,要及时采取补救措施。

(8)拟定新闻发布会的议程表。新闻发表会的常规议程包括签到、主持人宣布会议开始、领导致辞、嘉宾发言、视频放映、产品展示、记者提问、会议结束、会后社交活动等。当然,公司也可以根据活动主题安排特定的议程活动。

（9）拟定并邀请参会人员。公司新闻发布会的参加人员一般有公司领导、政府官员、记者、知名学者、形象代言人和其他方面的社会名流等。其中记者的邀请是重中之重，事先要遴选合适的媒体，选择恰当的渠道和方法对记者进行邀请，要提前发出邀请函，在发布会召开前夕逐一对记者进行提醒。

（10）新闻稿件及相关资料的准备。在新闻发表会上通常要准备的资料有：发言人讲稿及介绍资料、会议背景资料及图片、新闻通稿及消息稿、会议流程表、与会人士背景资料、公司简介、组织图、说明书、简报资料、展示产品或模型、纪念品等。

（11）会议现场的布置。发布会现场布置也是筹备的一项重要内容，它涉及的工作有背景和主席台的布置、席位安排、现场设备和物品的排放与调试、接待处的设置等项工作。

3. 企业新闻发表会的筹备技巧及注意事项。

（1）一次发布会安排一个主题。发布会不能"一箭数雕"，目标越单一越好，那种将产品发布、与经销商联络感情、鼓励业务代表、教育消费者众多诉求结合在一起的发布会反而效果不好。

（2）借助公关公司的力量。一般的企业往往不具备单独召开新闻发布会的能力与资源，要想成功地召开新闻发布会，应当将部分业务外包给公关公司来专业运作，它们往往具有更丰富的经验和更广泛的社会网络资源。

（3）注意现场工作人员的举止礼仪。新闻发布会是企业展示其形象的良好契机，因此之前要对会议现场的工作人员进行举止礼仪的培训；选择合适的新闻主持人和发言人；必要时候可聘请礼仪小姐担任部分礼仪工作。

（4）谨慎会前沟通。为了增强信息传递效果，有些企业会在会前和部分媒体记者联系，设法要其在会上提相应的问题，这样便于企业在发布会现场较为系统地传递信息，但也有部分媒体记者对这种安排比较反感，因此会前沟通要谨慎。

（5）现场发言要口径一致。在回答记者问题时，主要发言人和其他发言人要口径一致，防止因口径不一而引起记者的猜疑和混乱。

（6）会议发言人要掌握发言的火候。不要以任何方式表现对记者的不满或不屑；遇到某些不能回答的技术性问题，可以请技术人员帮忙回答，不能简单地说不知道或不清楚；对于现场回答的问题，涉及商业机密的，要注意策略性回避，但有时坦率告知也不失为一种好的处理方法。

（二）签字仪式的策划与组织

1. 签字仪式的定义。签字仪式是指商务活动中的合作伙伴经过洽商或谈判，就彼此之间的商务合作、商品交易或某种争端达成协议或订立合同后，由各方代表正式在有关的协议或合同上签字的一种庄严而隆重的礼仪活动。

2. 签字仪式的筹备。

（1）准备待签文本。所有的资料性工作和谈判事宜都应该在签字仪式之前准备妥当;按照惯例,待签文本应当同时使用双方的母语;如有必要,应当为各方准备一份副本;约定出现分歧的时候,以哪方语言的表述为准;对待签的文本事先要装饰,以示庄重。

(2)确定现场参加人员。在现场有主签人、助签人和观礼人员三种类型,其中主签人员身份要提前确认,助签人通常由主人一方担任,观礼人员遵循对等原则予以安排。

(3)选择适宜的签字场所。签字场所的选择要视签字人员的规格、人数多少以及协议的内容而定。场所的选择无外乎宾馆、酒店、东道主的会客厅或洽谈室,有时也会选择在一些有特殊纪念意义的场所进行。

(4)布置签字厅。签字厅布置要遵循简洁、庄重的原则。标准的签字厅只需在铺满地毯的室内安排签字桌椅即可;签字桌为长方形,上铺深绿色的台呢;椅子要面门而放;签字桌上放上待签文本、签字笔和吸墨器,涉外签字仪式要悬挂国旗。

(5)安排签字座次。各方座次由主方代为安排;仪式现场遵循以右为尊的原则;助签人员要站在各自助签人外侧;观礼人员的座次遵循以中间为尊、以右为尊、以前排为尊的一般礼仪座次。

3. 签字仪式的基本程序。

(1)双方参加签字的人员进入签字厅,当主签人入座后,其他人员分主方、客方,按身份顺序排列于主签人之后。

(2)主签人先签己方文本,签完后交给外侧的助签人,助签人交换签字文本,然后交给各自的主签人在对方文本上签字。

(3)主签人在对方文本签字后,起立,亲自交换文本并握手祝贺。

(4)签字完毕后,工作人员给主签人上香槟酒,主签人碰杯以示庆贺。

(三)剪彩仪式的策划与组织

1. 剪彩仪式的概念。剪彩仪式是相关组织为庆贺公司成立、宾馆落成、商店开张、银行开业、大型建筑启用、道路或航线开通、展销会或展览会的开幕等而隆重举行的一项礼仪性活动。剪彩仪式也是各类社会组织经常组织的商务活动之一。

2. 剪彩要准备的道具。

(1)红色缎带,即剪彩仪式之中的"彩"。作为主角,它自然是万众瞩目之处。按照传统作法,它应当由一整匹未曾使用过的红色绸缎,在中间结成数朵花团做成。红色缎带上所结的花团数量是筹备人员需注意的一个细节,花团具体数目的确定有两种情形:一是花团的数目比剪彩者人数多一个;二是花团的数目较现场剪彩者的人数少一个。前者可使每位剪彩者总是处于两朵花团之间,较为正式;后者则可以将绸缎上所有的花团都剪掉。

(2)新剪刀,是专供剪彩者在剪彩仪式上剪彩使用的。剪刀数量必须保证人手一把;剪刀必须崭新、锋利而顺手,确保剪彩者可以"手起刀落",一举成功;剪彩仪式结束后剪刀要作为礼物送给剪彩者作为纪念。

(3)白色薄纱手套。在正式的剪彩仪式上,剪彩时最好每人戴上一副白色薄纱手套,以示郑重其事。在准备白色薄纱手套时,除了要确保其数量充足之外,还须使之大小适度、崭新平整、洁白无瑕。

(4)托盘。在剪彩仪式上托盘应当托在礼仪小姐手中,用以盛放红色缎带、剪刀、白色薄纱手套。在剪彩仪式上所使用的托盘,最好是崭新的、洁净的。它通常首选银色的不锈钢制品。为了正式,可在使用时铺上红色绒布或绸布。

(5)红色地毯,主要用于铺设在剪彩者正式剪彩时的站立之处。其长度可视剪彩人数的多寡而定,其宽度则不应在一米以下。有时在剪彩者上台剪彩所行经的线路上都要铺设红地毯。

3. 剪彩仪式的基本程序。

(1)请来宾就位。在剪彩仪式上,通常只为剪彩者、来宾和本单位的负责人安排坐席。在剪彩仪式开始时,即应敬请嘉宾在已排好顺序的座位上就座。

(2)宣布仪式正式开始。在主持人宣布仪式开始后,乐队应演奏音乐,现场可燃放鞭炮,全体到场者应热烈鼓掌。此后,主持人应向全体到场者介绍到场的重要来宾。

(3)奏国歌。此刻须全场起立;必要时,亦可随之演奏本单位标志性歌曲。

(4)安排简短发言。发言者依次应为东道主单位的代表、上级主管部门的代表、地方政府的代表、合作单位的代表,等等。其内容应言简意赅,每人不超过三分钟,重点分别为介绍、道谢与致贺。

(5)安排剪彩。此刻,全体应热烈鼓掌,必要时还可奏乐或燃放鞭炮。礼仪小姐应率先登场,将绸缎拉起,站到各自的位置上;剪彩者按照主次顺序依次在礼仪小姐的引导下登台;剪彩者行至既定位置之后,应向拉彩者、捧花者含笑致意,示意要其做好准备;多名剪彩者同时剪彩时,其他剪彩者应注意主剪者动作,与其主动协调一致,力争大家同时将红色缎带剪断;剪彩以后,红色花团应准确无误地落入托盘者手中的托盘里,而切勿使之坠地;剪彩成功后,剪彩者可以举起剪刀,面向全体到场者致意。然后放下剪刀、手套于托盘之内,举手鼓掌;然后剪彩者可依次与主人握手道喜,并列队在礼仪小姐的引导下退场。退场时,一般宜从右侧下台。

(四)开业仪式的策划与组织

1. 开业仪式的概念。开业仪式亦称作开业典礼,是指在单位创建、开业,项目完工、落成,某一建筑物正式启用,或某项工程正式开始之际,为了表示庆贺或纪念,而按照一定的程序所隆重举行的专门的仪式。开业仪式亦称作开业典礼。

2. 开业仪式的筹备工作。

(1)要做好舆论宣传工作。开业仪式的舆论宣传必不可少,这方面的工作有:选择有效的大众传播媒介,进行集中性的广告宣传;邀请媒体记者在仪式现场进行采访、报告。

(2)做好来宾邀请工作。开业仪式邀请的来宾通常有:地方领导、上级主管部门与地方职能管理部门的领导、合作公司与同行的高层管理者、社会团体的负责人、社会贤达、媒体人员。为慎重起见,用以邀请来宾的请柬应认真书写,装入精美的信封,并由专人提前送达对方,以便对方早作安排。

(3)做好场地布置工作。开业仪式多在开业现场举行,有些现场会比较脏乱,因此现场布置尤为重要。按惯例,举行开业仪式时宾主一律站立,故一般不布置主席台或坐椅。为显示隆重与敬客,可在来宾尤其是贵宾站立之处铺设红色地毯,并在场地四周悬挂横幅、标语、气球、彩带、宫灯。此外,还应当在醒目之处摆放来宾赠送的花篮、牌匾。来宾的签到簿、本单位的宣传材料、待客的饮料等。对于音响、照明设备、开业仪式所用的用具、设备,必须事先认真进行检查、调试,以防其在使用时出现差错。

(4)做好接待服务工作。开业仪式现场一定要安排专人负责来宾接待。除了要教育本单位的全体员工在来宾的面前要以主人翁的身份热情待客,有求必应,主动相助之外,更重要的是分工负责,各尽其职。在接待贵宾时,需由本单位主要负责人亲自出面。在接待其他来宾时,则可由本单位的礼仪小姐负责此事。须为来宾准备好专用的停车场、休息室,并应为其安排饮食。

(5)做好礼品馈赠工作。举行开业仪式可以赠送给来宾礼品,如果礼品选择得当,会产生良好的宣传效果。依常规向来宾赠送的礼品,应具有宣传性、荣誉性和独特性的特点。

(6)做好程序拟定工作。开业仪式在总体上由开场、过程、结局三大基本程序构成。开场包括以下程序:奏乐,邀请来宾就位,宣布仪式正式开始,介绍主要来宾。过程是开业仪式的核心内容,通常包括本单位负责人讲话,来宾代表致辞,启动某项开业标志等。结局则包括开业仪式结束后,宾主一同进行现场参观、联欢、座谈等。它是开业仪式必不可少的尾声。虽然开业仪式程序性较强,但这并不妨碍企业根据自己开业仪式的特点安排有创意的活动环节,从而提高开业仪式的效果。

3. 开业仪式的类型及特色活动。开业仪式是一个统称,在不同的场合,它往往会有特定的称呼,常见的开业仪式有开幕仪式、开工仪式、奠基仪式、破土仪式、竣工仪式、下水仪式、通车仪式、通航仪式等。它们的共性,都是要以热烈而隆重的仪式,来为本单位的发展创造一个良好的开端。它们的个性,则表现在仪式的具体运作上存在差异,需要差别对待。下面是在商务活动中常见的开业仪式。

(1)开幕(揭幕)仪式是最常见的开业仪式,它的特色活动是邀请专人拉幕或揭幕。其具体做法是:揭幕人行至彩幕前,礼仪小姐双手将开启彩幕的彩索递交对方;揭幕人随之目视彩幕,双手拉启彩索,令其展开彩幕;全场目视彩幕;鼓掌并奏乐。

（2）开工仪式，是诸如工厂准备正式开始生产产品、矿山准备正式开采时，专门举行的庆祝性、纪念性活动。开工仪式的主要活动是开动机器或电闸。其具体做法是：邀请本单位职工代表或来宾代表来到机器开关或电闸旁，启动机器或合上电闸；全体人员此刻应鼓掌致贺并奏乐；全体职工各就各位，上岗进行操作。

（3）奠基仪式，通常是一些重要的建筑物，如大厦、场馆、亭台、楼阁、园林、纪念碑等，在动工修建之初正式举行的庆贺性活动。奠基仪式的主要活动是为奠基石培土。其具体做法是：由奠基人双手持握系有红绸的新锹为奠基石培土。随后，再由主人与其他嘉宾依次为之培土，直至将其埋没为止。

（4）破土仪式，亦称破土动工，是指在道路、河道、水库、桥梁、电站、厂房、机场、码头、车站等正式开工之际专门举行的礼仪性活动。破土仪式的主要活动是垦土活动。其具体做法是：首先，众人环绕于破土之处，肃立并且目视破土者，以示尊重；其次，破土者须双手执系有红绸的新锹垦土三次，以示良好的开端；最后，全体在场者一道鼓掌，并演奏喜庆音乐，或燃放鞭炮。

（5）竣工仪式，又称落成仪式或建成仪式，是指本单位所属的某一建筑物或某项设施建设、安装工作完成之后或者是某一纪念性、标志性建筑物（纪念碑、纪念塔、纪念堂、纪念像、纪念雕塑）建成之后专门举行的庆贺性活动。其主要活动是安排剪彩、揭幕或行注目礼。

（6）下水仪式，是指在新船建成下水时专门举行的礼仪性活动。下水仪式的主要活动是行掷瓶礼。其具体做法是：身着礼服的特邀嘉宾双手持一瓶正宗的香槟酒，用力将瓶身向新船的船头投掷，使瓶破之后酒香四溢，酒沫飞溅。在嘉宾掷瓶后，全体到场者须面向新船行注目礼，并随即热烈鼓掌。

（7）通车仪式，是在重要的交通工程完工并验收合格后式举行的启用仪式。其主要做法是剪彩和试通车。试通车是指在剪彩仪式完成之后，安排一辆精心装饰的车辆在新修的道路、桥梁或隧道里开行，并且一般会邀请嘉宾一同乘坐。

（8）通航仪式又称首航仪式，是指飞机或轮船在正式开通某一条新航线之际正式举行的庆祝性活动。其具体活动和通车仪式相似，但飞机的首航仪式往往会在降落地安排喷水仪式以示祝贺。

（五）公司年会的策划与组织

公司年会是企业常规的庆典活动，它通常和企业的年终总结、安排工作计划、绩效考核与奖励、公司内部人事变动、内部沟通与交流甚至员工培训等职能性工作活动联系在一起。公司年会对于员工情感沟通与激励、组织凝聚力的提升都有重要意义。

1. 公司年会的策划与组织。

（1）成立公司年会小组。公司年会通常会由一个委员会来负责，主要是为了更好地协调各部门的事务及更有效地调配公司的各种资源来为年会服务。一般年会的委员会成员是各个部门领导指派本部门的活跃分子参加。委员会负责整个年会的前期策划和后期执行。委员会会在初期推选一名总负责人,组织并安排所有人员的工作内容和进行时间管理。

(2)选定主题。虽然年会可实现多项管理职能,但从增强年会的效果角度来讲,每年年会都应有一个鲜明的主题,以一项活动为主,尽量避免将所有年终事项都装在年会里进行。年会的主题应当醒目又精练地表达出当次年会的主要方向。拟定出色的主题,首先需要对企业的市场情况、品牌情况以及活动目的进行充分的了解,特别是企业想通过此次年会传递的信息。其次,还需注意拟定的活动主题应与企业品牌定位吻合。依据选定好的主题,背景板、会场布置、环节设计、活动安排就都可以围绕主题去展开。

(3)确定年会时间。年会是一个公司的活动,可以把各个部门的人员聚集在一起,时间的选定是非常重要的。

(4)确定年会场地。场地选择一定要合理,主要参照值是参加年会的人数及环节设置的需要。同样是100人参加的年会,如果在环节上没有复杂的表演及活动安排,可以容纳10桌并带有一个小型舞台的宴会厅或餐厅就可以;如果在环节上需要有表演、颁奖及特邀嘉宾发言等一些复杂的环节,现场对舞台及灯光音响等的要求就会相对复杂,那么所需要的场地就要更大。

(5)核算费用。年会小组需要编制一个年会预算,其主要支出有:往返路费、场地及设备租赁费、餐费、住宿费、娱乐费用、礼品费用以及根据不同年会主题而额外支出的费用。年会小组在做预算时,要实地咨询和调研,保证费用的真实性,同时考虑到年会的性质和功能,在预算上要适当宽松一些,避免因捉襟见肘而影响年会气氛。

(6)发年会通知。在确认年会时间、场所和主题后,年会小组就要准备年会通知了。年会通知通常包括年会的时间、场所、主题及主要活动,筹委会的选拔与组织以及需要各部门事先准备的工作事项和节目安排等。

(7)设计年会活动环节。公司年会的必有项目是领导致辞、年度各种优秀奖颁奖、员工才艺表演、抽奖、互动游戏等。这些都需要年会小组精心准备,文艺演出节目可以指定部门演出节目的数量,也可适当邀请专业演员;对于互动游戏,年会小组可提前进行准备,但内容要尽量保密,以保证游戏的现场参与性和新奇性。有时公司也会因为某些原因特别邀请一些知名的嘉宾来参加。在这个基础上,如何将年会活动做得出彩,创意就很关键。

(8)准备年会礼品。礼品是年会必不可少的,准备年会礼品,年会小组可通过问卷调查的方式来了解员工的需求;正式礼品依照员工绩效、抽奖等活动规则进行发放;为了让员工们都能感受到收获礼品的喜悦,企业应为每位员工准备一份小礼品。

2. 成功年会的技巧。

(1)外包给专业策划公司。现在社会上有许多专门的年会策划公司,它们有着丰富的年会策划经验,也具有广泛的社会网络资源。企业在资金允许的情况下,完全可以将年会的主要事项委托给年会策划公司来运作。

(2)活动场地选择要有创意。一般年会会选在酒店宴会厅进行,如果公司希望活动进行得独特,场地的选择上就应相对独特,如特色酒吧、户外场所,如果资金允许,选择在风景好、温度适宜的海边,感觉会更放松一些。

(3)环节设计要追求创新。除了常规的活动设计外,公司还应根据主题对活动内容进行创新,如背景板的设计、演讲形式、视频短片的制造、热点事件的体现、新的游戏活动和游戏规则、奖品的发放方式等。总之,创新的环节设计将会使年会活动耳目一新。

(4)充分听取员工的意见与建议。公司年会中员工是主角,因此在年会的筹划与组织中,要充分听取员工的建议,活动安排尽量满足员工的意愿和要求,这样年会才会获得员工的认同。

(六)促销策划技巧

1. 促销的概念。促销是促进营销、销售的简称。促销有广义和狭义之分,广义的促销是指企业通过产品、价格、分销策略、广告、公共关系、人员推销、销售促进等一系列工具的运用,达到增加销售的目的。狭义的促销指销售促进(sales promotion,SP),国内也翻译成销售推广。我们一般说的促销策划是指广义上的促销,它包括广告、公共关系、人员推销和销售促进等要素。

2. 促销策略的类型。

(1)广告是指通过一定媒介向广大顾客传递信息的有效方法。广告的具体形式很多,只要是利用大众传播媒体来传播产品和服务信息并刺激顾客购买,都可以看作是广告。常见的广告形式有杂志广告、报纸广告、电台广告、电视广告、网络广告、手机广告、户外广告等。

(2)公共关系是指公司企业为了改善生存环境,提高公众形象,协调与相关公众的关系,通过大众媒体进行的一系列沟通、交流、协调和传播活动。公关也是现代企业进行促销的有效方法,常见的公关活动有:密切和媒体关系,获得免费新闻宣传的机会;开展企业联谊活动,加强企业与相关群体的关系;游说立法机构和行政当局,制定对己有利的法律和政策;进行商业性赞助活动,提高公司知名度;安排公益性赞助,美化自身形象;安排特别活动,增强和顾客的关系等。

(3)人员推销是指企业通过派出销售人员,与一个或一个以上可能成为购买者的人交际,作口头陈述,以推销产品、促进和扩大销售。人员推销的形式也有许多,常见的有:营业网点、柜台推销,展览、演示推销,服务推销,样品推销,会议推销,电话推销,上门推销等。

(4)销售促进,是指企业运用各种短期诱因,鼓励购买或销售产品的促销活动。销售促进根据促进的对象不同,可分为四类:①向消费者推广的方式,如赠送样品、赠送代价券、包装兑换、有奖销售、会员制等;②向中间商推广的方式,如购买折扣、资助经销商、经销商奖励等;③向企业用户推广方式,如展销会、现场演示、订货会或业务会等;④向销售人员推广的方式,如销售红利、销售回扣、职位提拔等。

(5)直接营销,也叫直复营销,是指利用先进的通信技术设备和方法,使消费者不出家门就可以完成采购的促销方式,常见的有购货目录、邮购订单、电话营销、直复广告、网络销售等。

3. 促销策划的流程。

(1)促销调查。促销调查是指对营销企业促销活动的有关资料进行收集和整理,分析企业促销的外部环境和内部状况,其目的是为企业的促销决策提供依据。促销调查一般遵循准备阶段、制订计划阶段、正式执行阶段、结果处理阶段、补充调查阶段、形成促销调研报告等步骤。调查的具体方法有观察法、小组座谈法、问卷调查法和实验法等多种方法。

(2)确定促销目标。企业完成促销调查后,要根据调查结果,结合企业产品的生命周期和产品的市场竞争状况合理设置促销目标,常见的促销目标有市场份额的增长率、产品的顾客接受程度、销售额的增长率等。另外,企业也可以针对不同的销售对象确定不同的促销目标。

(3)选择促销工具组合与方法。根据促销目标,确定广告、公共关系、销售促进、人员推销、直接营销等几种促销工具在整体促销活动中的重要性、优先次序和资金分配。然后将促销目标转换成各项具体的促销任务。

(4)促销活动策划。进一步明确促销范围、促销时机、激励规模、参与条件、促销媒介、促销持续时间等促销活动要素,分别制定广告策划、公关策划、销售促进策划、人员推销策划的细化方案,并制订各项促销活动的预算计划。

(5)撰写促销策划书。促销策划书是促销计划的书面文本,具体内容见促销计划书的写作部分。

(6)促销计划的实施与控制。促销活动,三分策划七分实施,促销活动执行非常重要。每项促销活动应该确定实施和控制方案,实施计划必须覆盖事先准备、实施阶段和后期延续阶段工作。

(7)促销效果评估。在促销策划方案实施之后,公司还要对方案的实施效果进行评估。评估的对象是实施促销方案之后实际产生的业绩效果。评估方法可以有客观评估法和主观评估法两种。

(七)广告策划技巧

1. 广告策划的概念。

广告策划是策划人员根据企业的营销策略和广告目标,以企业形象、产品、消费者为宣传对象,制订有效的广告计划方案的决策过程。

2. 广告策划的主要类型。

(1)广告定位策划。它是指通过广告在消费者的心中为企业、产品、服务或品牌确立一个确定的位置。恰当的广告定位可以赋予产品以竞争对手不具备的优势,能够有利于商品识别,帮助产品占据一个有利的地位,并能够有效说服消费者购买。广告定位的一般方法有竞争定位、实体定位和观念定位。

(2)广告创意策划。它是指策划人员在对市场、产品和广告对象充分了解的基础上,紧紧围绕广告主题,运用联想、直觉、移植等创造性活动来传递广告信息的思维过程。创意策划是广告策划的一项核心内容,其核心是如何以最富有吸引力的方式向广告对象呈现信息,以引起其注意和兴趣。广告创意策划的方法有集体思考法、垂直思考法和水平思考法。

(3)广告媒体策划。它是指选择恰当的媒体、在恰当的时间、以恰当的播出频率向广告对象展示广告创意和主题,从而更好地实现广告目标。媒体是广告取得成功的有力武器,要想取得最终广告传播效果的成功,必须对媒体的使用进行精心的策划。广告媒体策划包括广告媒体的选择策略、广告媒体的组合策略、广告发布时机策略、广告排期策略等方面。

3. 广告策划的主要内容。主要包括:

(1)确定广告目标。广告目标是指企业广告活动所要达到的目的,它是由企业的营销目标所决定的。广告目标规定着广告活动的方向,也是衡量广告传播效果的一个重要依据。

(2)明确广告对象。广告对象又称为目标受众,是广告信息的传播对象。确定完广告对象后,还要详细分析其主要特征,为下一步的广告策略提供依据。

(3)提炼广告主题。广告主题是广告的中心思想和灵魂,它统率广告作品的创意、文案和形象等要素。广告主题由广告目标、信息个性和消费心理三要素构成,其中广告目标是广告主题的出发点,信息个性是广告主题的基础和依据,广告目标和信息个性还要考虑消费心理。

(4)制定广告战略。广告战略包括广告表现战略和广告媒体战略,前者是指采用何种广告形式和内容表达广告主题;广告媒体战略是对媒体的选择战略,包括对广告发布的具体时间、频率、时段选择和空间分布等进行确定。

(5)编制广告预算。广告预算是指在广告活动种应该花费多少费用以及如何分配费用的具体安排计划。

(6)进行广告效果评估,这是广告策划的最后环节和内容。通过广告效果评估,可以判定广告活动的传播效果,为下次广告活动提供依据。

四、商务及公关活动策划书

策划书又称为策划案或策划文案,是对策划创意与策划行动方案的书面表达形式,是策划人员智慧与创意的物质载体,也是策划活动具体实施的文本依据。因此,策划书就如同电视剧的剧本,它既清楚地展示了编剧对故事的构思,又是演员们表演的蓝本。策划人员不仅要开发和锻炼思维能力和思维方式,不断地发现、寻找好的创意,从而使策划方案生动、新颖,还要擅长撰写策划方案,使策划思路能够以书面形式完整、清晰地呈现出来,二者缺一不可。

（一）策划书的结构与类型

1. 商务策划书的构成要素。策划书的构成因策划主体、策划内容、策划目的、策划对象以及阅读对象的不同而呈现多样化。一般来讲,一份较为完整的策划书应包括以下构成要素:①What,通常体现为策划的目的、主题、方式等。②Who,策划的主体及具体实施人员。③Where,策划的实施地区和场所。④When,策划的实施时间,包括开始时间、结束时间和中间流程安排等。⑤Why,策划的原因及现状分析、假设及前提条件、可行性分析等。⑥How,策划的实施及效果评估。⑦How much,实施策划方案的预算。

2. 商务策划书的一般结构。一份完整的商务策划书一般应包括以下几个部分:

（1）封面。它包括策划书的名称、策划主体、策划的日期和编号,它犹如人的脸,要求清楚、完整。

（2）摘要。其对策划书内容进行高度概括和说明,要求能够用数百字向阅读者说明策划的必要性、可行性、主要内容、实施步骤以及实施流程等内容,其目的是让阅读者在短时间内对策划书有一个整体性的了解。

（3）目录。它是按照策划书的内容顺序呈现策划书的主要结构,其目的是方便阅读者了解策划书的基本思路和整体结构。

（4）主体内容。这是策划书的具体内容,详细描述策划的全部过程和实施步骤等,它是策划书最重要的部分,也是策划书的核心。

（5）预算。它要求分门别类或以列表的形式清楚地陈列出活动所需经费。它通常是管理者和决策者审批策划书的一个重点。

（6）实施进度表。它通常以表格的形式清楚地列明策划活动起止时间及全过程,明确工作阶段、工作任务、工作方式及注意事项等内容。它是检查活动筹备是否按计划进行的重要依据。

（7）管理网络图和员工分工图。它明确何人担任什么职务,负责何事,出现问题应该由谁解决等问题。

（8）活动所需物品及场所。它明确在何时何地提供何种形式的协助,需安排什么样的布置等问题。

（9）预测与评估。它是对策划内容实施后的经济效益以及可能产生的其他社会效益进行的分析和评估。

当然，策划书的类型有许多种，内容结构也不完全相同，并不是所有的策划书都需要上述内容。策划人员在撰写策划书时，要依据策划书的内容、策划目的及阅读对象等因素选择合适的结构。

3. 商务策划书的类型。商务策划案的形式和类型也呈现多元化，概括地来讲，常见的商务策划案有以下几种：

（1）企业战略策划书，这是企业的宏观决策方案的策划书，主要解决企业发展方向、发展阶段以及发展目标等方面的问题。

（2）企业融（投）资策划书，又称为商业计划书，是创业者或企业为了实现未来增长战略所编制的发展计划。创业者或企业编制商业计划书的常见目的是为某项目争取资金。

（3）企业管理（如组织结构、人力资源、薪酬设计、绩效考核、业务流程、企业重组）策划书，通常也称为某方面的管理咨询报告，是针对企业经营管理中的某一方面进行分析，发现问题并提出相应解决对策的策划书，它属于企业管理微观层面上的策划书。

（4）企业形象策划书，又称为 CIS 策划书，企业形象识别系统的策划书，主要是对企业的理念标识、视觉标识、行为标识进行清晰而形象的设计，从而提升企业形象的传播效果。

（5）企业文化策划书，它是对企业的核心价值观和经营理念、企业管理制度、企业及员工行为以及物质层面的文化展示进行提炼、设计或重新导入，从而规范、完善企业文化的策划案。

（6）营销策划书（案），是企业为某一产品、服务、产品线或品牌实现一定的市场目标而做出的全盘营销计划。它又可以细分为营销战略策划书、品牌策划书、广告策划书、促销策划书等。

（7）公关活动策划书，它是企业为获得良好的企业、品牌和产品形象而进行的各种商业或公关活动的策划案，通常包括商业及公益性赞助书、娱乐及联谊类活动策划书、纪念及庆典类活动策划书、社会性及专业性活动策划书、商业活动策划书等。

（二）常见商务策划书的结构

1. 公关活动策划书。公关活动策划可分为综合性公关活动和单一型公关活动，前者是系列活动，即围绕一个主题所举行的、由多项活动组成的、时间跨度较长的系列活动，如某企业成立 30 周年的系列庆典活动；后者则是为实现企业某种公关目标而举行的单一型公关活动，如企业沙龙、新闻发布会、展览会、庆祝酒会、小型的纪念活动或庆祝活动等。通常来说，前者的策划更为复杂和综合，常常需要撰写策划书，用于事先讨论或审批。我们以前者为例，介绍公关活动策划书的结构。大型公关活动策划书的内容结构通常包括：

（1）序言。介绍该公关活动的背景、意义和必要性。

（2）活动的地点和环境选择。为实现组织公关目标，应对具体的活动场所及周边环境进行合理选择和安排。

（4）活动时间。包括活动的时机选择、起止时间、各单项活动的时间安排等。

（5）活动的参加对象。列出参加活动的对象类型、拟邀请的重要嘉宾名单，以及邀请这些嘉宾的渠道和途径等。

（6）主要活动。列出系列活动所包括的各项具体活动的内容。

（7）筹备工作安排。包括成立筹备小组、筹备任务的分工与落实、筹备工作流程的制定、器材与设备的准备等。

（8）广告及促销配合方式。在公关活动期间，应安排相应的广告及促销活动配合公关活动。

（9）活动预算及效益评估。包括整体预算费用、分项预算构成、资金来源、资金使用、效益评估等内容。

（10）活动效果评估及展望。制定活动效果评估方法及工作安排，对活动后整体公关形象进行预测。

（11）安全措施及意外事件的应对方案。这包括重要嘉宾的安全保卫工作，主要活动现场的安全及秩序控制，设备安全、交通及车辆管理、消防安全、食品卫生、医疗保障、保险计划、应急方案及人员分工等。

2. 营销策划书。营销策划书或策划案是商务领域最常见的策划文案，它是企业对某项产品全盘营销计划的完整陈述。从内容结构上来讲，营销策划书应包括如下部分：

（1）摘要部分。该部分主要介绍该策划项目的背景资料、策划团队、策划书的主要内容，重点指出该策划书的核心内容和特色，要求简明扼要。

（2）环境分析，包括宏观环境分析（如政治、经济、文化习俗、技术和自然条件等环境）和微观环境分析（包括行业竞争状况、主要竞争对手的实力及其竞争策略等），其目的是为了充分了解该营销策划项目所面临的现状，为随后的 SWOT 分析奠定基础。

（3）SWOT 分析，在外部环境分析的基础上，要分别评估企业内部（尤其是在该营销项目上）的优势、劣势以及外部环境的机会和威胁。通过该部分分析，策划者可以充分了解该策划项目的内外部条件。

（4）市场选择与定位。该部分涉及行业市场细分、目标市场选择和产品定位，主要是为了确定该产品在哪一个细分市场上竞争，和谁竞争，该细分市场有什么特征以及为满足市场需要产品应具备什么特征等问题。

（5）营销战略与目标。该部分包括基本的竞争战略、市场地位战略、产品生命周期战略和发展战略等一系列战略性、宏观性的营销问题。

(6)营销策略。该部分是指为了实现上述的基本营销战略与目标而实施的具体的策划与措施。一般从产品、价格、促销和渠道(4P)来分别提出相应的营销策略。

(7)组织与实施计划。在制定了营销战略和策略后,在策划书中还需要明确该策划书如何实施,包括销售队伍的规模与组织结构、销售人员的管理、营销策划的进度表、各项任务的负责人、阶段性的任务指标等。

(8)费用预算。详细列出在营销策略中各项目的具体花费情况,并严格予以管理。

(9)制定预案措施。营销活动面临很大的环境不确定性,如市场风险、竞争风险、政策风险、资金风险等,因此需要对这些不确定性和风险进行预测并提出相应的应变措施。

3. 促销策划书。促销策划书是企业促销策略或计划的文案形式。正如营销策划书中所提,企业通常会从产品、价格、促销、渠道等 4 个方面涉及营销策略。在完成整体营销方案的策划后,要接着对各个方面的营销策略进行细化。促销策划书就是营销方案在促销方面的细化和展开。一般来讲,促销策划书应包括以下内容:

(1)市场调研分析,包括整体市场概括、促销调研报告、市场预测与建议等,其目的是为了说明促销的必要性与意义。

(2)促销目标。促销目标包括市场目标、财务目标等多个方面,有时还需要对整体目标进行分解和细化,提出各项具体目标。促销目标的确立和分解是衡量促销效果的重要指标。

(3)促销提案。包括促销的各项细则,如促销主题、促销时机和持续时间、促销地点、促销产品、促销方法、促销媒介和活动方式等;此外,还包括促销的活动详细说明,即如何具体安排各项促销活动。

(4)广告配合方式。即在促销活动的同时,应采取何种广告宣传策略来配合促销活动。

(5)公关宣传配合方式。即在促销活动的同时,应选择何种公关活动配合促销活动。

(6)促销预算。确定促销的各项总费用和各项分类费用,包括管理费用、促销费用、附加利益费用等;同时还应确定资金费用的来源,以及资金的使用管理办法等。

(7)促销效果评估。制定促销进程中和促销结束后效果评估方法及措施。

4. 广告策划书。广告策划书是营销中广告策划的文本化,是营销策略在广告方面的细化和展开。广告策划书通常应包括如下内容:

(1)摘要或前言。该部分用来说明该广告策划项目的由来、目的、经历时间及基本内容。

(2)市场分析。该部分通常包括市场环境分析、企业经营状况分析、产品分析和消费者分析。如果该广告策划书是整个营销策划书的附件,该部分可以略写。

(3)广告受众。具体说明目标消费者的基本状况,如年龄、性别、职业、收入、文化程度等,分析其需求和心理特征。

(4)广告地区。要根据产品定位和市场目标,确定广告宣传所覆盖的城市和地区。

(5)广告预算费用及分配。要详细列出媒体的选用情况、所需的费用、每次播出的价格等。

(6)具体的广告策略。该部分是广告策划书的核心内容,主要内容有:①目标策略,其介绍广告的目标及阶段性广告任务;②产品定位策略,如产品定位的依据及优劣,产品定位的表述;③广告诉求策略,如诉求对象、诉求重点、诉求信息和诉求方法等;④广告表现策略,包括广告主题表述、文案表述、各种媒体的表现、规格及制作要求;⑤广告媒体策略,包括媒体的地域、媒体的类型、媒体的组合策略、广告的发布时机与频率等。

(7)配套措施和策略。这是指在广告播出同时,应采取何种公共关系活动及促销活动配合广告活动的实施。

(8)广告效果评估。制定广告中、广告后的效果评估方法和措施,以检验广告发布的效果。

第二节 商务及公关活动策划实训内容及要求

一、实训任务

(一)本单元的实训流程

本单元的实训流程见图6-1:

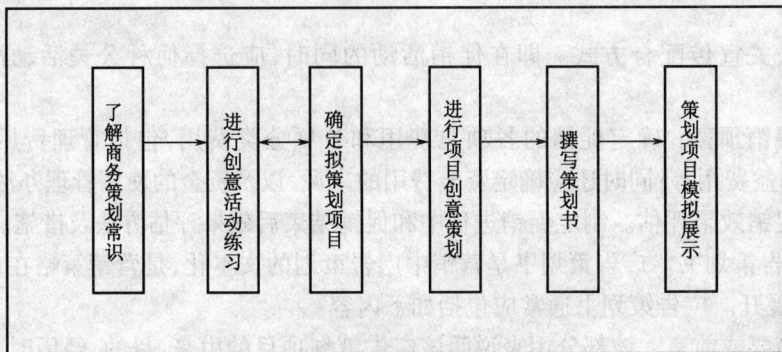

了解商务策划常识 → 进行创意活动练习 ↔ 确定拟策划项目 → 进行项目创意策划 → 撰写策划书 → 策划项目模拟展示

图6-1

(二)实训步骤

1. 了解商务策划的概念、特征、程序与步骤等常识。

【实训提示】

(1)策划是一种创造性的智力活动,是针对未来的构想、谋划、计划、决策和实施方案,在本质上是人运用脑力的理性行为。商务策划则是指在商业活动领域内所进行的创造性智力活动或思维活动,它不是简单的照搬照抄,其中蕴涵着新的创意。

(2)商务策划具有一定的虚构性、相对的新颖性、相对的超前性和可操作性等特征。一方面商务策划要从实际出发,不能超越现有的物质条件,好高骛远;另一方面,商务策划又必须超越现实,具有一定的想象力,这样才能具有创意,才能改善现状。

(3)商务策划和许多管理活动一样,从程序上来讲,分为制订策划目标、制订策划方案、选择策划方案并实施策划方案等一般性工作步骤。但商务策划又不同于一般性的管理活动,它要求在每一个环节都充分发挥想象力,创造性地开展工作,体现出特色和个性。

【实训要求】

(1)掌握商务策划的基本概念,知晓其内涵;

(2)以思维导图的形式展示各小组的学习成果;

(3)项目策划要符合商务策划的基本特征,遵循商务策划的一般程序。

2. 进行创意活动练习。

【实训提示】

(1)创意应当是一种创造新事物、新形象的思维方式和行为,是进行创造性思维的过程。从某种意义上说,创意是策划的核心或灵魂,创意为策划方案提供好的点子与想法,创意使策划活动更具独特性与创新性。离开了创意,策划活动就失去新意,变成了简单的工作计划。

(2)创意是创造性活动的过程,但创意并不神秘,创意常常来自于日常生活、大胆的想象、个人的兴趣和平时的积累。因此,商务策划人员在平时要善于观察生活,培养良好的兴趣爱好,勤于思考和注重素材的积累,这样才能在策划活动中灵光常现,产生出好的创意。

(3)在商务策划中常见的创意方法有:移植创意法,分解创意法,组合创意法,逆向思维法和实证法。

【实训要求】

(1)结合案例认真学习、掌握各项创意方法;

(2)通过网络等渠道寻找商务策划成功案例,分析其使用的创意方法;

(3)各小组设置一个商务策划环境,利用上述创意方法,进行创意策划。

3. 确定拟策划的项目。

【实训提示】

(1)根据模拟公司的运作情况,结合模拟的产品、服务的市场竞争状况确定公司需要策划、实施的商务及公关活动。

（2）模拟的项目不宜太多，以 1~2 项为易，最多不要超过 3 项。当然，也可以安排一个系列活动，在一个主题下策划多项具体活动。

（3）拟策划的项目要以模拟企业的实际需求为依据，可以不拘泥于本章介绍的商务及公关活动项目。

（4）所确立的拟策划项目要充分考虑到策划的难度和模拟操作的可行性，避免大而空的策划项目。

【实训要求】

（1）各小组都要记录成员讨论过程，向实训老师展示确立拟策划项目的过程。

（2）以书面形式明确要策划的商务及公关项目，并阐述其必要性和意义。

4. 进行项目创意策划。

【实训提示】

企业在经营、管理活动实践中，常见的商务及公关活动项目有：

（1）新闻发布会，是指政府、企业、社会团体或个人把新闻机构的记者召集在一起，宣布某一重要消息，并就这一消息或相关专题回答记者提问的一种特殊的会议形式。新闻发布会需要做的策划与筹备工作有：确定有无必要召开新闻发布会；确定新闻发布会的主题与名称；成立筹备小组；确定合适的时间；确定合适的地点与场所；编制预算；筹备工作流程；拟定新闻发布会的议程表；拟定并邀请参会人员；新闻稿件及相关资料的准备；会议现场的布置。

（2）签字仪式，是指商务活动中的合作伙伴经过洽商或谈判，就彼此之间的商务合作、商品交易或某种争端达成协议或订立合同后，由各方代表正式在有关的协议或合同上签字的一种庄严而隆重的礼仪性活动。签字仪式的策划与筹备工作有：准备待签文本；确定现场参加人员；选择适宜的签字场所；布置签字厅；安排好签字座次。

（3）剪彩仪式是相关组织为庆贺公司成立、企业开工、宾馆落成、商店开张、银行开业、大型建筑启用、道路或航线开通、展销会或展览会的开幕等而隆重举行的一项礼仪性活动。剪彩仪式也是各类社会机构经常组织的商务活动之一。在剪彩仪式开始前，要准备好的各类剪彩道具有红色缎带、新剪刀、白色薄纱手套、托盘、红色地毯等。另外，在剪彩之前的策划与筹备工作还有：事先确定剪彩人；安排剪彩的系列活动内容；对剪彩现场进行布置；做好剪彩人员的接待和招待工作；做好剪彩活动的新闻宣传工作等。

（4）开业仪式，是指在单位创建、开业，项目完工、落成，某一建筑物正式启用，或某项工程正式开始之际，为了表示庆贺或纪念，按照一定的程序所隆重举行的专门仪式。开业仪式的策划与筹备工作有：做好舆论宣传工作；做好来宾邀请工作；做好场地布置工作；做好接待服务工作；做好礼品馈赠工作；做好程序拟定工作。另外，开业仪式是一个统称,在不同的场合,它往往会有特定的称呼,常见的开业仪式有开幕仪式、开工仪式、奠基仪式、破土仪式、竣工仪式、下水仪式、通车仪式、通航仪式等,除了例行性程序活动外,每种具体的开业仪式其核心活动还有所区别。在项目策划时,还需要特别注意每种开业仪式的特色活动。

(5)公司年会,是企业常规的庆典活动,它通常和企业的年终总结、工作计划安排、绩效考核与奖励、公司内部人事变动、内部沟通与交流甚至员工培训等职能性工作活动联系在一起。公司年会的策划与筹备工作有:成立公司年会小组;选定主题;确定年会时间;确定年会场地;核算费用;发年会通知;设计年会活动环节;准备年会礼品等。另外,年会活动策划与筹备还有一些专门的技巧,在项目策划时要尽量加以运用。

(6)促销活动,指企业通过产品、价格、分销策略、广告、公共关系、人员推销、销售促进等一系列工具的运用,达到增加销售的目的。促销活动策划是企业最常见的商务策划活动,其主要类型有广告策略、公关策划、人员推销策划、销售促进策划、直复营销策划等。

(7)广告策划是策划人员根据企业的营销策略和广告目标,以企业形象、产品、消费者为宣传对象,制订有效的广告计划方案的决策过程。广告策划的主要类型有:广告定位策划、广告创意策划、广告媒体策划。

除了上述七种常见的商务及公关活动,企业还可以根据模拟企业的需要,进行其他的创意策划活动,相应的策划技能和技巧可以查阅相关的参考资料。

【实训要求】

(1)记录小组创意策划活动过程;

(2)以书面形式介绍策划项目的创意和特色,并分析其使用的创意方法;

(3)形成各项策划与筹备工作的项目清单。

5. 撰写策划书。

【实训提示】

(1)策划书又称为策划案或策划文案,是对策划创意与策划行动方案的书面表达形式,是策划人员智慧与创意的物质载体,也是策划活动具体实施的文本依据。常见的商务策划案有企业战略策划书、企业融(投)资策划书、企业管理(如组织结构、人力资源、薪酬设计、绩效考核、业务流程、企业重组)策划书、企业形象策划书、企业文化策划书、营销策划书(案)、公关活动策划书等。

(2)公关活动策划书是策划人员经常撰写的策划书之一。大型公关活动策划书的内容结构通常包括序言、活动的地点和环境选择、活动时间、活动的参加对象、主要活动、筹备工作安排、广告及促销配合方式、活动预算及效益评估、活动效果评估及展望、安全措施及意外事件的防范等。

(3)营销策划书或策划案是企业对某项产品全盘营销计划的完整陈述。从内容结构上应包括如下部分:摘要部分、环境分析、SWOT 分析、市场选择与定位、营销战略与目标、营销策略、组织与实施计划、费用预算、制定预案措施等。

(4)促销策划书是企业促销策略或计划的文案化,它的内容结构包括:市场调研分析、促销目标、促销提案、广告配合方式、公关宣传配合方式、促销预算、促销效果评估等。

(5)广告策划书是营销广告策划的文本化,是营销策略在广告方面的细化和展开。它的内容结构包括:摘要或前言、市场分析、广告受众、广告地区、广告预算费用及分配、具体的广告策略、配套措施和策略、广告效果评估等。

【实训要求】

(1)各实训小组以书面形式说明撰写策划书的分工情况;

(2)按照实训老师规定的时间提交完整的策划书;

(3)提交的策划书要求形式完整、内容翔实、具有可实施性;

(4)将项目策划书整理成幻灯片形式,并安排专人进行演讲和展示。

6. 策划项目模拟展示。

【实训提示】

(1)在撰写完策划书之后,各实训小组要选择其中的 1 项商务及公关活动进行模拟展示;

(2)选择的展示项目要适当,要具有可操作性,要适合现场模拟展示;

(3)如果商务活动现场展示有困难,各实训小组也可将该项活动的筹备工作或筹备成果予以展示,用来代替活动本身的模拟展示;

(4)在模拟展示时,各实训小组可以视频方式进行模拟展示。

【实训要求】

(1)小组成员态度要端正,认真准备模拟展示环节;

(2)模拟展示要尽量贴近真实的商务实践活动,尽量避免凭空想象;

(3)保存模拟展示的各项成果,包括筹备过程和模拟过程。

二、单元实训成果

本单元应该完成的实训成果有:

1. 对策划案例创意使用方法的分析报告;

2. 介绍实训小组确立的商务策划项目;

3. 完成商务及公关活动策划书;

4. 模拟展示的视频化材料;

5. 各实训步骤要求的过程材料或证明材料。

三、评价标准

1. 商务及公关项目的策划是否合理；
2. 活动项目的策划是否有创意；
3. 商务策划书的撰写是否完整、翔实；
4. 模拟展示工作是否认真投入；
5. 各项过程材料、证明材料是否齐全；
6. 提交作业是否及时并且小组成员是否有效分工与协作。

【评价鉴定表】

序号	评价标准和内容	评价等级				
		优秀	良好	中等	合格	不合格
1	商务及公关活动项目策划的合理性					
2	商务及公关活动项目策划的新颖性、创意性					
3	商务策划书的完整及详尽程度					
4	模拟展示环节的认真程度及效果					
5	各项过程材料、证明材料的齐全程度					
6	提交作业材料的及时性					
7	实训小组成员的态度及合作情况					

第七单元　商务谈判

通过本单元的训练,要求学生熟悉商务谈判的基本过程,掌握商务谈判的策略与技巧,掌握商务谈判在准备、报价、磋商及结束等阶段应注意的主要问题。

知识要求

- 商务谈判的概念;
- 商务谈判的准备;
- 商务谈判的报价;
- 商务谈判的磋商;
- 商务谈判的结束。

技能要求

能确定具体的谈判任务;能设定谈判的目标;能组建谈判小组;能进行正确的报价;掌握谈判的还价技巧;掌握应对谈判还价的技巧;能识别谈判结束的信号;掌握促成谈判结束的方法;能撰写谈判合同;能对谈判合同内容进行审核。

第一节　商务谈判相关专业知识

一、商务谈判基本概念

(一)商务谈判

商务谈判是谈判双方为了特定的经济目标,采取洽谈的手段来逐步缩小彼此之间的差异,最终达成一致的过程。它是商务活动中非常关键的环节,也是承接前期各项商务活动和最终签订商务合同、达成商务目的的桥梁。

（二）谈判的必要性

按照现代冲突理论的观点,社会生活中个体与个体、群体与群体、个体与群体之间都存在各种各样的利益冲突。冲突的解决从整体上可以分为暴力(武力)手段和谈判手段,在现代文明社会,要求使用谈判手段来化解利益分歧。商务谈判则是化解商务冲突、达成共赢的商务目的的有效手段之一。

（三）商务谈判的要求

1. 谈判双方对等。谈判手段使用的必要条件之一就是要谈判双方彼此对等,这种对等关系可能表现为物质(财富)上的,也可能是地位、精神、价值观等方面上的。只有彼此对等或相对差异不大时才有谈判的基础。

2. 互利的需求。谈判的目的是要满足双方的需要,当一方有需求而另一方没有需求时,双方就没有必要进行谈判,互利的需求是双方进行谈判的动因。但在谈判实务中,往往双方或一方的需求是隐性的,需要发挥创造性去挖掘。

3. 人事分开。人事分开是谈判对当事人的要求,其本质是希望谈判者成为"理性人",能在谈判中将对人的态度和对事的态度分离开来,不要意气用事,不要因情绪化而影响谈判。

4. 集中利益而非立场。谈判中的"立场"指谈判对手表面的态度和观点,"利益"指谈判对手深层次的真实需要。这个谈判原则要求谈判者能够透过对方表面的立场抓住背后本质的利益要求。

5. 双赢。谈判的目的是双赢,通过谈判达成互利的协议满足彼此的需求。谈判的双赢目标是谈判特有的利益分配模式。

6. 客观。谈判解决利益纠纷时经常引入客观标准来进行利益协调。这个客观标准可能是彼此都信任的第三方,也可能是国家法律或者行业规则等。借助这样的客观标准的引入能大大加快谈判利益解决的进程。

二、商务谈判的准备

（一）成立谈判小组

谈判小组的成立是谈判准备的重要一步,它是谈判成功的重要保证。在组建谈判小组时,要注意遵循需要原则、效率原则、结构原则等原则。各小组成员之间既要分工明确,又要互相照应、补充,为达成共同的谈判目的团结合作。

（二）谈判小组的组成原则

1. 需要原则。根据谈判内容的难易和复杂程度及工作量的大小等来确定谈判班子的人员数量,一般性的谈判,一两个人就可以完成;而经济合作,特别是投资规模大的开发性项目,则需要有与项目的技术、业务要求相适应的人员参加,分别解决诸如生产组织、技术问题、投资分配等问题。

2. 结构原则。谈判班子的人员配备要考虑人员结构的合理与配套,就工程项目而言,谈判班子包括主谈人、专业技术人员、工程人员、商务人员、法律人员和财务人员等,但可根据实际情况予以调整,适当增加或减少。

3. 效率原则。谈判班子的建立应贯彻效率原则,对参加人员能少就少,争取一专多能,提高谈判的效率。一些知识面广的专业人员有利于减少谈判班子的人数和提高谈判的效率。

（三）谈判的信息收集

谈判的准备工作对于谈判是非常重要的,而了解对手的情况,更是准备工作的重头戏。谈判者要想真正做到知己知彼、稳操胜券,一个很重要的手段就是在谈判之前及至谈判的过程中善于收集与谈判有关的信息。经验丰富的谈判者在接受一项谈判任务时,都会就谈判对手及相关的各种背景资料进行收集。实践证明,掌握对手的信息越多,在谈判中的主动权就越大,谈判成功的几率就越高。因此,谈判者应力求全面地掌握第一手资料,做到胸有成竹。

1. 信息收集渠道(见表 7 - 1)。

表 7 - 1　信息收集渠道表

渠道类型	具体渠道
印刷	报纸
	杂志
	内刊
	书籍
网络	行业网络
电波	电台广播或电视视频
统计资料	统计局报告
	行业报告
会议	交易会
	展览会
	研讨会
专门机构	商务部
	行业协会
	咨询公司
知情人士	行业从业者

2. 收集一手信息的方法。通过上述渠道收集的信息多为二手信息,对商务谈判能够起到非常重要的作用。但是,在谈判中,最有说服力、最具"杀伤力"的则是第一手信息,即直接信息。谈判信息收集者可以采用观察法、访谈法、问卷法(书面信息分析法)等方法取得第一手信息。

三、商务谈判的报价

(一)报价

报价也称报盘,是对各种谈判要求的统称,谈判时由谈判各方向对方提出。报价是谈判学中的一门大艺术,报盘的好坏直接影响到谈判的成败,并历来为有经验的谈判者所重视。

(二)注意报价的必要性

报价是谈判开始后的第一次高潮,谈判各方通过对另一方提出的要求开始建立各自的期望值,也就是说,报盘将为谈判设立一个交易的界限,在以后的谈判中双方将很难逾越这一界限。如果第一步走错了,将对后面的谈判带来极大的不利,甚至招致巨大的损失。针对不同的对象、根据各种条件的变化决定报盘的方式方法是一个十分重要的问题。报盘的基础是交易品的定价,而定价又是一件非常复杂的事情。任何商品的定价固然都要计算它的生产成本,不过成本仅仅是商品价格的基础,报盘需要考虑到商品质量的高低、商品的利润率、市场供求关系的变化、关税及货币兑换率、对手的需求和习惯等多种因素才能决定商品的价格。但是报盘和商品的定价相比又会有一定的差距,这是因为谈判者总是希望在交易中获得最大的利润,或者是付出最小的代价。同时,谈判中的报盘也应该是能为对方所接受的价格,因此,摸清对方的底细、了解自己的报盘会在什么程度上影响谈判的进程至关重要。

(三)怎样报价

1. 报价的前提——真正理解对方的需求。商务谈判中,我们看到的只是立场而不是利益,立场往往会遮蔽对方真实的利益诉求。例如,对方报怨交易条件不够优惠,只是反映了对方的表面立场,深层次可能有想降低成本、担心风险、比较价格、委婉拒绝等利益要求。要真正抓住对方利益需求就一定要做好前期的需求探询工作,没做需求探询就不要报价。

2. 报价的时机。

(1)谈判初期的例行报价。

(2)价值传递并得到认同后的针对性报价(针对性报价一定要有方案或建议)。

(3)对方还价或提出异议后的让步价。

（4）锁定大部分条款,为了促成交易报出底价。

3. 报价的先后。先报盘有利有弊,有利的一方面是,提出报价的一方将对对方心理产生影响,实际上等于为谈判定了基准线,在谈判中可支配一些对方的期望值;另一方面想不在谈判开始就使谈判破裂,就很难提出对对方报盘变动太大的要求,这实际上是先报盘者为谈判划了一个大范围,最终的协议将围绕这一范围展开,而且第一个报盘在整个谈判中与磋商中都会持续起作用。另外,如果我方报盘不在对方的预料之内,也往往会打乱对方的计划,动摇对方的军心,减弱对方的自信。所以,先报盘比后报盘影响要大得多。但是,先报盘也有很大的风险,这就是:很可能己方提出的要求不够高,这样可能导致丢掉一大块蛋糕;也有可能开始时的要求过高,使对方认为我方没有足够的诚意,并可能导致对方对我方的信誉产生怀疑,甚至引发对方的报盘出现无理之极的情况,从而导致谈判从一开始就陷入僵局。

4. 报价时的态度——严肃、清晰、避免评论。这样可使对方相信我方报盘的正确性,使对方对我方报盘不产生异议与误解(在一些重大的商务谈判中,有必要采取书面报盘的形式)。避免评论,因为这会暴露意图、实力等秘密,而且会流露出信心不足。如果对方对报盘有不清楚或不满意的地方,对方会主动质疑的。

5. 报价的本质——价值传递。谈判在给对方有针对性报价过程要取得实效就必须打动对方,因而需要从不同角度刺激对方的利益决策点。报价过程中有目的的传递产品价值的活动称之为价值传递。在谈判实务中通常使用 FABE 的价值传递模式:

（1）F——Feature(情景描述):描述一个情景,让顾客形成印象,产生联想,吸引注意力。

（2）A——Advantage(优势强调):强调的是不可替代性优势或特色。

（3）B——Benefit(利益诱导):这些优势或特色能满足对方的哪些利益。

（4）E——Evidence(成功例证):列举成功的例证。

四、商务谈判的磋商

（一）讨价还价

讨价还价涉及报价、讨价、还价三种行为。报价就是明确交易条件,讨价就是要求对方重新报价,还价就是最后报价的一方应对先报价一方的要求报价。讨价还价就是在谈判过程中,根据谈判进程和对方意图以及己方的情况不断地修改各方的报价,以图最后达成一致,取得谈判的成功,最终促成交易。

1. 讨价还价的必要性。

（1）通过讨价还价这个环节实现利益的分配。

（2）通过讨价还价能满足人的特定需求。有的人认为讨价还价浪费时间和精力，不喜欢讨价还价，有的人却很喜欢讨价还价，在这个过程中能实现自我满足。对于后者，如果快速成交反而会引起他们的失落和不安全感。

2. 讨价还价的策略。讨价还价是谈判双方都要考虑的问题，但彼此的关注点不同。对卖方而言，他们关心如何应对买方的压价行为以捍卫己方的利益；对于买方而言，他们关心如何压价，以争取更多的利益。

（1）买方如何压价。压价的过程其实就是买方不断还价让对方让步的过程，其方法包括：①挑瑕疵。对成品进行细致的考量，找出其不足，实施压价。②计算成本。收集产品的成本信息测算其原料、人工、销售等费用来压低不合理利润。③提问法。直接问："为什么这么贵？"要求对方解释，或者对其品牌、品质、款式、货源等进行提问、质疑，或者延伸提问："你刚才说采购 500 件每件 100 元，如果我采购 1 000 件是否可以为每件 95 元？"④竞争对手法。说明提供同类产品的还有其他企业而且可以给予更多优惠。⑤引诱法。说明如能优惠，我方可以介绍更多的客户来吸引对方。⑥威胁法。以势压人或者装作行内报价，或者采用激怒对方的方法来施加压力。

（2）卖方如何应对压价。应对对方压价，既不能一味"辩解"，也不能一味地"让步"，而应该采用 KABF 模式应对质疑和压力：①坚持不让步并进行价值传递（Keep Value）：不要马上退却，先坚持，并适当地进行价值传递，试图改变对方看法。②解释并提问（Argue Ask）：如果对方是误解，可以通过提问并引起对方思考的方式与对方争论。③提供备选方案（BATNA）：用其他方面的优势来弥补对方对某一点的质疑或不满。④让步并附加条件（Follow Exchange）：如果对方提出的质疑或条件我方确实无法辩驳，则应该认可，但要同时提出交换条件。

具体来说，应对对方压价的策略可以包括：①看清对方背后的用意。②转换话题。当对方只是习惯性地压价或试探时应转向其他话题。③价值传递。当对方认识到价值之后才肯出高价，先传递价值再讨论政策。④假设提问。假设对方投资，对方除了优惠政策外还看重哪些因素。⑤需求导向。完全以对方的需求为导向进行谈判。⑥挡箭牌。当不愿意为对方让步时，可以说自己受权限限制。⑦迷惑反问。你为什么如此关心政策？这在我们接待的顾客中不多见。⑧对比例证。用同行的例子证明，通过让对方对比发现对方的需求点和关注点。⑨奇货可居。现在库房存货不多了，都抢着要呢！⑩激将堵嘴。我们的顾客都非常优秀专业。货物的整体感觉才是最重要的。⑪改变参照系。对方决策时一定会有内外部的对比参照系，应该改变他的参照系。⑫投入产出。通过估算投入产出比说明投资意义（最好提前准备）。⑬事实例证。通过同行或有代表性的企业投资案例吸引对方。⑭试探让步。稍让一步试探对方的反应和满足感。⑮条件让步。如果……会有更优惠政策，这要双方领导出面谈……⑯组合交易条件和方案。通过组合交易条件满足对方需求,而不是单纯让步。

（二）让步

谈判中的让步是指受到对方压迫或主动地降低谈判条件、谈判目标的行为,让步的目的在于促使谈判成功、达成交易,让步体现在讨价还价之中。

让步是商业谈判中的普遍现象,如果谈判双方都坚持自己的原始立场,那么协议将无法达成,因此让步本身就是一种策略,它体现了谈判人员通过主动满足对方需要的方式来换取自己需求满足的精神实质。

在商务谈判中,让步是必要的,但同时,应该把握以下基本原则:

1. 让步幅度原则。

（1）最低限度原则:让步到能让对方作出决定的最低限度。

（2）理由充分原则:有充分的理由就不要随意让步,即使让步也要说明理由而不是纯粹让步。

2. 让步时机原则。

（1）锁定原则:尽量锁定更多条款后再让步,忌一开始就让步。

（2）分次原则:可以分几次将价格让到位,每次逐步缩小让价幅度。

3. 让步方法原则。

（1）交换原则:我方让步的同时要求对方也做出让步,让步交换让步。以小换大、以虚换实、以次换主。

（2）搭配原则:政策上的让步与其他让步搭配使用,切忌形式单一。

（3）针对原则:做针对对方 BATNA（备选方案）的让步,而不是毫无准备的单纯让步。

五、商务谈判的结束

（一）谈判促成阶段

经过较长时间的讨价还价、反复磋商,谈判的中心议题已经基本确定,这时谈判已经接近尾声,应设法尽快结束谈判、达成协议,以取得圆满的谈判成果。为此,谈判控制的主要任务就是尽快结束谈判、达成协议,以免节外生枝。

1. 应高度重视谈判促成阶段。有经验的谈判者善于在关键的、恰当的时刻,抓住对方隐含的签约意向或巧妙地表明自己的签约意向,趁热打铁、促成交易的达成与实现。谈判过程中,谈判者应该敏锐地洞察、把握签约的意向,进而过渡到达成协议,要善于抓住最佳时机,当机立断,立即签约,这是谈判者应该掌握的基本技巧。

2. 促成签约的技巧与策略。

第一，向对方发出信号。谈判收尾在很大程度上是一种掌握火候的艺术，通常会发现，一场谈判旷日持久但进展甚微，而后由于某种原因，大量的问题神速地得到解决，一方的让步有时能使对方相应也做出让步，反过来，又引起新一轮的让步，多米诺效应的出现会使双方的相互让步很快接近平衡点，而最后的细节在几分钟内即可解决。在即将达成交易时，谈判双方都会处于一种即将完成交易时的兴奋状态，而这种兴奋状态的出现往往由于一方发出成交信号所致。常见的成交信号有以下几种：①谈判人员所提出的建议是完整的，绝对没有不明确之处；如果他的建议未被接受，除非中断谈判，谈判者没有别的出路。②谈判者用最少的言辞阐明自己的立场，谈话中表达出一定的承诺思想，但不含有讹诈的成分，例如："好，这就是我最后的主张了，现在你的意见如何？"③谈判者在阐明自己的立场时，完全是一种最后决定的语气，坐直身体，双臂交叉，文件放在一边，两眼紧盯着对方，不卑不亢，没有任何紧张的表示。④回答对方的任何问题尽可能简单，常常只回答一个"是"或"否"字，使用短词，很少用论据，表明确实没有折中的余地。⑤一再向对方保证，现在结束对他是最有利的，并告诉他理由。

第二，促成签约的策略。具体包括：①期限策略。期限策略即规定出谈判截止日期，利用谈判期限向对方施加无形压力，借以达到促成签约的目的。谈判中采取期限策略的例子有："存货不多，欲购从速"；"如果你方不能在 9 月 1 日以前给我们订单，我们将无法在 10 月 30 日前交货"；"如果我方这星期收不到货款，这批货物就无法为你方保留了"；"从 5 月 1 日起价格就要上涨了"；"优惠价格将于 9 月 30 日截止"。②优惠劝导策略。优惠劝导策略即向对方提供某种特殊的优待，促成尽快签订合同。例如，采用买几送一、折扣销售、附送零配件、提前送货、允许试用、免费安装、免费调试、免费培训、实行"三包"等手段。③行动策略。所谓行动策略，是谈判一方以一种主要问题已经基本谈妥的姿态采取行动，促进对方签订合约。比如，买方（卖方）可以着手草拟协议，边写边向对方询问喜欢哪一种付款方式或愿意将货物送到哪个仓库。主动征求签约细节方面的意见。谈判一方主动向对方提出协议或合同中的某一具体条款的签订问题，以督促对方签约。例如：验收条款，要共同商定验收的时间、地点、方式及技术要求等。

（二）签约阶段

当双方就所磋商的各项议题有了共识之后，为了方便以后严格执行合同，双方需要将达成的协议用书面文字确定下来，这个阶段就是谈判签约阶段。

在一场谈判日趋明朗化之后，如果双方均已谈定，那么，接下来主要的工作便是撰写合同文件、选择签字人、举行签字仪式。撰写合同文件时可能有新的磋商，因为对方总想通过文字取舍再多争取些利益，这种情况以条件交换达成一致最佳。为此，签字前的文件审核就是极为重要的步骤。

在签约时,应该注意以下几个方面的问题:

1. 审核协议及签署。签署协议就是谈判双方法定代表人或充分授权的代表在协议上签字。这是业务生效的关键环节。协议一经签署,即成为具有法律效力的文件。所以,协议撰写完毕之后,业务员不能立即签署,在签字之前,必须经过严格的审核。当确定协议内容与签字人都没有问题之后,方能签字。

(1)对业务协议的审核内容。这主要包括以下内容:①合法性审核,即审核此次谈判是否为合法行为,有关手续是否完备。②有效性审核,主要包括两方面:第一,此次谈判的双方,在其代表权利上是否完整或授权是否充分,即双方谈判者有无签署协议的权利,如果没有此项权利,签署的协议是不受法律保护的;第二,协议内容有无自相矛盾或前后相互否定之处,若有,签署的协议当视为部分无效。③一致性审核,即审核协议与谈判内容是否一致。在正式的谈判过程中,都会有会议记录,以提供查证。谈判中的特定定义、解释、说明等,最好在双方确认后放在协议书的附录之内,以免事后发生争执。尤其是一些有弹性的语言,一定要将这些语言的特指内容及范围记录下来,附在协议书后面。如果发现遗漏或有添加内容,一定要立即提出修改。特别注意协议中的数据、标点符号,不得有丝毫差错。④文字性审核,即审核合同的文字是否严谨、准确地表达了谈判内容。协议的每一字都要严谨恰当,切忌使用模棱两可的语言,坚决反对使用歧义性文字。当审核中发现问题时,应立即指出,若纯为文字性而非实质问题,可直接修改,如果对方故意将意思弄错,应耐心、友善地再协商,直到双方意见达成一致,方可签字。

(2)对签字人进行审核。一般情况下,协议签署者必须是法定代表人或被授权的全权代表,授权证书应由企业最高领导,即法定代表人签字。如果最终在协议上签字的人不具备法定代表人或被授权的全权代表资格,所签署的协议无效。如果谈判对手只是对方请的职业谈判者而非法定代表人或被授权的全权代表,他就不能代表对方在协议书上签字。所以,遇到这种情况,应在谈判完毕后主动向对方法定代表人汇报,并请其在协议书上签字或由被授权的全权代表签字。

2. 签约仪式应注意细节和礼仪规范。签约仪式上,双方参加谈判的全体人员都要出席,共同进入会场,相互致意握手,一起入座。双方都应设有助签人员,分别站在各自一方代表签约人外侧,其余人排列站立在各自一方代表身后。

助签人员要协助签字人员打开文本,用手指明签字位置。双方代表各自在己方的文本上签字,然后由助签人员相互交换,代表再在对方文本上签字。

签字完毕后,双方应同时起立,交换文本,并相互祝贺合作成功。其他随行人员则应以热烈的掌声表示喜悦和祝贺。

第二节　实训内容及要求

一、实训任务

（一）实训任务一：商务谈判团队的组建

【实训提示】

1. 商务谈判小组的组成原则；

2. 明确谈判的任务；

3. 明确谈判的目标；

4. 明确谈判小组成员的数量需求；

5. 明确谈判小组成员的结构需求；

6. 明确谈判小组成员的能力需求。

【实训要求】

组建谈判小组并完成以下表格：

本次谈判的任务是什么		
本次谈判的目标	最高目标	
	最低目标	
谈判小组数量		
谈判小组成员及构成		
谈判小组成员分工		

（二）实训任务二：商务谈判的信息收集

【实训提示】

1. 信息的类型；

2. 信息收集的方法；

3. 信息收集的渠道。

【实训要求】

1. 确定信息收集的方法（在要确认的方法下打"√"）。

序号	方法名称	是否选择
1	观察法	
2	访谈法	
3	问卷法	
4	其他方法（请描述）	

2. 确定收集谈判信息的渠道。

××行业收集信息渠道表

渠道类型	具体渠道	渠道代表(1~3)
印刷	报纸	
	杂志	
	内刊	
	书籍	
网络	行业网络	
电波	电台广播或电视视频	
统计资料	统计局报告	
	行业报告	
会议	交易会	
	展览会	
	研讨会	
专门机构	商务部	
	行业协会	
	咨询公司	
知情人士	行业从业者	

3. 描述所收集信息的核心内容提要,并填写在下表中。

宏观环境信息	
行业环境信息	
谈判对手公司信息	
谈判对手团队信息	
其他关键信息	

(三)实训任务三:模拟商务谈判——报价阶段

【实训提示】

1. 报价要在真正理解了对方的需要以后做出;

2. 要掌握恰当的报价时机;

3. 报价的先后对谈判结果有重要影响;

4. 报价要严谨和严肃；

5. 报价的本质是价值传递。

【实训要求】

完成下表并由谈判的一方提出报价。

任务	内容
描述对方的真正的需要是什么	
我们要如何把握报价的时机	
我们是否要先报价,为什么	
我们怎样保持报价的严谨与严肃	
报价要向对方传递什么样的价值	

（四）实训任务四：模拟商务谈判——磋商阶段

【实训提示】

1. 如何压价；

2. 如何应对压价。

【实训要求】

完成谈判的磋商并完成以下表格。

方　法	使用方法的过程描述
谈判中使用过的压价方法一	
谈判中使用过的压价方法二	
谈判中使用过的压价方法三	
谈判中使用过的压价方法四	
谈判中使用过的反压价方法一	
谈判中使用过的反压价方法二	
谈判中使用过的反压价方法三	
谈判中使用过的反压价方法四	

（五）实训任务五：商务谈判的结束

【实训提示】

1. 学会把握谈判结束的时机；

2. 如何促成谈判结束；

3. 谈判合同的撰写；

4. 谈判合同的审核；

5. 合同签署人的审核；

6. 谈判签约时的礼仪。

【实训要求】

完成谈判并填写以下表格。

任务	内容
描述谈判结束的信号	
你方用了什么方法来促成谈判结束	
是否撰写了谈判合同	
是否审核了谈判合同	
是否审核了合同的签署人	
是否注意了签约时的礼仪	

二、单元实训成果

此实训环节应完成的实训成果包括：

1. 各实训任务中的表格；

2. 谈判总结。

三、评价标准

1. 各实训任务对应的表格是否完整、规范，填写正确。

2. 谈判小组评分标准。

评分项目	分值范围	实际得分
语言表达、词汇	30~0	
运用所学谈判理论与策略能力	40~0	
谈判成员分工	10~0	
团队合作精神	20~0	

第八单元　商务文书写作

实训目的

　　商务文书是无声的商务交往,它服务、记录、反映着商务活动,是信息沟通和商务活动的有效工具。

　　商务文书写作实训旨在引导学生了解和掌握比较系统的商务文书写作规律与方法、文种特征和格式,明白"为何写"、"写什么"、"怎样写";构建学生商务文书写作思维模式,培养学生从事商务工作所应具备的商务文案写作与沟通能力、文章分析与处理能力,并从根本上提高学生学习应用写作的自觉性和积极性。

知识要求

- 了解商务策划书的特点和作用,掌握商务策划书的写作方法、要求和写作模式;
- 了解市场调查报告的特点和作用,掌握市场调查报告的结构和写作方法;
- 了解商务信函的作用和种类,掌握不同种类商务信函的写作要求;
- 了解商务广告文案的作用,掌握商务广告文案的写作方法和要求;
- 了解招标书和投标书的含义、作用和特点,掌握招标书和投标书的写作方法以及二者的区别。
- 特别说明:实训中,学生分组进行,各个小组可以选择不同行业的商务活动进行写作,一经选定,将在以后的模拟业务中沿用。

技能要求

- 根据材料,能够写作内容明确、用语得体、格式规范的商务信函,能够运用一定的写作理论分析并修改商务信函案例中的错误;
- 设计符合写作规范、内容合理的调查问卷,进行实地调查,根据调查结果写作微型市场调查报告,能够指出市场调查问卷和报告的不当之处;
- 能够根据市场调查报告中提供的信息,写作营销策划书,写作具有可行性的专

题活动策划书等,能够分析和修改不规范的营销策划书和专题活动策划书等策划文书的不当之处;

● 能够识别并分析平面广告文案的结构构成,能够设计具有一定创意的广告文案和广告语;

● 能够分析招标书和投标书的结构,运用招标书、投标书写作模板写作标书。

第一节 商务文书写作实训相关专业知识

一、市场调查报告

(一)概念

市场调查报告是经济调查报告的一个重要种类,它是运用科学方法,有目的、有计划地对市场某一问题或现象进行调查研究后,记述和反映市场调查成果并提出作者看法和建议的书面报告,它是企业决策的重要依据。市场调查报告具有针对性、科学性、时效性、真实性的特点。

(二)作用

市场调查报告的主要作用在于及时了解市场信息,为决策者提供决策的材料和依据,提高科学化的管理水平,增强企业在市场经济大潮中的应变能力和竞争能力。

(三)基本内容

市场调查报告所涉及的内容非常广泛,凡直接或间接影响市场营销的各种情况和情报资料,都可纳入调查、收集和研究的范围。与普通调查报告相比,市场调查报告无论从材料的形成还是结构布局方面都存在着明显的共性特征,但它比普通调查报告在内容上更为集中,也更具专门性。

市场调查报告可以从不同角度进行分类。按其所涉及内容含量的多少,可以分为综合性市场调查报告和专题性市场调查报告;按调查对象的不同,可以分为关于市场供求情况的市场调查报告、关于产品情况的市场调查报告、关于消费者情况的市场调查报告、关于销售情况的市场调查报告以及有关市场竞争情况的市场调查报告;按表述手法的不同,可分为陈述型市场调查报告和分析型市场调查报告。

(四)一般写作步骤

一般而言,撰写市场调查报告要经历以下步骤:

1. 确定调查目标;
2. 制订调查方案;
3. 实地调查收集资料;

4. 开展市场调查;

5. 整理分析资料;

6. 市场调查分析研究;

7. 撰写市场调查报告。

（五）市场调查报告的结构

市场调查报告的结构包括标题、前言、主体、结尾四个部分。

1. 标题。标题常见的形式有公文式、文章式两种。

公文式标题由调查对象、内容、时间和文种等要素组成,如《2008 年中国博客市场调查报告》。为了使标题简洁,亦可省略某些要素,如《中国汽车行业竞争力调查报告》。

文章式或新闻式标题采用新闻报道或一般文章的拟题方法,用概括的语言形式直接交代调查的内容或主题。这种写法分为单标题和双标题两种。单标题如《茶杯里的奥运味道》;双题（正副题）的结构形式更为引人注目,富有吸引力,如《竞争在今天,希望在明天——全国洗衣机用户问卷调查分析报告》、《市场在哪里——天津地区三峰轻型客车用户调查》、《价高、价乱何时了——2007 上海地区家电市场售后服务调查》等。

2. 前言。前言是市场调查报告正文的前置部分,一般是交代调查的时间、地点、对象、范围、目的、方法等,如一篇题为《关于部分省市 2009 年汽车市场的调查》的市场调查报告,其引言部分写为:"××调查策划事务所受××公司委托,于 2009 年 1 月至 6 月在国内部分省市进行了一次汽车市场调查。现将调查研究情况汇报如下";也可点明文章的基本观点或概括出文章的主要内容,强调文章得出的结论或文章的重要意义,使读者对文章有个概括的印象,如"曾经风靡一时的组合家具今年的销售状况如何?市场调查表明:组合家具的销售日趋疲软,已进入衰退期。"(《组合家具已进入衰退期》);另外,还可以对调查对象的基本情况或背景进行简要介绍。

总之,前言的写作应根据市场调查报告的内容,以简洁真实的文字表达主题,为展开下文打下基础。这部分文字务求精要,且视具体情况,亦可省略这一部分,以使行文更趋简洁。

3. 主体。主体部分是市场调查报告的核心,也是写作的重点和难点所在。它要完整、准确、具体地说明调查的基本情况,进行科学合理的分析预测,在此基础上提出有针对性的对策和建议。具体包括以下三方面内容:

(1) 基本情况,即对调查所获得的基本情况进行介绍,是全文的基础和主要内容。首先可以用叙述和说明相结合的手法,将调查对象的历史和现实情况包括市场占有情况、生产与消费的关系、产品、产量及价格情况等表述清楚。在具体写法上,既可按问题的性质将其归结为几类,采用设立小标题或者摘要的形式;也可以时间为序,或者列示数字、图表或图像等加以说明。无论如何，都要力求做到准确和具体，富有条理性，以便为下文进行分析和提出建议提供坚实充分的依据。

（2）分析与结论。对调查所收集的材料进行科学的分析，从分析中得出结论性意见。它直接影响到有关部门和企业领导的决策行为，因而必须着力写好。要采用议论的手法，对调查所获得的资料条分缕析，进行科学的研究和推断，并据以形成符合事物发展变化规律的结论性意见。用语要富于论断性和针对性，做到析理入微，言简意明，切忌脱离调查所获资料随意发挥，去唱"信天游"。特别需要注意的是，市场调查报告虽然不以预测为重点，但是，很多报告的资料分析中，都暗含着对市场前景的判断。

（3）措施与建议。在上文调查情况和分析预测的基础上，提出相应的建议和措施，供决策者参考。这部分内容是市场调查报告写作目的和宗旨的体现，写作时要注意建议的针对性和可行性，能够切实解决问题。

4. 结尾。这是全文的结束部分，可以呼应开头，点题作结，也可以总括全文，强调观点，或提出对策、建议，或提出发人深省的问题，或展望前景；也可在主体陈述完后自然收尾。

以下为一篇关于某市房地产市场发展的调查报告，请参照应用。

某市常平镇房地产市场调查报告

一、某市房地产发展状况

在某市新一轮城市建设高潮的带动下，全市房地产业继续稳步、健康、持续发展，房地产立项数量、商品房施工面积、商品房竣工面积，实际投入资金、实际销售面积等较上年都有较大幅度增长，整个房地产业呈现出欣欣向荣的态势。

随着近年来消费者的不断成熟，消费者的购房变得更加理性，因此研究购房者的需求具有更加重要的意义。为此，我公司进行了名为"某市住房消费状况研究"的市场调研活动，我们从某市常平镇的消费者角度出发，对民众的住房需求特点以及置业特点等进行了较为透彻的分析和研究，以此作为我公司常平镇项目下阶段销售的市场依据。

二、宏观规划对常平房地产的影响

第一，高水平的城市化目标使常平房地产业成为仅次于制造业、物流业的第三大支柱产业。某市市政府关于常平（2001～2020）经济发展战略预测：2005年、2010年和2020年常平镇国内生产总值分别为 82.16亿元、165.25亿元、428.61亿元；2005年、2010年和2020年城镇化水平分别为 70%、75%和80%左右。

第二，常平的城市定位及重心南移的决策，使镇区南部迎来了前所未有的发展机遇，必将成为常平房地产市场的热点。根据常平镇新的城市规划，其城市性质为"珠江三角洲东部地区的铁路枢纽，客流、物流中心，某市东部经济、文化中心，华南商贸重镇"。规划常平镇2005年、2010年和2020年的城镇总人口分别为 47.5万人、52万人

和60万人左右;2005年、2010年和2020年基础设施配套人口分别按31万人、36万人和45万人计算。规划2005年、2010年和2020年城镇建设用地规模分别为31平方公里、36平方公里和54平方公里左右。城市建设用地发展方向为主要向南,并适当向东发展,采取生活内聚、产业外延的拓展方式。

第三,生态住宅将成为开发商及消费者共同关注的投资亮点。根据规划,到2020年,常平镇的绿化覆盖率不小于50%,人均公共绿地面积达到12平方米以上,城市绿地系统结构为"一轴、两带、三心、五点"。规划常平城市景观体系为"一点十廊,五轴十六节点,三区七门户",以"新城、碧水、绿脉"作为城市总体形象特征,将常平建设成为"水在城中,城在绿中,绿在阳光中,绿、水、城共生共融"的生态城市。

三、房地产市场分析

(一)常平各个区域分析

1. 常平中元街及中心地段。沿中元街分布有联邦大厦、星汇大厦、建汇大厦、好运广场、广裕中心,中心地段分布有常阳花园、金地利、天鹅湖花园、丽景新园、明珠广场等,整个区域坐落于常平商圈,以小户型为主,绿化率低,配套设施少,其成功销售的主要原因来自地段,地段决定它的价值;此区域楼盘极具投资性,投资价值高,回报快,出租率高,购买者以香港及本地投资者居多。该地区交通购物方便,周边配套设施齐全,是常平最繁华的商业圈。

2. 西北面区域。西北面零星分布有金美花园、蓝月湾、豪苑广场,北面为碧湖花园,主要以外销为主,开发户型以大户型为主,主要针对香港投资者,例如,新楼盘蓝月湾前期目标客源就定位以港人为主。北面碧湖花园是居家、度假的好去处,空气清新、环境污染小、配套设施齐全,注重环境,以中心湖为卖点,努力打造常平明星楼盘,该区域楼盘销售一直看好。

3. 常平南面,常黄公路沿线区域。住宅空置严重,原有"外销"住宅的设计与需求日趋"内销"的矛盾越来越明显。零星分布有金碧花园、紫荆花园、阳光山庄等,产品有别墅、洋房,售价不等;以中小户型为主,早期针对香港业主,如紫荆花园购买者98%为香港人,其产品户型设计均针对港人偏好而定;但目前港人购房所占比例仅仅在20%左右,如阳光山庄2004年的购房者80%为内地人。常黄公路沿线区域销售很不乐观,目前处于滞销局面,目前购买客户向本地市场延伸,目前的产品已不适应消费者的需求。

4. 常平东门区域。常平房地产的发展趋势向东门聚集,镇政府全力打造文化新城,一大批基础设施相继施工,如:铁路公园、广电中心、文化广场、中心广场、高尔夫球场、常平大剧院,因市场配套的大力支持,成为常平市场新的热点区域,加之政府全力扶植该区域的房地产,如东田丽园、旺角新城等,一经推出就受到消费者的极大关注,成为常平打造文化新城的有力依托。

5. 丽城区域。依托于隐贤山庄风景区的人文底蕴与自然景观,为早期居家型物业的主要开发地。常平东面铁路沿线分布有丽城隐贤山庄、丽景、丽都、聚福以及新建落成的世纪康城,全部都以某市四大旅游景点之一隐贤山庄为文化背景,集居所、餐饮、商贸、娱乐、度假、旅游为一体,配套设施较为齐全,绿化率高,交通便利,空气清新,远离工业区,污染小,户型设计超前,购买者以香港业主为主,且多为自住。现今推出的新楼盘如新天美地5期、世纪康城,都以精美装修突出个性化特点,以优质的管理服务、新颖的产品设计为基础,销售均价在××××元/平方米左右。目前,片区内香港人购房呈下降趋势,本地与内地其他地方的业主呈现上升趋势。

(二)本区域竞争楼盘分析

以下是针对本案丽都花园附近几个楼盘的市场调查分析。

丽城鹿儿岛早期以风景区、大环境为卖点,在售户型有二居室至三居室。早期以香港人为主,后期购房以外地人和本地人为主,其户型方正实用,楼价适中,各方面配套齐全,2003、2004年销售不是很乐观,现仍然有部分空置房。

山水雅居现主打休闲概念,主要宣传推广其项目的配套齐全、户型设计新颖以及户型选择的多样性。根据我公司前期的调研,该项目原定于2005年3月开盘正式发售,由于工程资金的原因推迟至5月开始认筹。现楼体已近封顶,由于近年常平的房地产市场供给相对大于需求,山水雅居的客户访问量较少,我公司推测导致该盘迟迟未能发售的原因是由于认筹客户量不足。

新天美地,其地理位置不理想,但走品牌个性化,特设7.5米的高入口大堂,装修采用顶级材料、名厂洁具及厨具,新盘推出特价单位毛坯房,造成过一时的抢购热潮,但经过购房者的一段时间理性思考,其销售也逐步回落。作为新推楼盘,其推广力度是相当大的,几乎涵盖了常平的所有媒体渠道。其产品中两居室购买者中80%为香港人,三居室及四居室购买者大多为本地人及外地投资者,销售情况在本区域内相对较好。

市场结论:

1. 常平房地产市场前景看好,但其竞争也是日趋激烈,无论从开发经营到施工设计,还是物业管理,越来越注重品牌的效应。

2. 常平市场正从过去的外销主导向内销转变,由于港人(含其他外销需求)与内销置业者的消费习惯不同,新开发楼盘的规划应当更注重对内销市场的偏好。

3. 内销市场的主力需求以相对较大的住家型物业为重,集中在100~140平方米,以三室二厅为主,相对创新的错层与跃式较受消费者的青睐。

4. 常平房地产市场住宅销售的价格平稳,实际成交价集中在××××~××××元/平方米区间,个别楼盘因其早期设计不适应市场需求而价格下调,现整体市场情况除部分投资型产品和品质较好的项目外,都呈现出销售缓慢的情况。

二、策划书

在开展工作之前对未来的行动要预先制定目标,安排具体进度,拟定相应的措施和步骤,在此基础上形成的书面材料称作策划书。凡事预则立,不预则废。策划书是行动的指南及检查的依据,它保证工作的有序进行。在商务工作中,策划书是使用频率最高的文种之一。

策划书具有鲜明的目的性。策划书是工作计划,是将计划变为现实的桥梁,必须鲜明地表现作者的主观意图。一般要说明"将要干什么"、"为什么要做"、"怎么做"以及"谁来做"。同时,策划书还具有明显的综合性、逻辑性、较强的实践性等特点。

一般而言,策划书的正文由三部分组成,即:制定策划书的背景、策划书要完成的任务和要求,完成任务、达到要求的具体安排、措施和方法。由于工作性质不同,导致策划书种类繁多,很难用一种写作模式进行统一。以下就一些常见的策划书分别给予介绍。

(一)营销策划书

在市场营销中,把策划过程用文字写出来就是营销策划方案。策划书是营销策划的反映。企业能否成功地进行营销策划并实施,是企业经营成功或失败的关键所在。

营销策划书的基本内容包括:

1. 封面。策划书的封面可提供以下信息:①策划书的名称;②策划的目标客户;③策划机构或策划人的名称;④策划完成日期及本策划的适用时间段。

2. 正文。

(1)前言。这是营销策划的开头部分,包括:策划的缘起、背景材料、问题点与机会点、创意的关键等,这些部分概括说明即可。

(2)策划目的。要对本营销策划的目标、宗旨进行明确,并以此作为执行本策划的动力及意义所在。

(3)市场状况及市场前景分析。这主要包括:产品的市场性、现实市场及潜在市场状况;与主要竞争品牌的销售量、销售额及市场占有量的比较分析;竞争品牌市场区域与产品定位的比较分析;竞争品牌广告费用与广告表现的比较分析;双方公关活动的比较分析;市场成长状况,产品目前处于市场生命周期的哪一阶段;对于不同市场阶段上的产品公司营销侧重点如何,相应营销策略效果怎样;需求变化对产品市场的影响;消费者的接受性等,这些内容需要策划者凭借已掌握的资料分析产品市场发展前景。

(4)产品市场影响因素分析,主要是对影响产品的不可控因素进行分析:如宏观环境、政治环境、消费者收入水平、消费结构的变化、消费心理等。

(5)市场机会与问题分析。营销方案是对市场机会的把握和策略的运用,因此分析市场机会就成了营销策划的关键。只要找准了市场机会,策划就成功了一半。针对产品目前营销现状进行问题分析一般从企业知名度、企业形象、产品质量、产品功能、消费者接受度、产品包装、产品价格定位、销售渠道、促销方式、售后服务等方面存在的问题进行分析。

(6)营销目标。营销目标是公司所要实现的具体目标,即营销策划方案的执行期间及经济效益目标。

(7)营销战略(具体行销方案)。营销战略包括营销宗旨和产品策略,如产品定位策略、产品质量功能策略、产品品牌策略、产品包装策略、产品服务策略等。

(8)价格策略,包括定价标准、制约定价的基本因素、定价的程序、定价的基本方法、定价策略等。

(9)营销渠道策略。营销渠道策略包括营销渠道的选择策略和批发商的营销策略等。

(10)策划方案各项费用预算。这一部分记载的是整个营销方案推进过程中的费用投入,包括营销过程中的总费用、阶段费用、项目费用等,其原则是以较少投入获得最优效果。

(11)方案调整。这一部分作为策划方案的补充部分。在方案执行中可能出现与现实情况不相适应的地方,因此必须随时根据市场的反馈及时对方案进行调整。

以下为一份网络营销策划书的范文。

某公司网络营销策划书

一、公司简介

本公司以"与绿色同行,与自然为本"为企业宗旨,号召广大人民热爱大自然,保护大自然。

本公司创建于2000年1月,以生产绿色产品为主(包括绿色食品、绿色日用品等绿色系列产品),产品一经推出就受到广大市民的好评,现在,本公司已创立了自己的品牌,产品畅销全国。

二、公司目标

1. 财务目标:今年力争销售收入达到1亿元,利润比上年翻一番(达到3 000万元)。

2. 市场营销目标:市场覆盖面扩展到国际市场,力图打造国际品牌。

三、市场营销策略

1. 目标市场:中高收入家庭。

2. 产品定位:质量最佳和多品种,外包装采用国际绿色包装的4R策略。

3. 价格稍高于同类产品。

4. 销售渠道重点放在大城市消费水平较高的大商场,建立公司自己的销售渠道。

5. 销售人员的招聘:男女比例为2:1,建立自己的培训中心,对销售人员实行培训上岗,采用全国账户管理系统。

6. 建立一流的服务网络,服务过程标准化、网络化。

7. 广告:前期开展一个大规模、高密集度、多方位、网络化的广告宣传活动,突出产品的特色,突出企业的形象,并兼顾一定的医疗与环保知识。

8. 促销:在网上进行产品促销,节假日进行价格优惠,用考核销售人员销售业绩的方法,促使销售人员大力推销。

9. 研究开发:开发绿色资源,着重开发无公害、养护型产品。

10. 营销研究:调查消费者对此类产品的选择过程,提出产品的改进方案。

四、网络营销战略

经过精心策划,公司注册了两个国际域名(dfaw. com 和 dongfa. com),建立了"与绿色同行"网站,在网站中全面介绍公司的产品和服务内容,详细介绍各种产品。紧接着逐步在搜狐、雅虎等著名搜索引擎中登记,并以网络广告为主,辅以报纸、电视、广播和印刷品广告,扩大公司及产品在全国的影响。

五、网络营销的顾客服务

通过实施交互式营销策略,提供满意的顾客服务,主要工具有电子邮件、电子论坛、常见问题解答等。

六、管理

(一)网络营销战略的实施

制定了良好的发展战略,接下来就需要可行的推进计划保证其实施,我们可按下列步骤操作执行:

1. 确定负责部门、人员、职能及营销预算:网络营销属营销工作,一般由营销部门负责,在营销副总经理领导下工作,成员由网络营销人员和网络技术人员组成,即使是工作初期考虑精简,也应保证有专人负责。

2. 专职网络营销人员的职责应包括:

(1)综合公司各部门意见,制订网站构建计划,并领导实施网站建设;

(2)网站日常维护、监督及管理;

(3)网站推广计划的制订与实施;

(4)网上反馈信息管理;

(5)独立开展网上营销活动;

(6)对公司其他部门实施网上营销支持;

(7)网上信息资源收集及管理,对公司网络资源应用提供指导。

3. 在网络营销费用方面,主要包括以下各项开支:

(1)人员工资;

(2)硬件费用:如添置计算机的费用;

(3)软件费用:如空间租用、网页制作、web 程序开发、数据库开发等的费用;

(4)其他费用:如上网费、网络广告费等。

(二)综合各部门意见,构建网站交互平台

公司网站作为网络营销的主要载体,其自身的好坏直接影响到网络营销的水平,同时网站也并非仅具有营销功能,还包括企业形象展示、客户服务、公司管理及文化建设、企业间交流等功能,只有在广泛集合公司各方面意见的前提下才能逐步建立起满足各方面要求的网站平台。

网站应具有如下功能:

(1)信息丰富:信息量太低是目前公司网站的通病;

(2)美观与实用适度统一:以实用为主,兼顾视觉效果;

(3)功能强大:只有具备相应的功能,才能满足公司各部门的要求;

(4)网站人性化:以客户角度出发而非以本企业为中心;

(5)交互功能:力求增加访问者的参与机会,实现在线交流。

(三)制订网站推广方案并实施

具备了一个好的网站平台,接着应实行网站推广。网站推广的过程同时也是品牌及产品推广的过程。

1. 制订网站推广计划应考虑的因素有:

(1)本公司产品的潜在用户范围;

(2)分清楚本公司产品的最终使用者、购买决策者及购买影响者各有何特点,他们的上网习惯如何;

(3)我们应该主要向谁做推广;

(4)我们以怎样的方式向其推广效果更佳;

(5)是否需借助传统媒体,如何借助;

(6)我们竞争对手的推广手段如何;

(7)如何保持较低的宣传成本。

2. 我们可以借助的手段:

(1)搜索引擎登录;

(2)网站间交换链接;

(3)建立邮件列表,运用邮件推广;

(4)通过网上论坛、BBS 进行宣传;

(5)通过新闻组进行宣传;

(6)在公司名片等对外资料中标明网址;

(7)在公司所有对外广告中添加网址宣传;

(8)借助传统媒体进行适当宣传。

七、网络营销效果评估及改进

网站推广之后我们的工作完成了一个阶段,我们将获得较多的网上反馈,借此我们应进行网络营销效果的初步评估,以使工作迈上一个新的台阶。

1. 评估内容包括:

(1)公司网站建设是否成功,有哪些不足;

(2)网站推广是否有效;

(3)网上客户参与度如何,并分析原因;

(4)潜在客户及现有客户对公司网上营销的接受程度如何;

(5)公司对网上反馈信息的处理是否积极有效;

(6)公司各部门对网络营销的配合是否高效。

2. 评估指标主要有:

网站访问人数、访问者来源地、访问频率、逗留时间、反馈信件数、反馈内容、所提意见等等。

网络营销的有效运用会对公司其他部门的运行产生积极影响,同时也影响到公司的整体运营管理。作为网络经营方式的探索,它将发挥如下作用:促进公司内部信息化建设,完善公司管理信息系统,提高公司管理的质量与效率,提高员工素质,培养电子商务人才。这些变化将影响公司现有的生产组织形式、销售方式、开发方式、管理方式等,推动公司进行经营方式的战略性转型。

(二)专题活动策划书

专题活动主要指对外接待、参观、开业、庆典、新闻发布会、记者招待会、竞赛、捐款等大型活动。这种专题活动是为了达到一定的目的,在特定时期、特定的场合下,使活动对象都能亲身体会到有针对性的某种媒介刺激,这种直接性是报纸杂志、广播电视等媒介所不能比拟的。而专题活动方案正是对上述活动所制订的行动计划。

专题活动方案格式主要包括:

1. 专题活动策划书名称:一般为事由+活动名称+文种。

2. 活动背景:包括基本情况简介、主要执行对象、近期状况、组织部门、活动开展原因、社会影响、环境特征(因素)等,根据策划方案的特点可以有针对性地对以上内容进行选择分析。

3. 活动目的、意义和活动主题:活动的目的、意义应用简洁明了的语言表述清楚;在陈述目的要点时,该活动的核心构成、策划的独到之处及由此产生的意义(经济效益、社会利益、媒体效应等)都应该明确写出。活动目标要具体化,需要满足重要性、可行性、时效性的特点。

活动主题是对活动内容的高度概括,是策划所要达到具体目标的主要理念,是统领整个活动、连接各个项目、各个步骤的纽带。活动主题是多样的,同时,既要适当虚拟、拔高,又不能空洞、口号化,脱离受众心理。

4. 活动日期。

5. 活动地点:考虑公众分布情况、活动性质、活动经费以及可行性等。

6. 活动主办、承办、协办单位。

7. 资源需要:列出活动所需的人力资源、物力资源等,这里的资源包括已有资源和需要资源两部分。

8. 活动开展:即活动的措施、步骤,这是策划方案的核心部分,表现方式要简洁明了,使人容易理解,但表述要力求详尽,不可遗漏。在此部分中,不能局限于文字表述,可适当加入统计图表等;对策划的各工作项目,应按照时间的先后顺序排列,同时绘制实施时间表,便于方案核查。人员的组织配置、活动对象、相应权责及时间地点也应在这部分加以说明,执行的应变程序也应该在这部分加以考虑。这里提供一些应当注意的事项,如会场布置、接待室、嘉宾座次、赞助方式、合同协议、媒体支持、校园宣传、广告制作、主持、领导讲话、司仪、会场服务、电子背景、灯光、音响、摄像、信息联络、技术支持、秩序维持、衣着、指挥中心、现场气氛调节、接送车辆、活动后清理人员、合影、餐饮招待、后续联络等。请根据实际情况自行调节。

9. 经费预算:活动的各项费用在根据实际情况进行具体、周密的计算后,用清晰明了的形式列出。

10. 活动中应注意的问题及细节:内外环境的变化不可避免地会给方案的执行带来一些不确定性因素,因此,当环境变化时是否有应变措施,损失的概率是多少,造成的损失多大以及应急措施等也应在策划中加以说明。每次活动都有可能出现一些意外,比如政府部门的干预、消费者的投诉、天气突变导致户外的促销活动无法继续进行等。必须对各个可能出现的意外事件作必要的人力、物力、财力等方面的准备。

11. 活动负责人及主要参与者:注明组织者、参与者、嘉宾等。

12. 效果预估:预测这次活动会达到什么样的效果,以利于活动结束后与实际情况进行比较,总结成功和失败的经验教训。

以上 12 个部分是专题活动方案的一个框架,在实际操作中,可根据具体情况进行分析比较和优化组合,以实现最佳效益。

范文:××房地产项目专题报道策划书

一、策划缘起——东部旅游节日在即,全城热销海岸生活

7 月 22 日,××省文化厅和××市××区政府主办的"首届亚洲少儿艺术花会暨××省少儿艺术节"即将召开,在其与"东部旅游文化节"同时开幕的喜人背景下,盐田的旅游旺季和置业高潮已经到来。随着万科东海岸和心海伽蓝项目的陆续开盘,东部

家居生活不断朝着海岸新时尚升级。盐田需要宣传,盐田需要更加时尚的海风吹拂。

二、合作优势——《××周刊》,先锋时尚为东部海岸生活冲浪领航

同是 7 月 22 日,全球时尚生活资讯、白领精英读本《××周刊》正式创刊。《××周刊》是××市公开发行、全彩色铜版纸印刷、深莞两地同时直投的第一张周报;7 月 8 日试刊后,受到读者和业内外一致好评。

三、媒体互动——《××周刊》与分众液晶电视互动,开创最新传媒模式

为了充分传达东部海岸生活气息,更加准确锁定白领、金领人士置业盐田,《××周刊》与名震全国的分众传媒机构联手,在遍布××市的高档写字楼、高尚酒店、住宅等电梯间开辟液晶电视广告。凡在《××周刊》投放特殊版位整版彩色广告的客户都将同时得到分众传媒赠送的滚动播出的一周每天 48 次每次 5 秒的宣传广告。

四、报道方法——全景描绘盐田生活,为置业东部展示立体画卷

1. 介绍盐田简史:概括山海盐田,几年巨变;
2. 描述旅游东部:处处美景处处家的环境;
3. 谱写豪宅赞歌:聆听海、山无与伦比的天籁;
4. 展示成熟配套:记录时尚小镇故事;
5. 图说东方夏威夷:动感都市的社区广告。

五、其他配合——全面互动,《××周刊》期待合作

1. 采访国土局、交易中心领导,介绍盐田规划与发展蓝图;
2. 组织看楼专车免费服务;
3. 请中介公司、专家畅谈置业盐田的多重优势;
4. 其他合作另行协商。

(三) 广告策划书

以书面语言叙述的广告策划书运用十分广泛。这种把广告策划意见撰写成书而形成的广告计划称为广告策划书。

一份完整的广告策划书大体包括如下内容:

1. 封面:一份完整的广告策划书文本应该包括一个版面精美、要素齐备的封面,给阅读者以良好的第一印象。

2. 广告策划小组名单:在策划文本中提供广告策划小组名单,可以向广告主显示广告策划运作的正规化程度,也可以表示一种对策划结果负责的态度。

3. 目录:在广告策划书目录中,应该列举广告策划书各个部分的标题,必要时还应该将各个部分的联系以简明的图表体现出来,这样做一方面可以使策划文本显得正式、规范,另一方面也可以使阅读者能够根据目录方便地找到想要阅读的内容。

4. 前言:简明概述广告活动的时限,广告策划的目的、过程。这是全部计划的摘要,目的是让企业最高层次的决策者、广告客户或执行人员快速阅读和了解,这部分内容不宜太长,以数百字为佳,所以有的广告策划书称这部分为执行摘要。

5. 正文:

第一部分:市场分析,这部分应该包括广告策划的过程中所进行的市场分析的全部结果,以为后续的广告策略部分提供有说服力的依据,具体包括营销环境分析、消费者分析、产品分析、企业和竞争对手的竞争状况分析、企业与竞争对手的广告分析。

第二部分:广告策略,包括广告的目标、目标市场策略、产品定位策略、广告诉求策略、广告表现策略等。

第三部分:广告计划,包括广告目标、广告时间、广告的目标市场、广告的诉求对象、广告的诉求重点、广告表现、广告发布计划、其他活动计划、广告费用预算等。

第四部分:广告活动的效果预测和监控,主要说明经广告主认可,按照广告计划实施广告活动预计可达到的目标。这一目标应该和前言部分规定的目标任务相呼应。

在策划文本的附录中,应该包括为广告策划而进行的市场调查的应用性文本和其他需要提供给广告主的资料。

以下为某产品的广告策划书范文:

康师傅广告策划书全案

随着当今生活节奏的不断加快,人们的饮食生活也被深深打上了时代的烙印。方便面因为给大家提供了很大的便利,成为了很多人生活中不可缺少的食物组成部分。提起方便面,很多人立刻就会想到康师傅这个品牌,康师傅方便面在中国几乎是家喻户晓的。康师傅塑造了一个可爱的动画人物图案,以讲究健康美味的美食专家的形象在中国市场建造了康师傅食品王国。大学生是方便面的重要消费群体,本方案通过对产品市场的综合调查分析,以提高康师傅方便面在××学院的市场占有率为主要目的做了一整套营销策略方案。

一、市场分析

1. 销售环境分析。大学生是方便面的重要消费群体。就我们学校而言,学校周一到周五实行封闭式管理,学生的活动范围基本都是在校园里。学生食堂条件单一,且吃饭时间集中,同学们在厌倦了食堂那永远不变口味的食物和挤食堂抢饭的烦恼时,自然会选择实惠方便的方便面。

2. 自我剖析与销售比较。康师傅方便面品质精良、汤料香浓,碗装面和袋装面一应俱全,更重要的是它有一个康师傅的名字。顶新国际集团董事长魏应交曾说:"许多人认为'康师傅'的老板姓康,其实不是。'康'意为我们要为消费者提供健康营养的食品。'师傅'在华人中有亲切、责任感、专业成就的印象,这个名字有亲和力。用'康师傅'这个品牌反映了我们的责任心。"

康师傅是国内最大的方便面品牌,根据我们在××学院南校区的市场调查问卷得知,很多人在买方便面时首选是康师傅,购买原因一是因为品牌效应,二是因为好吃。而校园外全国近期内的市场调查则提供了这样的数据:冠军为康师傅,其市场综合占有率保持在34%以上;亚军为统一;第三位为华龙;第四位为日清;第五位为农心;第六位为福满多;第七位为华丰;第八位为今麦郎;第九位为好劲道;第十位为公仔。

3. 消费者分析。学生一般都离不开方便面,而学生一般又会在什么情况下选择方便面呢?

(1)图方便。很多同学忙于学习,懒得去吃饭;或者下课晚时看到食堂吃饭的人太多,会选择吃方便面。

(2)图实惠。学生本身属于低消费群体,吃方便面省钱。

(3)电脑迷。学生中有很大一部分喜欢游戏或者学习电脑软件。这部分人一旦面对电脑就不愿意离开,很多时候会选择方便面这种快餐式的饮食。

(4)怕单独活动者。形单只影、不喜欢单独去食堂吃饭的人,会选择方便面。

(5)喜欢方便面口味的人。

4. 竞争对手的分析。根据对其他品牌的调查我们得知,学生选择白象方便面的原因是因为它最便宜,选择好劲道和福满多的原因是因为这两种面价格定位在中低档。康师傅吸引学生群体的特点包括:面筋斗,滑溜,味香,品牌大,包装好看,价格适中。康师傅在推出各种口味的方便面时做了很全面的市场调查和分析,调查后知道,中国人最喜欢的面条口味是牛肉味,第二、第三是排骨和鸡肉口味,第四才是海鲜口味。在确定牛肉味为主打产品后,康师傅经过不断改进,请上万人试吃,才终于生产出适合大众口味的产品。再看统一和今麦郎,它们的面和料也很具特色,销售紧跟康师傅之后。那么,康师傅的最大特色在什么地方呢?而康师傅怎样才能更好地发挥自身优势来促进销售呢?

二、广告策略

根据我们的多番讨论,我们最终确定把康师傅品牌信誉度高、品牌形象亲切和"好吃看得见"这几点强化突出。既然这是一个知名品牌,我们的广告策略重点不用放在更大的品牌宣传上,我们在广告策略上应侧重于深化康师傅这个可爱的动画人物给我们带来的亲切感,在品牌上加入人文关怀的因素,让同学们在看到、听到这个品牌时就觉得有温馨的感觉,以强化它的品牌效应。我们推广的目标市场是××学院,我们就要针对这个环境特点选用最合适的广告策略和尽可能少的广告费用。

1. 广告方式。

首先,我们选用的媒体是广播。在下课(特别是吃饭)的时间,无论我们身处校园的哪个角落都能听见广播。我们选在吃饭的时间在校园广播上推出一个介绍健康饮食知识的小栏目。比如,康师傅在节目中友情提示:在炎热的夏天我们应该多吃点水果,以增加其健康的良好形象。

然后,我们可以抓住大学生网络生活占了很大的课余时间这个特点,在校园网上制作一个点击网页弹出式 FLASH,这个 FLASH 主要突出康师傅的美味(后面附有这个广告的脚本)。另外我们可以在校园网上发布一个由康师傅公司赞助的康师傅网页和 FLASH 设计大赛,将比赛变成一个很好的促销手段,使同学们更进一步了解康师傅这个牌子的方便面,并去更多地品尝康师傅方便面。比赛的奖品可以是在康师傅公司打暑假工的机会,或者为康师傅作校园销售代表,优秀奖设为康师傅方便面一箱和相应的证书。

此外,我们还有几种比较人性化的策略:

(1)贴指示牌强化购买行为。根据我们调查,买方便面的有70%的人属于冲动型购买,即在去超市之前不会计划好要买什么品牌。我们可以在学校的几个超市中的康师傅方便面区域贴上"康师傅"POP 指示牌,突出易看、易取、易买的特点。

(2)户外。我们在北区和新校区的路间设一个自行车免费充气点,摆放一把印有康师傅标识的大遮阳伞及一套自行车电动充气设备。

(3)促销。南区的宿舍楼是没有电风扇的,我们针对悄然来临的夏季,从人文关怀的角度出发,进行买五袋装的康师傅方便面就可获赠一把印有康师傅字样的漂亮纸扇的促销活动。

(4)设临时售点。我们可以在每幢宿舍楼都设一个小的销售点(这个销售点可以是网页或者 FLASH 设计大赛的获奖者所在的学生宿舍,或者是康师傅提供的一个让学生的勤工俭学的机会),开通一个免费电话和一个销售网页,学生想吃方便面了,一个电话打来或者一个信息打进来,面和水就一起送上门来,这样又进一步扩大了康师傅方便面的销售。

2. 广告定位。

(1)诉求点:品牌大、味道好。

(2)广告语:随时随地关爱你——康师傅方便面。

(3)广告表现:FLASH 脚本及 POP 牌。

三、广告总策划

1. 广告目标:通过提高品牌形象扩大销售,使××学院夏季的销售量达到3 000箱。

2. 广告时间:

(1)POP 广告、广播、网络的广告时间为6月1日至6月31日。

(2)临时售点的户外广告为6月到7月。

(3)促销时间为6月1日至6月31日之间的每周五下午。

3. 广告预算:

(1)POP 广告 100 元;

(2)广播 100 元;

(3)网络(含奖品)200元;

(4)促销赠品200元;

(5)临时售点300元;户外100元;

(6)总费用约为1 000(预测波动价为1 000元到1 200元)。

三、广告文案

(一)概念

广告文案是已经定稿的广告作品中的全部的语言文字部分,是狭义的广告概念。广告文案包括广告作品中的语言和文字两个部分。其中,语言指有声语言和口头语言,而文字指书面语言,包括电视广告中的字幕。广告策划书、广告计划书等一般不属于广告文案。

(二)分类

广告文案可根据不同的标准分为多种类型。一般按传播媒体分为报刊广告文案、广播广告文案、电视广告文案、传单广告文案、路牌广告文案、网络广告文案等。

(三)内容和结构

广告文案的结构一般包括:标题、内文、广告语、广告随文等四个部分。

1. 标题:广告标题标明广告的主旨,是区分不同广告内容的标志,它集中传达广告中最重要或最能引起受众兴趣的信息。标题的表现形式可分为:

(1)新闻式标题:宣布新闻或提供信息。如某保健品"有效补充蛋白的方法终于被发现"。

(2)提问式标题:提出问题,鼓励读者在正文中寻找答案,优秀的提问式标题会激起读者的好奇心和想象力。例如Tim berland休闲鞋的广告语:"鞋上有342个洞,为什么还能防水?"

(3)悬念式标题:在标题中设立一个悬念,迎合受众追根究底的心理特征,以吸引注意与探究。如某耳鸣学会的募捐广告:"我们从人们耳朵里取出来的东西",旁边配以画面:水龙头、哨子、锉刀、自行车铃等;人们读正文后才明白:标题和配画是在说患耳鸣者的痛苦。

(4)提倡号召式标题:提出主张,号召采取购买行动。例如瑞士旅游广告语:"登月前,请到瑞士一游"。

(5)利益式标题:向消费者承诺,使用某产品或服务,会得到某种利益。例如联邦快递的广告语:"快递日本,隔日就到,世界就这么小。"

2. 内文:广告内文是对广告主题进行详细阐述的语言或文字,一般介绍产品性能、特点、用途、规格、价格等,但又不像说明书要求面面俱到,而要抓住一点,围绕一个主题展开。常见的表现形式大致有陈述式、说明式、故事式、独白或对白式、文艺式。

（1）陈述式，即采取理性的诉求方法，以客观、直截了当的手法直陈事实，对产品尤其是受众较为生疏的新产品或高技术产品作简明描述，使人一目了然。如 UPS 快递"信"广告：

"当投递包裹时，您总是想确认它是否被安全、可靠地送达。通过 UPS，您肯定能得到完善的服务。我们的运输网络和专用递送机队，确保每周六班往返于中美间，隔天递送，准时到达。当您需要运送包裹时，请信赖 UPS。"

（2）说明式。它旨在说明广告产品所能够给消费者带来的功效。如北京亚都生物技术公司的新产品 DHA 的广告文案：

"最新一代智力保健品——亚都 DHA，是采用现代生物高技术研制开发的新型保健品，系缓释胶囊型，旨在补充人们大脑发育、智力增长所必需的重要物质：DHA，即二十二碳六烯酸。其主要来源于深海鱼类的鱼油，乃是人类脑细胞生长发育必需的结构物质。

亚都 DHA 不仅是增进胎儿脑细胞发育、提高智力的营养物质，并且具有增强幼童、青少年和中老年人的思维判断能力、记忆力、反应速度和感觉功能的作用。"

（3）独白或对白式，即人物用自己的语言表达展开诉求，或从某用户的角度，以"我"的口吻，表明观点，抒发情感；或通过某个生活片段中的人物对话，展开诉求。如中国移动神州行的平面广告：

"我是葛优，和你一样，我也有一部使用神州行号码的手机。我用神州行，理由很简单：信号好、资费实惠、用着踏实方便，还有，我身边很多人都用神州行，都说不错。如果你问我神州行咋样，我会说：'神州行，我看行！'"

（4）故事式。在广告正文中通过故事情节的发展描述来吸引消费者。有的采用对话的形式讲述一个故事，有的采用连环画的形式描述一个故事。在广告文案构思中，以故事型来完成广告正文，能够揭示广告主题，传播广告产品的属性、功能和价值等，能够创造出一种轻松的信息传播与接受氛围。此类广告的吸引力和记忆度较强。

1990 年，麦卡恩·埃里克森环球广告公司为宣传雀巢公司名为"品尝者的选择"的速溶咖啡，制作了一套别具风格的广告系列故事片。这个咖啡广告的主角是一对青年男女，由两位专业演员扮演。电视片中的这对男女于 1990 年底出现在观众面前。女士偶然敲开男士的门要求借一点咖啡，二人因此相识。第二部分的广告描绘了女士归还咖啡的情景。在下一个广告片中，他俩出现在女士的家里，边喝咖啡边聊天。这是他们的第二次约会。此片的结尾以女士嘟起双唇的动作定格。据麦卡恩公司创作部主任的解释，这个动作是求吻的意思。整个故事赋予了咖啡浪漫的主题，不动声色地达到了宣传咖啡的目的。现在流行的植入式广告，实际就是故事式广告的发展。

（5）文艺式。广告正文采用散文、诗歌等形式来完成。这种形式凝练精美，能够表现出真情挚感,给人耳目一新的感受。

1935 年,李奥·贝纳为罐头食品公司的"绿色巨人"牌豌豆做文案时,为了表现豌豆的新鲜和饱满,制作了一幅连夜收割、包装豌豆的画面,并且在画上设计了一个捧着一只大豆荚的巨人形象。本来标题可以简单地拟作"即时的包装"或"新鲜罐装豌豆"等,但是贝纳却别出心裁地选用了一种浪漫的、诗情画意的表达方式和语言,以"月光下的收成"为标题,将人们带进一种优美的意境和氛围。广告文案的内容是:无论日间或夜晚,绿色巨人豌豆都在转瞬间选妥,风味绝佳……从产地至装罐不超过三小时。

3. 广告语。广告语又称广告口号、主题句,是为加强公众对企业、产品、服务的印象,在较长时期内反复使用的口号性语句。

广告语的基本作用是以最精炼的文字把企业的特征,商品或服务的特性、优点表达出来,给人留下深刻印象或传递一种长期不变的观念。另外,广告语可以保持广告营销活动的连续性,通过反复宣传,加强印象,最终演变为生活用语,使人一听或看到广告语就联想起商品或广告内容,提高商品、服务和企业的知名度。

广告语和广告标题很相近,但两者也有明显的区别:①作用和位置不同。广告语的主要职能是体现广告战略,使消费者建立一种观念;标题的主要职能是引起受众的注意并诱导阅读正文,处在文案最醒目的位置;广告语必不可少,而广告标题则可能被略去。②使用时间、次数不同。标题经常是一次性使用,而广告语则可反复多次出现在某一时期的广告组合中,具有稳定性和持续性。

4. 随文:广告随文是对广告正文的有效补充和说明。具体包括以下种类:①品牌、企业名称、标志;②企业地址、电话、邮编、联系人;③购买商品或获得服务的途径和方式;④权威机构证明标志与促销措施。

以下为某产品广告文案范文:

××纯净水广告文案

A:平面广告文案

标题:冰露,永远不认输!

广告语:相信你自己!

正文:

人生,充满无数的赛场,

面对一个又一个强有力的对手,

谁又会是永远的赢家。

输,绝不会是终点,

坚强,也不等于永远。

心,依然坚强如冰,

流在你的脸庞,只是水,

是对冰的坚强的安慰。

输,只是再来一回,

冰露,永远不认输!

随文:冰露纯净水由可口可乐公司出品,国际品质,带给你非一般纯净的感觉。

B:电视广告文案

口号:冰露,没你不行!

画面一:挥汗如雨的田径赛场,终点线上欢呼和沮丧的人们。

画面二:空旷的田径赛场,一个人的比赛。

画外音:没有对手的比赛,谁还会是冠军?

画面三:近镜特写,失败者的沮丧,手持冰露纯净水喝一口,然后从头上淋下来,露出不服输的表情。

画外音:输并不可怕,可怕的是你不知道你的对手,永远不服输。人生的赛场,没你不行!

以下为一些经典的广告语集萃:

经典广告语集萃

1. 雀巢咖啡:味道好极了

这是人们最熟悉的一句广告语,也是人们最喜欢的广告语。简单而又意味深远,并且朗朗上口。将发自内心的感受脱口而出,是其经典之所在。雀巢曾以重金在全球征集新广告语,结果发现没有一句比这句话更经典,所以就永久地保留了它。

2. M&M 巧克力:只溶在口,不溶在手

这是著名广告大师伯恩巴克的灵感之作,堪称经典,流传至今。它既反映了 M&M 巧克力糖衣包装的独特品质,又暗示 M&M 巧克力口味好,以至于我们不愿意使巧克力在手上停留片刻。

3. 百事可乐:新一代的选择

在与可口可乐的竞争中,百事可乐终于找到了突破口,它们从年轻人身上发现市场,把自己定位为新生代的可乐,邀请新生代喜欢的超级歌星作为自己的品牌代言人,终于赢得青年人的青睐。一句广告语明确地传达了品牌的定位,创造了一个市场。

4. 大众甲壳虫汽车:想想还是小的好

20 世纪 60 年代的美国汽车市场是大型车的天下,大众的甲壳虫刚进入美国时根本就没有市场,伯恩巴克再次拯救了大众的甲壳虫,提出"think small"的主张,运用广告的力量,改变了美国人的观念,使美国人认识到小型车的优点。从此,大众的小型汽车就稳执美国汽车市场之牛耳,直到日本汽车进入美国市场。

5. 耐克：just do it！

耐克通过以 just do it！为主题的系列广告和篮球明星乔丹的明星效应，迅速成为体育用品的第一品牌，而这句广告语正契合了青少年一代的心态：要做就做。

6. 诺基亚：科技以人为本

"科技以人为本"似乎不是诺基亚最早提出的，但诺基亚却把这句话的内涵发挥得淋漓尽致，事实证明，诺基亚能够从一个小品牌一跃为移动电话市场的第一品牌，正是尊崇了这一理念，从产品开发到人才管理，真正体现了以人为本的理念，因此，口号才喊得格外有力，做到了言之有物。

7. 戴比尔斯钻石：钻石恒久远，一颗永流传

事实证明，经典的广告语总是丰富的内涵和优美的语句的结合体，戴比尔斯钻石的这句广告语，不仅道出了钻石的真正价值，而且也从另一个层面把爱情的价值提升到足够的高度，使人们很容易把钻石与爱情联系起来，这的确是最美妙的感觉。

8. 麦氏咖啡：滴滴香浓，意犹未尽

作为全球第二大咖啡品牌，麦氏的广告语堪称语言的经典。与雀巢不同，麦氏的感觉体验更胜一筹。虽然这个广告语不如雀巢的"味道好极了"直白，但却符合品尝咖啡时的那种意境，同时又把麦氏咖啡的那种醇香与内心的感受紧紧结合起来，同样经得起市场和时间的考验。

9. IBM：四海一家的解决之道

在蓝色巨人经营处于低谷时，提出这一颇具煽动性的口号，希望自己不仅成为一个名副其实的跨国企业，而且成为一家为高科技电子领域提供一条龙解决方案的企业。进入电子商务时代后，IBM 正在将这一口号稳步变成现实，扮演着电子商务解决方案的提供商的角色。

10. 山叶钢琴：学琴的孩子不会变坏

这是台湾地区最有名的广告语，它抓住了父母的心态，采用攻心策略，不讲钢琴的优点，而是从学钢琴有利于孩子身心成长的角度，吸引孩子们的父母。这一点的确很有效，父母们都十分认同山叶的观点，于是购买山叶钢琴就是下一步的事情了。

11. 人头马 XO：人头马一开，好事自然来

尊贵的人头马非一般人能享受起，因此喝人头马 XO 一定会有一些不同的感觉，因此人头马给你一个希望，只要喝人头马就会有好事等着到来。有了这样吉利的"占卜"，谁不愿意喝人头马呢？

12. 德芙巧克力：牛奶香浓，丝般感受

之所以够得上经典，在于那个"丝般感受"的心理体验。能够把巧克力细腻滑润的感觉用丝绸来形容，意境够高远，想象够丰富，可以说把语言的力量发挥到了极致。

13. 英特尔:给电脑一颗奔腾的芯

英特尔公司的微处理器最初只是被冠以 X86,并没有自己的品牌,为了突出自己的品牌,从 586 后,电脑的运行速度就以奔腾多少来界定了。据说英特尔公司为了推出自己的奔腾品牌,曾给各大电脑公司 5% 的返利,就是为了在他们的产品和包装上贴上"intel inside"的字样,而"给电脑一颗奔腾的芯"则一语双关,既突出了品牌又贴切地体现了奔腾微处理器的功能和澎湃的驱动力。

14. 丰田汽车:车到山前必有路,有路必有丰田车

20 世纪 80 年代,中国的道路上除了国产汽车之外最多的就是日本的进口车了,而这句精彩的广告语则很符合当时的情况,并且巧妙地把中国的俗语结合起来,体现出一股自信和霸气。

15. 金利来:男人的世界

金利来的成功除了得益于一个好名字外还在于成功的定位,他们把自己的产品定位于成功和有身份的男士,多年来坚持不懈,终于成为男士服装中的精品,而这句广告语则画龙点睛一般准确地体现了金利来的定位和核心价值。

16. 沙宣洗发水:我的光彩来自你的风采

沙宣是宝洁公司洗发水品牌中的后起之秀,他们请来国际著名美发专家维达·沙宣做自己的品牌形象大使,并用维达·沙宣本人的名字作为品牌,从而树立起专业洗发、护发的形象,而"我的光彩来自你的风采"则有画龙点睛之感。

四、商务信函

(一)概念

商务信函(商函)是企业用于联系业务、洽谈生意、磋商问题、沟通信息的信件,是商务活动中经常使用的文体。一份成功的、出色的商函可以成为企业公关的一个组成部分,可以促进目标的实现,为企业带来良好的经济效益和社会效益。正因为商函具有这些价值,所以人们越来越意识到商函写作的重要性,并将能成功写作商函的人视为公司的一大"财富"。

(二)商务信函分类

根据磋商交易的一般程序,即"询盘—发盘—还盘—接受—签订合同"五个环节,可以将商务信函细分为建立商务关系函、询问函、报价函、答复函、交涉函、付款函、装运函、确认货物收到函、要求索赔函和接受索赔函等等。归纳起来,常用的商函有以下四类:建立商务关系函、交易磋商函、确认成交函和索赔理赔磋商函。

(三)商务信函写作格式

商务信函如同一般信函,一般由称谓、问候语、正文、祝颂语、附件、落款六部分组成。

1. 称谓。开头写收信人或收信单位的称呼。对于收信人,可以加上敬语表示对对方的尊重;对于收信单位必须写明全称;如果需要写明收信单位的具体负责人,应该在单位名称下另起一行,写上具体负责人的姓名和职务。

2. 问候语。

3. 正文:正文是书信的主要部分,叙述商业业务往来联系的实质问题。

(1)开头部分:主要写明写信的事由,例如,对收到对方的来信表示谢意,对于来信中提到的问题进行答复等。

(2)主体部分:是商函的主干,主要写明要具体进行的业务,如询问有关事宜,回答对方提出的问题,阐明自己的想法或看法,向对方提出要求等。如果既要向对方询问,又要回答对方的询问,则先答后问,以示尊重。

(3)结尾部分:提出进一步联系的希望、方式和要求。

4. 祝颂语:正文结束后,另起一行,致以祝颂。如"此致敬礼"、"顺祝商祺"等。

5. 附件:随信附发的相关文件,如报价单、样品图表、收据、协议书等。

6. 落款:包括署名和日期。署名即写信人签名,通常写在结尾后另起一行(或空一、二行)的偏右下方位置。以单位名义发出的商业信函,署名时可写单位名称或单位内具体部门名称,也可同时署写信人的姓名。重要的商业信函,为郑重起见,也可加盖公章。写信日期一般写在署名的下一行。商业信函的日期很重要,不能遗漏。

（四）商业信函的类别

1. 建立商务关系函。建立商务关系函是指为了企业的生产与销售,通过多种途径了解客户后,经论证后而与客户联系所用的信函文书。在缮写这种信函时,首先要向对方说明信息来源,即如何取得的对方的资料,并言明去函目的。其次需要介绍本公司性质、业务范围、经营商品等基本情况。在明确对方需求时,应对对方需要的特定商品进行具体的推荐性介绍;否则,通常只就公司经营产品的整体情况,如质量标准、价格水平等作较为笼统的介绍,或者附上目录、报价单或另寄样品供对方参考。此外,在结尾部分,可与其他商业促销信函一样,写上一两句希望对方给予回应或劝说对方立即采取行动的语句。见下例:

布伦公司:

　　我们从商会那里看到贵公司的名称及地址,得知你们有兴趣建立进出口商品的业务联系。

　　如贵公司在本地尚无固定客户,希望考虑以本公司为交易伙伴。本公司原经营工业机械在本国的批发零售业务,由于最近在经营方面的变化,本公司在销售方面的政策也发生了变化。

　　我们有多年的外贸经验,希望在世界各地建立适宜而持久的贸易关系。由于与生产厂的长期直接联系,我们在许多行业中(尤其是工业机械领域)是最有竞争力的。

我们也愿意从贵国进口一两种优良产品,以有竞争力的价格在我国销售,以期能够持续、长期占领市场。

我们希望聆听贵公司的意见、要求及建议,以及如何才能使双方协力合作,互惠互利。此外,本公司愿意以收取佣金为条件充当贵公司在我国的采购代理。

恭候回音。

鑫达公司业务部经理

刘一东敬呈

2010 年 6 月 12 日

2. 推销函。推销函是商函中使用最广泛的种类。就目前的写作趋势看,推销函的行文风格越来越人性化,接近私人信件,语言也较通俗、活泼、简练。为吸引买方,这类信函开头的文字可使用简短、戏剧化的句子,转入正文时,要把握写信的日的,力求使对方了解你的商品特征与优点。结尾可以写一些促使对方立即采取行动的话语。例如:

×××公司:

我们从我国驻贵国使馆商务处来信中获悉,贵公司希望与我国经营工艺品的外贸出口公司建立业务联系。我们很高兴,愿意在开展这类商品的贸易方面与贵公司合作。

我公司经营的工艺品主要有传统刺绣品、工艺草编竹编、艺术灯具、仿古器物、古玩字画等,均制作精美,质量上乘,深受消费者喜爱,目前在欧美、日本等许多国家颇为畅销。

现寄上各类工艺品目录及价格表,并附上样照。欢迎来人来函洽谈惠顾。

顺祝商祺!

×××进出口公司

2010 年 3 月 25 日

附件:1.×××

2.×××

3. 咨询函。这是询问商务信息,要求提供样品、价目表等有关物品的信函。咨询函又分为去函和回函。去函首先说明从何处获知对方相关信息,简洁具体地提出希望对方寄来样品并能详细告知有关价目与付款的条件。例如:

××先生:

从久龙商厦获悉,贵公司目前生产各类手工制人造皮革手套。本地区对中等价格的高品质手套向有稳定的需求。请惠寄贵公司的手套目录一份,详述有关价目与付款条件。希望贵公司顺带惠赐样品。

×××公司

××谨上

2010 年 5 月 5 日

回复对方的函,首句应先说明接到对方的来函,一般用"悉"或"收悉"。再针对来函内容表态,并可提出要求。例如:

××××公司

我们欣悉贵方 5 月 5 日的询价函。首先对您希望购买我方产品表示感谢。今天,一份配有有关插图的供出口的商品目录将寄往您处。我们认为,就颜色来说必中您意,并且确系当前市场所流行。该货设计美观、精巧,加之精湛的制作工艺,必将受到各类买主的欢迎。

×××公司

×××谨上

2010 年 5 月 20 日

4. 索赔函。索赔指买方在对买卖过程中因卖方未按合同要求交货,造成己方损失,从而向卖方提出赔偿要求的信函。索赔函就是这样一种在不利因素下,为了维护自身权力,同时又为妥善解决问题所写的信函。

索赔函的写作内容要明确,要注意言之有理和用辞礼貌,语言要简洁,要注意考虑对方的处境,尽量促使事态朝有利赔偿的方向发展。索赔函一般要提出事先双方约定的或同意的条件,然后列举事实说明货物出现意外的情况,提出解决问题的办法或索赔的条件。最后不忘将有关凭证附上,以加强索赔的力度。

××啤酒股份有限公司:

我公司于本月 15 日从贵公司购买 200 箱 6 000 罐××牌纯生啤酒,等级为一级品。但到货后,我方质检人员发现该批货中大约有 6 箱啤酒的质量明显低于贵公司提供的样品标准。经四川省成都市××质量监督局抽样检验,这 6 箱啤酒中含有明显的沉淀物,而且部分抽检样品中大肠杆菌超标,属于不合格产品。随函寄上我公司出具的质检报告。

现特向贵公司提出将这 6 箱不符合质量标准的啤酒按照《食品卫生法》的有关规定作销毁处理,同时贵公司需对我公司造成的损失作全部赔偿。

特此致函,盼复。

成都市××连锁超市有限公司
2010 年 6 月 15 日

附件:成都市××质量监督局质量检验报告

5. 催款函:催款函是卖方在规定期限内未收到货款,提醒或催促买方付款的函件。写作催款函时要求文字简练、意思清楚;同时要求语气诚恳、体贴,彬彬有礼。不可轻易怀疑对方故意拖欠不付,以免伤害对方感情,从而不利于达到索款的目的,或妨碍以后双方的业务开展。总之,索款要把握一个原则:既要达到索款目的,又要与客户保持友好关系。

对于某些屡催不付、故意逃款的客户,语气则要强硬,措辞要坚决,可以询问是否因遭到困难而拖欠。当一切努力均告失败,且对方欠款时间过长时,公司应考虑自身利益,提醒客户保持诚信的重要性等,并暗示要诉诸法律,并给对方以最后付款期限。

××公司:

有幸为您服务,我们深感高兴。借此谨表深切的谢意。

但是,上月底您的账单(第 8576 号)中早已过期的欠款迄今尚未付清。

应收款项对每一个单位的经营都是十分重要和必要的,这一点我们相信您会理解。望于下周付款,以此助我们一臂之力。

如若不能,请在信的下面,写明您准备付款的大约日期并把信退回我们。非常感谢您的合作,这使我们得以继续为您提供应得的高质量服务。

××××公司
2010 年 4 月 27 日

此信中特别注意口气的随和,既做到了提醒对方,又通情达理,并给了对方一定的宽限期。信函的最后一句含义丰富,绵里藏针,处理得尤为巧妙。

五、招标投标书

招标和投标是国际上广泛运用的一种有组织的商业交易形式,主要用于兴建工程及大宗的商品交易活动。招标投标是在兴建工程、采购或定做商品时,以业主为招标人或由业主委托专门的招标机构为招标人,事先公布竞争条件,由投标人竞标,然后依照有关规定择优选定中标人的活动。招标、投标,是当今国际上广泛流行的一种经济活动方式。了解招标投标程序,掌握招标投标中各种文书的写法,是企业发展的要求,也是现代企业工作人员必须具备的一种能力。

招标与投标是当今社会兴建工程或者进行大宗商品交易时广泛采用的一种公开竞争方式,是一种现代贸易活动。通过招标与投标的方式实现贸易成交,有利于打破垄断行为,进行正当、合法的竞争,这对于促进企业的改革、发展与管理,保证企业管理人员的廉洁自律,增强企业的活力,降低企业经营成本,提高经营效益,无疑都具有非常重要的意义。

（一）概念

招标书又称招标通告、招标公告、招标启事,是公开发布招标信息,通过招标的方式来招人承包或承购的告示性文书。它在招标过程中负责提供全面情况,以便竞标方根据业主所提出的条件提前做好准备。同时在招标过程当中,它起到了统领全局的作用,指导招标工作按照一定的步骤有序展开。

投标书与招标书相对应,是投标单位见到招标书以后准备参加投标竞争活动所写的文书。从实质上讲,投标是对招标提出的要约的响应、回答或承诺,同时提出具体的标价和条件承诺来竞争中标。投标书又称投标函、申请书或标书,与招标书相对应,是投标人对招标书的响应、回答,是投标人按照招标书中规定的条件和要求,向招标单位提出自己投标意向、具体的标价和条件承诺来竞争中标的书面材料。

（二）特点

1. 公开性。招标书是一种告知性文种,它要像广告一样,借助大众传播手段进行公开,以吸引全国乃至全世界的相关企业来参与竞标。

2. 竞争性。招标书充分利用了竞争机制,它以竞标的方式吸引投标者加入,通过激烈的竞争实现优胜劣汰,从而实现业主优选的目的。作为投标人来讲,他们均以竞标成功作为自己最终的目的,而招标单位只能选择其一,这就要求他们在投标书中强化竞争意识,充分展示自己的实力和优势,这样才可能在竞争中脱颖而出。

3. 严格的法律约束力。投标书和招标一样,均为日后签订承包合同提供了原始依据,其条款一经写入投标书中,就具备了严格意义上的法律约束力,投标人应完全按照其拟定的各项经济指标进行工作。

4. 时间的限定性。招投标活动一般都有严格的时间限定,必须在限期内将投标书递交招标单位,过期将视同自动放弃。同时,对投标项目的进度要求也有严格的时间限定。

（三）招标书、投标书的种类

按时间划分,有长期招投标书和短期招投标书。

按内容划分,有企业承包招投标书、工程招投标书、大宗商品交易招投标书等。

按招标的范围划分,有国际招投标书和国内招投标书。

在招标、投标的过程中,主要会出现下列文书:招标委托书、招标公告、资格预审公告、资格审查结果通知书、投标邀请书、投标须知或投标说明、投标书、投标申请书、投标项目方案、投标保证金保函、评标报告、中标通知书、落标通知书、招标投标情况报告等。

（四）招标书的文体结构

招标书一般由标题、招标号、正文、结尾四部分组成。

1. 标题。标题一般有以下几种：一是由招标单位、项目和文种名称组成，如《湖北省高速公路招标书》；二是只写招标单位和名称，如《××大学招标书》；三是只写招标项目和文种名称，如《建筑工程招标书》；四是广告式标题，如《试试看，你行不行》；五是简明性标题，只写《招标书》或《招标说明书》。

2. 招标号。标题下方一般应标列招标号。招标号一般由招标机构的英文缩写、编号两部分组成。如标题只有招标机构名称和文种名称，可在招标号下方标明招标项目名称。

3. 正文。由引言和主体两部分组成。

（1）引言。引言应写明招标目的、依据、招标项目以及招标单位的基本情况等。文字要精炼，开宗明义。

（2）主体。这是招标书的核心，通常采用横式并列结构，逐条写明招标的有关内容，力求详尽、具体、准确。这一部分必须具备如下几方面的内容。一是招标方式。说明是公开招标还是邀请招标。二是招标范围，说明是国际范围还是国内、省内、市内或是其他范围。三是招标内容及具体要求。如果是基层单位招标承包，应该写清地理位置、固定资产、流动资金、人员情况、经营情况等；如果是工程项目，须写综合说明。无论何种招标，都要写明承包者在承包期内要达到的各项指标。四是招标程序。写明招标、议标、开标、定标的方法和步骤，注明时间、地点。五是双方签订合同的原则，明确双方的权利和义务。六是其他事项。一般指上述内容的未尽事宜。

4. 结尾。要详细而具体地写清楚招标人名称、招标通告发布的日期。同时还要注明招标单位地址、电话、电报挂号、电传、传真、邮政编码、联系人等，以便投标者参与。以下为某公司的招标通告范文：

中国五金矿产进出口总公司招标通告

五矿国际招标有限责任公司

综合性妇幼卫生保健项目

贷款/信贷编号：2655—CHA   标号：MIMETW—W69501

中华人民共和国已从世界银行获得一笔以多种货币计算的贷款，用于本项目的费用支付，并将部分款项用于本次招标后所签合同的合格支付。本次招标采取国内竞争性招标方式。中国五金矿产进出口总公司五矿国际招标有限公司兹邀请合格投标人为提供如下货物参加投标。

1.摩托车　　2.彩色电视机　　3.工业洗衣机　　4.录像机　　5.低温冰箱
6.冷藏箱　　7.便携式投影仪　8.教师用具(移动式磁性双面书写板)
9.自动幻灯机　　10.血库冰箱　　11.照相机　　12.自行车　　13.电话机

本项目招标文件从×××年4月27日起(周六、周日及节日除外)每天上午9:00~11:00、下午2:00~4:00(北京时间)在五矿大厦202房间公开出售,售价每套1 300元人民币,如欲邮购,每套另收邮费50元人民币,招标文件将以快件邮寄,售后不退。投标人可对所采购货物的任何或所有品目进行投标。

投标截止日期为×××年6月8日北京时间下午2:00。此后收到的投标文件或未按招标文件规定提交投标保证金的投标文件均不接受。兹定于×××年6月8日下午2:00在五矿大厦多功能厅公开开标。

中国五金矿产进出口总公司五矿国际招标有限责任公司

北京朝阳区××里四区×号五矿大厦

邮编:100101　　电话:×××××××

传真:4917×××

电传:22241 MIMET CN

(五)投标书的文体结构和内容结构

投标书一般由标题、送达单位称呼、正文、结尾和附录五个部分组成。

1. 标题。标题大致有三种情况:一是直接写文种名称"投标书(函)";二是由投标项目名称和文种名称两部分组成;三是由投标人名称和文种名称两部分组成。

2. 送达单位称呼。国内招标时,投标书可在标题下顶格写上招标单位全称。国际招标时应按国际惯例分为三行:第一行顶格写招标人名称,并在招标人名称前加"致";第二行空两格写招标人地址;第三行顶格写"先生们"或"诸位先生",后加冒号。国内招标时投标书送达单位也可按国际惯例写。

3. 正文。

(1)开头。写明投标书所对应的招标项目的名称、招标号,投标人正式授权的签字人的姓名、职务,签字人所代表的企业及投标人的名称和地址。

(2)主体。主体一般包括两方面内容:一是所提交的投标文件;二是投标人表明态度即表明承诺的内容。不同招标项目,投标人所提供的文件也不一样,应视招标文件规定和招标投标具体情况确定需要提交哪些文件,并注明提交文件的正本、副本的份数。投标人承诺的内容一般包括:①总报价及结算币种。②如果是工程项目投标,应写明开工、竣工日期;如果是商品采购投标,应表明保证按合同规定履行义务。③如果没有提供投标保证金保函,应写明所交纳的投标保证金金额及对投标保证金所持的态度。④写明本投标书的有限期限。⑤对招标人不一定接受最低标价的投标或其他投标所持的态度。按惯例,一般是表示理解。⑥其他承诺的内容。

4. 结尾。写明投标单位名称和投标书发出日期,加盖投标单位印章,并由被授权代表签名盖章。同时应写明投标人的地址、电话、电报、传真、邮政编码等内容,以便联系。有的投标书将投标人的通信情况列为主体部分最后一条内容。

5. 附录。情况不同,具体材料不尽一致,如建设工程施工项目投标文件中多附有投标保证金银行保函、法定代表人资格证明书和授权委托书等。

以下为某公司的投标函范文:

投标函

杭州市城市建设发展公司:

在认真研究了杭州环城北路地下停车库工程全部招标文件(包括图纸)、参加了招标技术说明与招标答疑,并考察了工程现场后,我公司(浙江省××建筑工程公司)愿意以人民币捌百陆十陆万元(866万元)的总价,按招标文件的要求,承担该工程的全部施工任务。现我公司正式授权给予人吴一强(一级项目经理)、陆同朱(一级项目经理)、程再森(施工员),代表我公司向贵方提交投标函正本壹份、副本壹份。

本投标函由下列文件组成:

一、综合说明书

二、总报价书

三、费率投标报价书

四、浙江省××建筑工程公司建筑工程土建预算书

五、杭州市环城北路地下停车库工程施工组织设计

六、杭州市环城北路地下停车库施工进度网络计划表

我公司宣布并同意下列各点:

一、如果贵方接受我方投标,我方保证在接到工程开工令后,在招标文件规定的期限内开工,在投标文件规定的150日内完成并交付合同规定的全部工程。

二、如果贵方接受我方投标,我方将按照招标文件规定的金额,在合同签订后15日内提交履行合同保证金保函。

三、我方同意在从规定的递交投标函之日起的10日内遵守本投标。在该期限期满之前,本投标书对我方始终有约束力。

四、如果贵方接受我方投标并将中标通知书送达我方,在正式合同签订之前,本投标函与中标通知书应成为约束贵我双方的合同。

五、我方随同本投标函交纳投标保证金人民币壹拾伍万元整(15万元)。如果我方在规定的递交投标函之日起10日内撤回投标函,或接到中标通知书后20日内因我方原因贵我双方未签订合同,或贵我双方合同签订后15日内我方未向贵方提交履行合同保证金保函,贵方有权没收这笔投标保证金。

六、我方理解,贵方不一定接受最低标价的投标或其他任何可能收到的投标;同时我方也理解,贵方不负担我方的任何投标费用。

七、有关本投标的正式通讯应致:

地址:滨江路×××号　　　　　　邮政编码:310009

电话:5678×××　　　　　　　电传:335××　　　传真:5678××××

代表:吴一强,陆向东,程再森

投标单位 浙江省××建筑工程公司(印)

法人代表 葛××(印)

投标日期 二〇〇九年三月十一日

第二节　实训内容及要求

一、实训任务

本章实训任务是结合商务文书写作专业知识分析、撰写或修改市场调查报告、营销策划书、专题活动策划书、广告文案、标书等相关文书,每部分实训任务会结合具体分析内容,给出实训任务提示和实训要求。

二、市场调查报告

【实训提示】

1. 市场调查报告写作的注意事项。全面深入的市场调查研究是市场调查报告的基础。市场调查报告是对市场的供求关系、购销状况以及消费情况等所进行的调查行为的书面反映,它必须以大量的事实材料为基础,因此,写作前要根据确定的调查目的,运用询问法、观察法、资料查阅法、实验法以及问卷调查法等方法,进行深入细致的市场调查,以获取充分、真实、可靠、典型的材料和数据,为写作市场调查报告打下良好的基础。只有在此基础上撰写出来的市场调查报告,才具有科学性,才富有说服力。

科学有效的分析方法是市场调查报告的灵魂。运用多种方式进行市场调查,得到的材料往往是大量而庞杂的,但应当注意写进市场调查报告中的内容决不是事实材料的简单罗列和堆积,而必须运用科学的方法对其进行充分有力地分析归纳,根据主旨的需要对材料进行严格的鉴别和筛选,给材料归类,并分清材料的主次轻重,按照一定的条理,将有价值的材料组织到文章中去。只有这样,市场调查报告所作的市场预测及所提出的对策与建议才会更有针对性,更具有商业价值。

实事求是的写作态度是市场调查报告的生命。写作市场调查报告一定要从实际出发,实事求是地反映出市场的真实情况,一是一,二是二,不夸大,不缩小,要用真实、可靠、典型的材料反映市场的本来面貌。不能夸大其词、哗众取宠,否则就会失去调查报告的意义和价值。

写作报告时,要突出重点,力求简明扼要。为此,应毫不犹豫地删除一切不必要的词句。可以适当选用多种不同类型的图表,具体说明和突出报告中重要部分的内容。每个问题在全篇报告中占有的篇幅和位置,要与问题本身的重要程度相一致。

市场调查报告的格式要规范。报告的行文要求自然流畅,尽量选用常见的词句,避免使用晦涩难懂和专业技术性较强的术语。应将全篇报告打印成正式文稿,而且要字体整齐,字迹清楚,方便阅读。

2. 使用统计图表的注意事项。撰写市场调查报告应充分使用各种相关的统计图表,从而可大大增强报告的说服力。然而,调查报告中使用统计图表,必须做到有明确的目的性,不能只是为了装饰文章,以求悦目。设计和制作统计图表时,一般应注意下列有关事项:

第一,使用图表的目的在于简洁而又系统地说明各种有关数字资料。因此,图表中所包含的内容不能过于繁琐。

第二,统计图表的题材必须使人明白易懂,一目了然。图表标题的含义必须明确完整,必要时,可适当附加脚注,说明是根据哪个问题的需要而提供的资料,尽力避免任何可能发生的误解。

第三,统计图表的各有关栏目一定要有准确的名称并标明所使用的计量单位。

第四,列入统计图表的资料,应明确注明来源,以便查对。作为市场调查报告附件部分的统计图表,主要是为了更好地向读者全面介绍有关的资料,以便读者独立分析思考某些问题。因此,这些统计图表的格式必须完整,列入的资料务求翔实准确,一般需要提供绝对数值的资料,而不是百分比或指数。

【实训要求】

1. 登录以下网站,了解市场调查情况,结合所学知识,阅读相关文章。

央视市场研究股份有限公司:http://cvscmrd. 3see. com/member/compony. php? show = 1

零点调查:http://www. horizon - china. com

中华商务网:http://www. chinaccm. com

中华人民共和国商务部:http://www. mofcom. gov. cn(重点了解美国"337 调查"的相关内容)

2. 根据模拟公司业务需要撰写市场调查报告,题目自拟,要求格式规范,语言准确,观点明确。

三、营销策划书、专题活动策划书

【实训提示】

1. 营销策划书写作原则。为了提高策划书撰写的准确性与科学性,应首先把握其编制的几个主要原则:

(1)逻辑思维原则。策划的目的在于解决企业营销中的问题,所以应当按照逻辑性思维的构思来编制策划书。一般来说,首先是设定情况,交代策划背景,分析产品市场现状,再把策划的目的全盘托出;其次进行具体策划内容详细阐述;最后是明确提出解决问题的对策。

(2)简洁朴实原则。要注意突出重点,抓住企业营销中所要解决的核心问题,深入分析,提出具有可行性的相应对策,针对性强,具有实际操作指导意义。

(3)可操作原则。编制的策划书要用于指导营销活动,其指导性涉及营销活动中的每个人的工作及各环节关系的处理。因此其可操作性非常重要。不能操作的方案,创意再好也无任何价值,同时,不易于操作也必然要耗费大量人、财、物。

(4)创意新颖原则。要求策划的"点子"(创意)新、内容新、表现手法新,力争给人以全新的感受。新颖的创意是策划书的核心内容。

2. 广告策划书写作原则。

(1)文字上要求简短,避免冗长。写广告策划书一般要求简洁、明了、准确、富有意蕴和韵味——既能高度概括,又给人以耳目一新的感觉。要删除一切多余的文字,尽量避免重复相同的概念,力求简练、易读、易懂。广告策划书在每一部分的开始最好有一个简短的摘要。在每一部分中要说明所使用资料的来源,使计划书增加可信度。一般说来,广告策划书不要超过二万字。如果篇幅过长,可将图表及有关说明材料用附录的办法列示。

(2)内容上要体现四性三力原则。四性即新颖性、合法性、趣味性、独特性;三力为视觉冲击力、心理吸引力(使人产生共鸣)、艺术感染力。

3. 专题活动策划书写作原则。

(1)主题要明确。在策划活动的时候,首先要根据企业本身的实际问题(包括企业活动的时间、地点、预期投入的费用等)和市场分析的情况(包括竞争对手当前的广告行为分析、目标消费群体分析、消费者心理分析、产品特点分析等)做出准确的判断,并且在进行 SWOT 分析之后,扬长避短地提取当前最重要的一个主题。在一次活动中,不能做所有的事情,而是要集中力量,把最想传达的信息最充分地传达给目标消费群体,这样才能引起受众群关注,并且比较容易地记住你所要表达的信息。

(2)直接说明利益点。在商务活动策划中很重要的一点是直接地说明利益点,如果是优惠促销,就应该直接告诉消费者你的优惠额是多少;如果是产品说明,就应该突出最引人注目的卖点,只有这样,才能使目标消费者产生购买冲动,从而形成购买。

（3）要切合主题,尽量精简。有一些市场策划活动既场面热闹,又能达到良好的效果,就是因为活动都是紧紧围绕主题进行的。过多的活动内容容易造成主次不分,内容和主题不符。很多市场活动搞得很活跃,也有很多人参加,但很多人经常是看完了热闹就走,或者是拿了公司发放的礼品就走,很难达到预期效果;同时活动过多要投入更多的人力、物力和财力,直接导致活动成本的增加。

（4）具有良好的可执行性。策划要做到具有良好的执行性,除了需要进行周密的思考外,详细的活动安排也是必不可少的。活动的时间和方式必须在考虑了执行地点和执行人员的情况的条件下进行仔细分析,在具体安排上应该尽量周全,另外,还应该考虑外部环境的影响。

（5）要有新意。无论是在写作风格和活动内容上,都要有新意,这样才会吸引客户的注意力,达到良好效果,因此,必须跳出固有的思维,适时变换风格,使活动起到良好的效果。

（6）切忌主观臆断。在策划书的写作过程中,也应该避免过于主观的思维方式,切忌出现主观色彩明显的词句,客户如果看到策划书上的这些词句后,会觉得整个策划案都没有经过认真的市场分析,从而对策划活动的效果失去信心。

【实训要求】

1. 在前面一节关于市场调查报告的基础上,写作营销策划书。要求结构合理,符合逻辑,操作性强,语言简洁朴实,创意实用新颖。

2. 以小组为单位合作写作一份专题活动策划书,内容可以是模拟公司对外接待、参观、开业、庆典、新闻发布会、记者招待会、竞赛、捐款等大型活动。要求方案具体可行,结构完整,语言通顺,表意明确。

四、广告文案

【实训提示】

1. 标题的写作要点。

（1）新颖独创,能迅速引起受众的注意;

（2）引导读者进一步阅读内文;

（3）尽可能作出利益承诺,体现广告主题;

（4）尽可能写上品牌名称;

（5）简洁明了,长度适中,传递重要信息;

（6）在最显著的位置以醒目、特别的字体加以突出;

（7）写好第一句;

（8）生动亲切,避免陈词滥调;

（9）用富有说服力的事实证明商品的质量和功用。

2．广告语写作要点。

（1）作出利益承诺，塑造广告形象；

（2）使广告语成为品牌意向的特有语汇；

（3）朗朗上口，简单易记；

（4）尽可能写上品牌名。

【实训要求】

1．下面是 Dr. Martens 鞋的系列杂志广告，请找出广告标题、内文和广告语。

（1）没有什么比这种感觉更好

我单身

我收集沙子

我看弗洛伊德

我穿 Dr. Martens

自信、固执、永不妥协

（2）不要告诉我做什么才是对的

我逛二手店

我吃棒棒糖

我看 NBA

我穿 Dr. Martens

自信、固执、永不妥协

（3）只有你清楚自己想要什么

我走路

我听 Underground

我喝白开水

我穿 Dr. Martens

自信、固执、永不妥协

2．分别用不同的修辞技巧和叙事角度为××大学职业技术学院写三条招生广告的广告标题。

3．某电信公司在各大中城市即将开通 3G 无绳电话，较其他移动电话而言，话机便宜、网速较快、单向计费、话费低廉，颇受广大青少年的青睐。请你代该公司拟写一份报纸宣传广告文案，要求要素齐全。

五、商业信函

【实训提示】

商业信函不同于文学创作。文学作品忌显不忌隐，忌直不忌曲，而商业信函应清楚

明确,不隐不曲。商业信函的写作要求是:

1. 主题突出,观点明确。商业信函是为开展某项商业业务而写的,具有明显的目标。信文内容应紧紧围绕这一目标展开,不要涉及无关紧要的事情,以免冲淡主题;也不必像私人信函那样,写入问候、寒暄一类的词语。向对方提出的问题要明确,回答对方的询问也要有针对性,不能答非所问,或故意绕弯子,回避要害。鉴于商业信函往来涉及经济责任,所谈事项必须观点明确,交代清楚。例如,答复对方订货要求时,必须将供应商品的规格、性能、供货日期、价格与折扣条件、交货方式、经济责任等一一交代清楚,切忌含混不清,以免日后形成纠纷。

2. 面向对方。为促进双方的业务往来,信函应给对方一个好的印象。因此,在写信之前,要设身处地想一想:对方的需要;对方的处境、利益与困难;如何在互惠互利的前提下尽可能考虑对方的需求,还要考虑对方的地位、身份、专业知识、文化程度、接受能力等,使对方正确理解信中所谈内容。

态度诚恳是指信文内容应实事求是,不要夸夸其谈,弄虚作假。同时,即使对方提出的要求不能接受,也应用委婉的语气加以解释,以求保持良好关系,不致损害以后的买卖来往。

3. 实事求是,谦恭有礼。经商往来要求实事求是,遵守职业道德,维护企业与个人的信誉,不得蓄意欺骗对方或设下圈套诱使对方上钩,以谋求不正当利益。谦恭有礼不仅仅是说几句客套话,而是要尊重对方,从细微处做起。例如,收到对方来函,应尽快给以答复,拖延回信的做法是不礼貌的。

4. 结构严谨、首尾圆合。在动笔之前,首先把所要写的内容有条不紊地组织起来,列成提纲或草稿,避免结构松散,首尾脱节。

商业信函的特点是开门见山。可在信的开头直接进入主题。在信的结尾可提出各种希望等。

5. 语气平和,用词准确。为了达到业务往来的目的,应注意写信的口吻与语气。商业信函的语气要平和,不得用命令或变相威胁的语气,要做到不卑不亢。

用词要准确,不要用一些晦涩的或易于引起歧义的词语。用词不当或不准确,常常会使对方引起误解,甚至被人利用而导致一方的经济损失。例如,提请对方供货时,不要用"大量"、"许多"一类词语,而应具体说明数量。同样,报价不能笼统地说"合理价格"或"市场价格",而应说明具体价格为多少,用何种货币,怎样结算,有没有各种附加收费,尽量避免使用"大约"、"左右"一类词语。答复对方的来信,最好说明上封来信的日期、内容、编号,不要笼统地说"来信收到"或"上月来信"等,因为来信可能不止一封。

6. 清楚简洁,注意修辞。商业信函的内容与形式要做到清楚简洁。做生意讲求效率与节省时间,清楚简洁的书信最受欢迎。要避免使用冗词长句以及不必要的修辞。

商业信函以实用为宗旨,它不像文学作品那样讲究修辞,但必要的修辞也是不可少的。不通顺或逻辑混乱的语句,会影响意思的表达和信息的交流。

最后要养成寄信前至少检查一遍的习惯。除核实内容是否完整、事实是否准确外，还要检查语句是否有毛病，检查信件是否能为对方理解和接受，经过检查认为满意后，再签名寄出。

【实训要求】

1. 中国医药保健品进出口公司××省分公司与香港念丰商行，就中医药的交易用商函进行业务磋商。××省分公司首先向香港念丰商行去函，表明愿意建立合作关系的愿望，并随函寄去了商品目录，希望得到对方的回复。

香港念丰商行收到××省分公司来函后，对这项业务很感兴趣，很快回函表达了愿意合作的意愿，并在回函中首先表明态度，并提出了报价的要求。

请代为写去函和回函。

2. 下列商函错在什么方面？作为 B 公司应该如何去写？请代其撰写一封得体的商函。

A 公司财务科：

你们几次写来催债一样的信，我们早就收到了。老实说，近一年来，公司里的货卖不掉，员工奖金也发不出，所以，没有钱还债。你们一定要还，只有把我们公司的存货折款抵押给你们，否则还不了。请你们帮帮忙，给予谅解。

B 公司财务科

2010 年 6 月 9 日

六、招投标书

【实训提示】

1. 写作招标书应注意的问题。

(1) 周密严谨。写作招标书时内容要具备较强的逻辑性，要有条有理，有事实依据。条款的罗列要明确具体，措辞要严谨周密，标点符号要准确。

(2) 简洁清晰。招标书一般内容比较丰富，但在写作时，切忌长篇大论，罗嗦冗长。

(3) 注意礼貌。招标书写作时，要遵循平等、诚信的原则，要求措辞诚恳、语气平和，尽量避免带上个人主观色彩。

2. 投标书写作注意事项。

(1) 要及时拟制和提交。写作投标书必须抓住时机，在规定的时限内拟制并适时送交，以便实现投标的目的。

(2) 要坚持实事求是的原则。在撰写时必须坚持从实际出发、实事求是的原则，不容粗疏延误。作为投标一方，要认真细致地权衡自身所具有的人员素质、技术水平，做到量力而行，量体裁衣。切不可只为中标而夸大其词或弄虚作假。否则，就会给国家、招标单位乃至自身利益造成难以预料的损失。

（3）要知己知彼，增强竞争力。在写投标书前，必须进行认真的市场情报收集工作，力求吃透招标单位的需求及思路，使本单位提出的投标书与招标书的内容合拍。同时还要认真研究参与竞争对手的实力与营销策略，知己知彼，既合理核算成本，又使报价适中，具有竞争力。

（4）要注意明确性和可行性。撰写投标书，其所涉及的每一项内容，特别是标价、完成期限、质量标准以及服务承诺等，必须写得明确具体，切实可行。要本着适度的原则，尽量预见各种可能遇到的情况，充分展示出自身的实力、技术水平和不凡的经营策略，既不要"好高骛远"，妄加许诺，也不能失于"保守"，给人不自信、难胜任的感觉。

（5）要注意文字的简洁性和内容的周密性。投标书是一种实用性很强的文书，因而在语言表达上应力求准确、简明，特别涉及有关的技术指标、质量要求、服务承诺等，更应如此。要避免诸如"尽可能"、"力争"等模糊度较大的词语出现，以免言不及义，事与愿违。同时要对照招标书的要求，对投标书的各项内容的表达进行严格的检查，做到严谨周密，完备无误，防止粗心大意，遗漏重要事项。

【实训要求】

1. 请按照招标书的写作要求，指出下文缺少什么内容。

某集团公司修建办公大楼招标书

本集团公司将修建一栋办公大楼，由××市建设委员会批准，建筑工程实行公开招标，现将招标有关事项公告如下：

一、工程名称：某集团公司办公大楼。

二、建筑面积：2 万平方米。

三、设计及要求：见附件。

四、承包方式：实行全部包工包料。

五、索标书时间：投标人请于 2009 年 10 月 10 日前来人索取招标文书，逾期不予办理。

投标人请将投标文书及上级主管部门的有关签证等，密封投寄或派员直接送本公司基建处。收件至 2009 年 11 月 10 日截止。开标日定于 2009 年 12 月 12 日，在××市公证处公证下启封开标，地点在本集团公司红楼第一会议室。

电话：010－8395××××

联系人：王××

某集团公司招标办公室

2009 年 9 月 20 日

2. 针对上题中的招标邀请，代××建设公司拟写一份投标书。

第九单元 商务合同的订立及履行

实训目的

本环节的实训目的是使学生掌握一般商贸合同的主要内容以及订立合同时的注意事项,能够熟练运用各种合同达成交易目的,并最大限度地规避合同风险;了解一般商务合同的履行规则,并能正确履行合同。

知识要求

- 各类合同;
- 合同的一般条款;
- 合同订立程序、注意事项等;
- 合同的担保;
- 合同履行的一般规则;
- 违约责任。

技能要求

- 能够运用各类合同达成交易目的;
- 能够根据谈判所达成的交易条件准确拟定合同文本;
- 能够进行交易前的商业调查,规避合同风险;
- 能够较为规范地履行合同;
- 能够进行一般的违约责任追究。

第一节 相关专业知识

商务活动的最终落脚点是达成交易,实现双方的商业目的。在商务实践中,达成交易的标志就是签订商务合同。因此,在商务活动中,合同的订立及履行是实现交易双方交易目的非常重要的环节。如何订立合同,在订立合同中如何避免交易风险,如何有效履行合同等问题,是商务活动中较为关键的问题。

一、合同的种类

根据不同的分类标准,可以将合同分为不同的种类。合同的分类可以帮助人们加强对各类合同当事人的义务、合同的成立、合同的生效等方面的认识,更加有利于交易目的的达成以及合同的履行。

(一) 合同的学理分类

1. 双务合同和单务合同。以合同当事人是否互负权利义务为标准,合同可分为双务合同和单务合同。

如果当事人互相享有债权承担债务,则为双务合同;如果一方仅享有债权不承担债务或者仅承担债务不享有债权,则为单务合同。实践中大多数合同都是双务合同,但是也存在少量的单务合同,如赠与合同、无偿保管合同。

2. 要式合同和不要式合同。以合同的成立是否需要特别的法律形式为标准,合同可分为要式合同和不要式合同。

要式合同是指需要采用特定形式才能成立的合同;不要式合同是指不需要特别的形式即可成立的合同。历史上,要式合同为大多数合同成立的原则。要式合同包括:①担保法上的所有合同(包括保证、抵押、质押、定金合同)、技术开发合同和技术转让合同等;②特殊的需要登记、批准的合同,例如,专利权转让合同、商标权转让合同等。

3. 有偿合同和无偿合同。以当事人取得权益是否要支付相应代价为标准,合同可分为有偿合同和无偿合同。

有偿合同是指当事人一方在取得权益时必须向另外一方支付代价的合同,如买卖合同、租赁合同等;无偿合同是指当事人在取得合同权益时不必向对方支付相应对价的合同,如赠与合同、保管合同等。

4. 诺成合同和实践合同。以合同的成立是否需要交付标的物为标准,合同可分为诺成合同和实践合同。

诺成合同是指合同双方意思表示一致或协商一致即可成立的合同;实践合同是指除意思表示一致外还要求必须有物或者其他给付才能成立的合同。买卖合同、租赁合同等往往都是诺成合同;赠与合同、保管合同等往往都属于实践合同。当然,诺成合同与实践合同的划分不是绝对的,有许多合同本身既属于诺成合同又属于实践合同。例如,赠与合同按照我国《合同法》的规定,一般属于实践合同,但是具有救灾、扶贫等社会公益、道德义务性质的赠与合同或者经过公证的赠与合同则属于诺成合同。

（二）我国《合同法》对合同的分类

我国《合同法》根据交易的内容,将合同分为如下类别:

1. 买卖合同,即出卖人转移标的物的所有权于买受人,买受人支付价款的合同。

2. 供用电、水、气、热力合同,即供方向使用方供电、水、气、热力,使用方支付电、水、气、热力费的合同。

3. 赠与合同,即赠与人将自己的财产无偿给予受赠人,受赠人表示接受赠与的合同。

4. 借款合同,即借款人向贷款人借款,到期返还借款并支付利息的合同,包括贷款合同和自然人之间的借款合同。

5. 租赁合同,即出租人将租赁物交付承租人使用,承租人支付租金的合同。

6. 融资租赁合同,即出租人根据承租人对出卖人、租赁物的选择,向出卖人购买租赁物,提供给承租人使用,承租人支付租金的合同。合同中可以约定租赁期满后租赁物的归属。

7. 承揽合同,即承揽人按照定作人的要求完成工作,交付工作成果,定作人给付报酬的合同。承揽包括加工、定作、修理、复制、测试、检验等工作。

8. 建设工程合同,即承包人进行工程建设,发包人支付价款的合同。建设工程合同包括工程勘察、设计、施工合同。

9. 运输合同,即指承运人将旅客或者货物从起运地点运输到约定地点,旅客、托运人或者收货人支付票款或者运输费用的合同,包括客运合同、货运合同和多式联运合同。

10. 技术合同,即当事人就技术开发、转让、咨询或者服务订立的确立相互之间权利和义务的合同,包括技术开发、技术转让、技术咨询和技术服务合同。

11. 保管合同,即寄存人向保管人支付保管费,保管人保管寄存人交付的保管物,并返还该物的合同。

12. 仓储合同,即保管人储存存货人交付的仓储物,存货人支付仓储费的合同。

13. 委托合同,即委托人和受托人约定,由受托人处理委托人事务的合同,最为典型的是委托代理合同。

14. 行纪合同,即行纪人以自己的名义为委托人从事贸易活动,委托人支付报酬的合同。

15. 居间合同,即居间人向委托人报告订立合同的机会或者提供订立合同的媒介服务,委托人支付报酬的合同。

二、合同的形式、格式以及主要内容

（一）合同的形式和格式

合同的形式包括书面、口头和其他形式,在商务实践中,合同应该采用书面形式。

从格式上看,书面合同一般包括三个部分:首部,主要反映合同当事人的相关信息;正文,合同的主体内容,主要反映当事人各方的合同权利义务;尾部,合同当事人的签名或者盖章(公司、企业等组织类当事人必须加盖单位公章)、合同订立时间、合同份数等信息。

（二）合同的内容

1. 一般条款。合同的内容,一般通过合同条款加以表达,根据《合同法》的规定,合同一般包括以下条款:

(1)当事人姓名或者名称和住所。这是当事人的基本信息,在合同中要表述清楚。

(2)标的。这是交易的核心所在,合同的标的可以是物,如买卖合同的标的一般为货物;也可以是一定的经济行为,如运输合同的标的为承运方的运输行为;还可以是智力成果,如技术交易合同的标的为技术成果。

(3)标的数量。这是对合同标的在数量上的表述和要求,以一般的度量单位加以表达。

(4)标的质量。这是对合同标的在质量上的表述和要求,大部分交易标的都有相关的国家、行业质量标准,合同标的要符合相应的质量标准;当事人也可以另行约定标准。

(5)价款或者酬金。这是合同标的的对价,交易标的按照规定政府定价的,按政府定价执行;实行市场定价的,由合同当事人协商确定。

(6)履行期限、地点和方式。这是为合同的履行所做的最基本的约定,当事人应该将双方履行合同的期限、地点和方式明确约定,以利于合同目的的实现。

(7)违约责任。当事人可以在合同中约定违约责任以及免责事项,这是当事人承担违约责任或者免责的依据之一。当然,合同中如果不约定违约责任,并不影响合同的履行,当事人也不因此而免于承担违约责任。

(8)争议的解决方法。当事人可以在合同中约定以诉讼、仲裁等方式解决双方的合同争议,一经约定,在合同争议发生后,就应该以约定的方式解决争议。

2. 格式条款。格式条款,是指当事人为了重复使用而预先拟定,并在订立合同时未与对方协商的条款。格式条款是为了提高交易效率、简化协商而产生的,由于其拟定的单方性,容易使合同内容违背公平原则,损害对方的利益,《合同法》为此进行了特别的规定,主要体现在以下几个方面:

(1)拟定方的提示及说明义务。采用格式条款订立合同的,提供格式条款的一方应当遵循公平原则确定当事人之间的权利和义务,并采取合理的方式提请对方注意免除或者限制其责任的条款,按照对方的要求,对该条款予以说明。

(2)格式条款的无效。格式条款具有下列情形的,或者提供格式条款一方免除其责任、加重对方责任、排除对方主要权利的,该条款无效:①一方以欺诈、胁迫的手段订立合同,损害国家利益;②恶意串通,损害国家、集体或者第三人利益;③以合法形式掩盖非法目的;④损害社会公共利益;⑤违反法律、行政法规的强制性规定;⑥造成对方人身伤害的;⑦因故意或者重大过失造成对方财产损失的。

(3)格式条款的解释。对格式条款的理解发生争议的,应当按照通常理解予以解释。对格式条款有两种以上解释的,应当作出不利于提供格式条款一方的解释。格式条款和非格式条款不一致的,应当采用非格式条款。

三、合同的订立

(一) 合同订立的程序

在商务实践中,交易双方进行的洽谈、讨价还价直至成交,实质上就是一个合同订立的过程。在合同法上,合同订立的程序主要包括两个环节:要约和承诺,这两个环节分别具有特定的法律意义。合同是否成立,关键看是否存在有效的要约和有效的承诺。

1. 要约。

(1)要约及其构成要件。要约,又称发价、发盘,是希望和他人订立合同的意思表示。要约是有缔约能力和缔约资格的人向他人发出的订立合同的建议,如果内容具体确定,并且表明在得到接受时有承受约束的意思表示,即构成要约。其中,发出要约的人为要约人,接受该要约的人为受要约人。要约是合同订立的第一步。构成要约一般应当符合以下要件:

第一,主体要件。要约是由具有订约能力和资格的人向他人作出的订约的意思表示。

要约要求当事人应当具备一定的订约能力,对自然人而言,当事人的缔约能力与当事人的年龄、智力和精神状况有关。一般未成年人和精神病人的订约能力是受到限制的。在我国,年满18周岁的人,以及年满16周岁不满18周岁但以自己的劳动收入作为主要生活来源的人,都有缔结一般合同的能力。对公司、企业等经济组织而言,一般无缔约能力的限制。

第二,主观要件。要约必须有订立合同的直接目的。

当事人发出要约,要求其在主观上有与对方订立合同的目的。如果并无订立合同的目的,而仅仅是向对方询问价格或者询问是否中意自己的货物,则不构成要约。

第三,内容要件。要约的内容必须具体确定。

所谓"具体",是指要约的内容必须具有足以使合同成立的主要条款。合同的主要条款,需要根据合同的性质和内容加以判断。不同的合同,具体和确定的内容也不相同。对于订立买卖合同而言,一般认为要约具有了货物名称、数量和价格,就算具体确定。

第四,对象要件。要约必须是向特定的受要约人发出。

要约人发出的意思表示,应当是向其希望的与之订立合同的对方发出,以此确定合同的另外一方当事人。如果是向不特定的社会公众发出相关的产品信息、服务信息,而不是向特定主体发出,则不构成要约的对象要件。

第五,受约束要件。要约人必须表明在合理期间受要约约束。

要约人发出了内容具体的要约,即交易条件,同时应该表示在约定的时间内受该交易条件的约束,一旦对方认可、接受了该交易条件,双方就应该以该条件达成交易、成立合同关系。

(2)要约的撤回与撤销。要约是当事人订立合同的意思表示。要约发出后,随着主客观情况的变化,要约人可能会改变想法,反悔要约,这便是合同法上的要约撤回与要约撤销。

第一,要约的撤回。要约的撤回是指要约人在发出要约以后、要约到达受要约人之前取消要约的意思表示。任何一项要约都是可以撤回的,只要撤回的通知先于要约或与要约同时到达受要约人。

第二,要约的撤销。要约的撤销是指要约人在要约到达受要约人以后,在受要约人作出承诺之前将该项要约取消的意思表示。有的要约,一旦生效,便无法撤销,这就是不可撤销的要约。根据合同法的规定,当要约中明确规定了承诺期限以及受要约人有理由认为要约是不可撤销的,并已经为履行合同作了准备工作的,则为不可撤销要约。

(3)要约的生效和失效。要约的生效,是指要约的内容为受要约人知晓、要约人受要约的约束。要约的生效采用到达主义原则,也就是要约到达受要约人时生效。采用数据电文形式订立合同,收件人指定特定系统接收数据电文的,该数据电文进入该特定系统的时间,视为到达时间;未指定特定系统的,该数据电文进入收件人的任何系统的首次时间,视为到达时间。

要约的失效是指已经生效的要约失去法律效力。要约的失效主要有以下四种原因:①要约人依法撤销要约;②承诺期限届满,受要约人未作出承诺;③拒绝要约的通知到达要约人;④受要约人对要约的内容作出实质性变更。

2. 承诺。

(1)承诺的概念和构成要件。承诺,又称接受、接盘,是指受要约人同意要约的条件以订立合同的意思表示。简言之,受要约人对要约同意的意思表示即为承诺。一般而言,构成有效承诺需满足下列条件:

一是主体条件:承诺必须由受要约人向要约人作出。作为承诺的主体,可以是受要约人本人,也可以是其代理人。同样,接受承诺的主体,既可以是要约人本人,也可以是要约人的代理人。

二是时间条件:承诺必须在要约的有效期限内到达要约人。要约超过了有效期限则失效,因此,承诺应该在要约有效期限内做出。承诺的时间有的会在要约里面明确约定,而有的则没有约定。若要约中已经规定了有效期限,应该在该期限内作出承诺;若要约中没有明确规定的,承诺应当依照下列规定到达:①要约以对话方式作出的,应当即时作出承诺,但当事人另有约定的除外;②要约以非对话方式作出的,承诺应当在合理期限内到达。

三是内容要件:承诺的内容应与要约的内容一致。严格说,承诺应当是对要约的内容完全同意。但是在实践中,有时"承诺"的内容与要约的内容并非完全绝对一致。这种不一致可能是增添、删除或是直接改变要约内容。对于该"承诺"是否构成有效的承诺,关键在于该答复对要约是否作了"实质性变更",受要约人的答复构成"实质性变更",那么该答复就不是有效的承诺,而是新要约;反之,如果受要约人的答复并不构成"实质性变更",则该答复可以构成承诺。《合同法》第30条明确规定:有关合同标的、数量、质量、价款或者报酬、履行期限、履行地点和方式、违约责任和解决争议方法等的变更,是对要约内容的实质性变更。

四是形式要件:承诺的方式符合要约的要求。承诺原则上应采取通知方式。通知可以是书面形式,也可以是口头形式。不需要通知的,根据交易习惯或者要约的要求可以用行为方式承诺。一般而言,沉默的方式不是有效的承诺形式。

(2)承诺的生效。承诺生效意味着合同成立。关于承诺生效的时间,有的国家实行到达主义(受信主义)标准,承诺通知到达要约人时承诺生效;有的国家则实行投邮主义(发信主义)标准,承诺通知一经发出就产生效力。我国实行送达主义,承诺在承诺通知到达要约人时生效。

关于"到达"的时间和地点,应把握以下几点:①送达可以是送交或者通知对方本人,也可以是其代理人。②送达并不一定实际送达到要约人及其代理人手中,只要送达到对方所能够控制的地方即可。③如果采用数据电文形式订立合同,收件人指定特定系统接受数据电文的,该数据电文进入该特定系统的时间,视为到达时间;未指定特定系统的,该数据电文进入收件人的任何系统的首次时间,视为到达时间。④采用数据电文形式订立合同的,收件人的主营业地为合同成立的地点;没有主营业地的,其经常居住地为合同成立的地点。当事人另有约定的,按照其约定。

(3)承诺的撤回。与要约一样,承诺也存在"撤回"的问题。承诺的撤回是受要约人在发出承诺通知以后,在承诺到达要约人之前或者到达同时可以撤回其承诺。

关于承诺的撤回,我国也是采用到达标准。撤回承诺的通知应当在承诺通知到达要约人之前或者与承诺通知同时到达要约人。另外,承诺只有撤回的问题,而没有撤销的问题。因为承诺一经到达即生效,承诺生效合同就成立,当事人任何一方都不能单方面撤销。

此外,在以招投标、拍卖等竞争方式订立合同时,除了适用《合同法》的相关规定之外,还应严格按照《招投标法》、《拍卖法》规定的程序和要求订立合同。

（二）合同的成立

承诺一经生效，合同即告成立，在当事人之间就形成了以合同内容为标准的民事法律关系，当事人就应该按照合同规定履行合同义务，达成交易目的。

（1）合同成立的时间。合同法规定，承诺生效的时间，就是合同成立的时间。针对订立合同的不同情况，合同法规定了确认合同成立的不同时间标准：根据当事人约定采用合同书形式订立合同的，自双方签字或者盖章时合同成立；当事人采用信件、数据电文等形式订立合同的，可以在合同成立前要求签订确认书，确认书签订时间为合同成立时间。

（2）合同成立的地点。合同法规定，承诺生效的地点，就是合同成立的地点。针对订立合同的不同情况，合同法规定了确认合同成立的不同地点标准：当事人采用合同书形式订立合同的，双方当事人签字或者盖章的地点是合同成立的地点；采用信件、数据电文等形式订立合同的，收件人的主营业地为合同成立的地点，没有主营业地的，其经常居住地为合同成立的地点。当事人另有约定的，从其约定。

（三）缔约过失责任

缔约过失责任，是指在合同订立过程中，一方当事人违背诚实信用原则，给另一方当事人造成损失，由此应当承担的赔偿责任。公平诚信是合同法的基本原则，当事人在合同的订立直至履行过程中，都应当严格遵守。

在合同订立过程中，当事人有下列情形之一的，给对方当事人造成了损失的，都应当承担赔偿责任：①假借订立合同，恶意进行磋商；②故意隐瞒与订立合同有关的重要事实或者提供虚假情况；③泄露或者不正当地使用在订立合同过程中知悉的商业秘密；④有其他违背诚实信用原则的行为。

四、合同的担保

合同担保，是指依照法律规定或者合同约定，合同双方当事人为保障合同中规定的债权能够实现，保证债务人履约能力，根据法律规定或经协商一致所采取的具有法律约束力的保证措施。担保是一种事前措施，设定担保的根本目的，是保证合同中的债权能得到实现，既保障债权人实现其权利，也促使债务人履行其债务。一般而言，在借贷、买卖、货物运输、加工承揽等经济活动中，债权人需要以担保方式保障其债权实现的，可以设定担保。合同担保的设定，一般是在合同的谈判、订立阶段就设定，也有个别是在合同订立后、履行完毕之前设定。

根据我国《担保法》的规定，担保的方式包括保证、抵押、质押、留置和定金。其中，采用保证、抵押、质押和定金的方式设定担保的，应该签订书面的担保合同，这些担保合同可以是单独订立的合同，包括当事人之间的具有担保性质的信函、传真等，也可以是主合同中的担保条款。

第三人为债务人向债权人提供担保时,可以要求债务人提供反担保。反担保适用《担保法》的规定。

1. 保证。保证,属于人保,即作为保证人的第三人在债务人不能履行债务的情况下,替债务人清偿债务的一种担保方式。根据担保法的规定,保证是指保证人和债权人约定,当债务人不履行债务时,保证人按照约定履行债务或者承担责任的行为。

2. 抵押。抵押,是指债务人或者第三人不转移特定财产的占有,将该财产作为债权的担保,当债务人不履行债务时,债权人有权依法以该财产折价或者以拍卖、变卖该财产的价款优先受偿。提供抵押财产的债务人或者第三人为抵押人,债权人为抵押权人,提供担保的财产为抵押物。

3. 质押。质押,是指债务人或者第三人将动产或者权利交与债权人占有,作为债务履行的担保,当债务人不能履行债务时,债权人可以变卖该动产或者权利优先受偿。提供动产或者权利的债务人或者第三人为出质人,作为担保的动产或者权利为质物,债权人为质权人。质押分为动产质押和权利质押。

4. 留置。留置,是指债权人按照合同约定占有债务人的动产,债务人不按照合同约定的期限履行债务的,债权人有权依照本法规定留置该财产,以该财产折价或者以拍卖、变卖该财产的价款优先受偿。留置是一种法定担保,在保管合同、运输合同、加工承揽合同等合同中适用。

5. 定金。当事人可以约定一方向对方给付定金作为债权的担保。定金的数额由当事人约定,但不得超过主合同标的额的20%。债务人履行债务后,定金应当抵作价款或者收回。给付定金的一方不履行约定的债务的,无权要求返还定金;收受定金的一方不履行约定的债务的,应当双倍返还定金。定金应当以书面形式约定。当事人在定金合同中应当约定交付定金的期限。定金合同从实际交付定金之日起生效。

五、合同的履行

(一)合同履行的原则与规则

1. 合同履行的原则。

(1)诚实信用原则。《合同法》第6条规定:当事人行使权利、履行义务应当遵循诚实信用原则。《合同法》第60条规定:当事人应当遵循诚实信用原则,根据合同的性质、目的和交易习惯履行通知、协助、保密等义务。通知、协助以及保密等义务虽然不属于合同主要义务,是附随义务,但对合同的履行本身起着至关重要的作用,即使合同本身没有明确规定,也应当诚信履行。

(2)实际履行原则。依法成立的合同,对当事人具有法律约束力。当事人应当按照约定履行自己的义务,不得擅自变更或者解除合同。

（3）不违反公共秩序原则。当事人履行合同,应当尊重社会公德,不得扰乱社会经济秩序,损害社会公共利益。

2. 合同履行的法定规则。合同订立后,当事人应当按照合同的约定来履行合同。但是,有时当事人对合同有关内容没有约定或者约定不明,此时可以协议补充;不能达成补充协议的,应按照合同有关条款或者交易习惯确定。如果仍然不能确定,则应当适用下列规则：

（1）货物质量标准。质量要求不明确的,按照国家标准、行业标准履行;没有国家标准、行业标准的,按照通常标准或者符合合同目的的特定标准履行。

（2）货物价格确定。价款或者报酬不明确的,按照订立合同时履行地的市场价格履行;依法应当执行政府定价或者政府指导价的,按照规定履行。执行政府定价或者政府指导价的,在合同约定的交付期限内政府价格调整时,按照交付时的价格计价。逾期交付标的物的,遇价格上涨时,按照原价格执行;价格下降时,按照新价格执行。逾期提取标的物或者逾期付款的,遇价格上涨时,按照新价格执行;价格下降时,按照原价格执行。

（3）履行时间、地点和方式。履行期限不明确的,债务人可以随时履行,债权人也可以随时要求履行,但应当给对方必要的准备时间。履行地点不明确,给付货币的,在接受货币一方所在地履行;交付不动产的,在不动产所在地履行;其他标的,在履行义务一方所在地履行。履行方式不明确的,按照有利于实现合同目的的方式履行。履行费用的负担不明确的,由履行义务一方负担。

（二）合同履行的抗辩权

合同履行抗辩权,是指在双务合同中,一方当事人在不履行或者不完全履行合同约定时,另一方当事人享有的拒绝履行合同的权利。

我国的合同履行抗辩权分为同时履行抗辩权、后履行抗辩权和不安抗辩权。

1. 同时履行抗辩权。同时履行抗辩权是指合同当事人互负债务,没有先后履行顺序的,应当同时履行。一方在对方履行之前有权拒绝其履行要求;一方在对方履行债务不符合约定时,有权拒绝其相应的履行要求。

当事人一方行使同时履行抗辩权,须满足下列条件：①合同当事人在同一双务合同中互负债务;②当事人履行债务没有先后顺序要求;③对方当事人未履行或未按约定履行。

2. 后履行抗辩权。后履行抗辩权,是指当事人互负债务,有先后履行顺序,先履行一方未履行的,后履行一方有权拒绝其履行要求。先履行一方履行债务不符合约定的,后履行一方有权拒绝其相应的履行要求。

当事人一方欲行使先履行抗辩权,须满足下列条件：①合同当事人在同一双务合同中互负债务;②当事人履行债务有先后顺序要求;③对方当事人未履行或未按约定履行。

3. 不安抗辩权。不安抗辩权是应当先履行债务的当事人,有确切证据证明对方有丧失或者可能丧失履行债务能力的情形的,可以中止履行并解除合同的权利。

一方当事人证明另一方当事人有下列情形之一的,可以中止履行:①经营状况严重恶化;②转移财产、抽逃资金,以逃避债务;③丧失商业信誉;④有丧失或者可能丧失履行债务能力的其他情形。

中止履行的当事人,应当及时通知对方。对方提供适当担保时,应当恢复履行。中止履行后,对方在合理期限内未恢复履行能力并且未提供适当担保的,中止履行的一方可以解除合同。当事人没有确切证据中止履行的,应当承担违约责任。

（三）合同的保全

合同的保全,是指为防止债务人的财产不当减少而给债权人带来损害,而赋予债权人对合同当事人以外的第三人行使权利以保护债权的制度。

债务人财产的不当减少有两种情形:其一是债务人积极行为,表现为其放弃自己对第三人应有的债权,或者将财产无偿、明显不合理低价转让给第三人;其二是债务人消极行为,表现为其债权到期,却怠于行使。债务人处分自己财产是其自由权利,但债务人对自己财产的不当减少如果威胁到债权人的利益,就要受到法律的特别干涉。针对债务人不当财产的减少行为,法律赋予债权人两种权利:代位权和撤销权。

1. 代位权。因债务人怠于行使其到期债权,对债权人造成损害的,债权人可代位行使债务人的债权,这就是代位权。但是,当债权专属于债务人自身的情况下,债权人不可行使代位权。代位权的行使范围以债权人的债权为限。债权人行使代位权的必要费用,由债务人负担。例如,甲公司欠乙公司20万元,乙公司也欠丙公司20万元,这两个债务都已经到期。丙公司向乙公司讨债,但得知乙公司除了甲公司的20万元欠款外,并无其他资产。而且,乙公司并不向甲讨要。此时,丙公司可以乙公司名义向甲公司讨债。可见,代位权有利于解决现实中大量存在的"三角债"问题。

代位权的行使采用诉讼方式,在该诉讼中,原告为债权人,被告为次债务人,原来的债务人成为第三人,管辖法院为被告所在地法院。

2. 撤销权。因债务人放弃其到期债权或者无偿转让财产,对债权人造成损害的,债权人可以请求人民法院撤销债务人的行为。债务人以明显不合理的低价转让财产,对债权人造成损害,并且受让人知道该情形的,债权人也可以请求人民法院撤销债务人的行为。这就是合同债权人的撤销权。

与代位权一样,撤销权也应当以诉讼方式行使。在该诉讼中,原告为债权人,被告为原债务人,受让人或受益人为第三人。管辖法院为被告所在地法院,即原债务人所在地法院。

六、违约责任

(一)违约责任的概念

合同责任包括缔约过失责任和违约责任,缔约过失责任已经在合同订立部分阐述,此处仅阐述违约责任。

违约责任是指当事人不履行或不适当履行合同所应承担的民事法律责任。这种责任主要是用当事人的财产来承担,是一种财产责任;而且违约责任可以通过当事人之间的约定来确定。

(二)违约责任的构成要件

违约责任的构成要件包括:①违约行为客观存在;②违约行为与损害之间有因果关系;③免责事由不存在。

(三)违约行为

1. 预期违约。预期违约,是指当事人在合同履行期限届满之前,明确表示或者以自己的行为表示将不再履行合同义务。

2. 不适当履行。不适当履行,是指当事人虽然有履行合同义务的行为,但是该履行合同义务的行为却不符合合同的约定,具体有以下几种情况:①部分履行行为,如未按照合同约定的数量交付货物;②履行方式不适当,如合同约定货物运输采用铁路运输,而实际上采用的是公路运输;③履行地点不适当,如未在合同约定的地点交付货物;④其他有违合同目的的行为。

3. 瑕疵履行。瑕疵履行,是指债务人履行的标的不符合合同约定的质量标准,包括违约瑕疵和损害瑕疵,对于前者,违约方承担违约责任,对于后者,由于已经给对方造成了人身或者财产损失,违约方还应承担损害赔偿责任。

4. 迟延履行。迟延履行,是指合同当事人迟于合同约定的履行期限履行合同。

5. 不履行。不履行,也称毁约,是指合同当事人不履行合同义务,致使合同目的不能达到。

(四)承担违约责任的方式

根据《合同法》规定的,违约方应该以以下方式承担违约责任:

1. 继续履行。继续履行是指迟延履行违约方应当按照合同约定或法律规定向对方实际履行。例如,卖方未交付货物构成违约,买方可以要求卖方继续交付货物;同样,如果买方不支付价款而构成违约,卖方也可以要求买方继续支付价款。

继续履行无条件适用于金钱债务,但是对于非金钱债务则有不适用的可能,在以下三种情形下,违约方可不继续履行非金钱债务,而以其他方式承担违约责任:①履行不能;②债务标的不适用强制履行或履行费用过高;③债权人在合理期限内未要求履行。

2. 采取补救措施。采取补救措施作为独立的违约责任形式,是弥补合同不适当履行的一种措施。采取补救措施可与赔偿损失和继续履行并用。我国《合同法》第111条规定:"质量不符合约定的,应当按照当事人的约定承担违约责任。对违约责任没有约定或者约定不明确,依照本法第六十一条的规定仍不能确定的,受损害方根据标的的性质以及损失的大小,可以合理选择要求对方承担修理、更换、重作、退货、减少价款或者报酬等违约责任。"这里的"修理、更换、重作、退货、减少价款或者报酬"都属于采取补救措施。

3. 违约金。违约金是指由当事人约定或法律直接规定的,在一方违约后向对方支付一定数额的金钱的责任方式。违约金原则上是补偿性的,例外情形下具有一定的惩罚性。违约金可分为法定违约金和约定违约金。违约金还可分为赔偿性违约金和惩罚性违约金。

约定的违约低于造成的损害的,当事人可以请求法院或仲裁机关予以增加,约定的违约金过分高于造成的损失的,当事人可以请求法院或仲裁机关予以适当减少。

4. 赔偿损失。赔偿损失,在合同法上即为违约损害赔偿,是违约方以支付金钱的方式弥补受害方因违约行为所减少的财产或所丧失利益的责任形式。由于违约损害赔偿通常以赔付金钱的形式体现,因此又称损害赔偿金。

在适用赔偿损失的违约责任方式时,应该遵循减损规则,即一方违约后,另一方应当及时采取合理措施防止损失的进一步扩大,否则,不得就扩大的损失要求赔偿。减损规则使得双方交易的损失减少到最低限度,节约了社会财富。

5. 定金。定金本是一种合同担保方式,但在一定条件下也构成一种违约责任的承担方式。

我国《合同法》第119条规定了定金罚则:"当事人可以依照《中华人民共和国担保法》约定一方向对方给付定金作为债权的担保。债务人履行债务后,定金应当抵作价款或者收回。给付定金的一方不履行约定的债务的,无权要求返还定金;收受定金的一方不履行约定的债务的,应当双倍返还定金。"我国《民法通则》第89条第3款规定、《担保法》第89条都有类似规定。

此外,关于因第三人原因造成的违约,根据《合同法》第121条,当事人一方因第三人的原因造成违约的,应当向对方承担违约责任。当事人一方和第三人之间的纠纷,依照法律规定或者按照约定解决。

第二节　实训内容及要求

一、实训任务

本单元实训流程图见图 9 – 1：

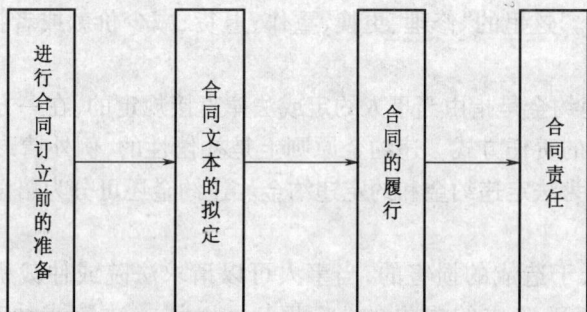

图 9 – 1　订立商务合同实训流程图

（一）订立合同前的准备

在商务谈判过程中，交易各方都应该采取措施对对方的资信、履约能力等予以最大限度的了解，以达成交易目的，方便合同的履行。进行该商业调查，一方面为商务谈判提供对己方有利的信息，另一方面也为合同文本的拟定做好了充分的准备。

【实训提示】

在商务谈判进行中，交易双方基本确定，因此，各方所做的商业调查就具有针对性，也称定向商业调查。针对不同的交易内容，商业调查的内容和侧重点也不完全相同，各模拟公司应该根据本公司的业务内容做好商业调查。基于部分合同本身的特殊性，其交易条件要么相对简单，要么已经由国家相关制度加以约束，交易当事人的意志在交易中并不是那么重要和自由，因此，做一般意义的商业调查就没有太大必要。这里选择几种上述情况之外的合同进行阐述。

1. 买卖合同。在买卖合同中，双方的交易标的为货物，包括一般的商品、矿产品、初级农产品等，这里以一般商品为例加以简单阐述。作为买方，重点调查卖方的生产能力、技术水平、产品质量、产品包装等，同时可以调查对方以往的履约情况，看是否有不良记录，如履约不及时、履约瑕疵等。作为卖方，着重调查买方的购买动机和诚意（防止对方假借订立合同恶意磋商，从而使自己丧失其他商业机会）；调查对方的履约能力，看是否有付款不及时的情况。如果是进出口合同，调查内容相差不大，但是要注意调查方式和渠道。

如果合同标的为其他特殊的货物,还应该进行其他相关信息的调查。

2. 建设工程合同。建设工程合同包括工程勘察、设计、施工合同,根据相关法律的规定,建设工程合同的订立一般都采取招投标的方式。

作为发包方,重点调查对方的资质,看是否符合工程要求;调查对方在以往履约过程是否有违约分包的情况;调查以往对施工方的监理记录,看是否有违约、违规情况。作为承包方,要调查发包方工程的合法性,作为发包方履约基础的工程资金的来源等。

3. 技术合同。技术合同包括技术开发、技术转让、技术咨询或者服务合同。

就技术开发合同来说,委托方着重调查受委托方的科研实力、以往的受托项目完成情况及科研经费的使用情况等;受委托方要着重调查委托方的基础技术条件、项目开发潜力、科研经费的支付能力等。就技术转让合同来说,转让方应重点调查受让方的基础条件、资信状况;受让方重点调查受让技术与自身生产经营的相关性、受让技术的合法性等。就技术咨询和技术服务合同来说,委托方应重点调查对方的技术实力、对方以往履行相关技术咨询和服务合同的情况;作为咨询方或者服务方,应重点调查对方的技术基础条件和资信状况等。

【实训要求】

各模拟公司根据本公司的实际情况进行选择使用,撰写一份商业调查方案,为订立合同作好准备。

(二) 拟定合同文本

拟订合同文本,是交易双方确定交易内容非常重要的一环,是将交易内容书面化的手段。交易双方的权利、义务都以合同的方式加以明确。

【实训提示】

根据合同法的一般原理,商务合同一经成立,在当事人之间就形成具有法律约束力的民事关系,当事人就必须按照合同的约定履行义务。在实践中,利用合同诈骗的情况也非常多,实施合同诈骗的既有国内主体、也有国外主体,有的甚至是跨国联合诈骗,因此,作为诚实交易的一方主体,应该在合同的订立过程树立风险意识,防止上当受骗。在订立合同中,不管对方当事人是国内主体,还是国外主体,都应该注意以下事项,以降低合同风险。

(1)在签订合同以前,经营者必须认真审查对方的真实身份和履约能力。审查身份就是查核对方的经营主体资格是否合法和真实存在。审查履约能力就是要查清对方现有的、实际的、真实的经营情况。可以通过信函、电报、电话或直接派人上门了解等方式对对方的资信情况进行仔细的调查,切实掌握与了解对方的真实身份和履约能力。

（2）审查合同公章与签字人的身份,确保合同合法有效。合同当事人应该是能够完全承担民事责任的自然人、公司、合伙企业、个人独资企业等,如果对方公章为法人的分支机构公章或内设机构,应要求其提供所属法人机构的授权书。对方在合同上签字盖章,并不能保证合同是有效的,还必须保证合同的签字人是对方的法定代表人或经法人授权的经办人。如对方签字人是企业的法定代表人,那么在签订合同之前,应要求对方提供法定代表人身份证明、营业执照副本或工商行政管理机关出具的法定代表人资格证书;如对方仅系企业的业务人员,则还应让其提供企业及其法定代表人的授权委托书、合同书、业务人员自身的身份证明以及财产担保书等相关证明文件,切忌仅凭对方提供的银行账户、合同专用章等不全面、不规范的文件就与其签订合同。同时还应该杜绝那种仅凭老关系、熟面孔或熟人的介绍就与对方签订合同的做法。

（3）签订合同时应当严格审查合同的各项条款,有条件的应尽量向专业人员咨询。合同条款太笼统,不利于合同的履行。合同文字含糊不清,模棱两可,在履行过程中,往往带来争议。因此,合同中的条款应具体详细、完善严密,明确规定买卖双方应承担的义务及违约的责任,同时,应注意各条款之间的协调一致,防止互相矛盾。对于合同的主要条款,特别是关于交货地点、交货方式、质量标准、结算方式、货物价格的约定更要力求表达得清晰、明确、完整,决不能含混不清或者模棱两可,给以后合同的履行埋下隐患。

（4）明确约定违约条款。违约条款明确约定违约的责任,为将来可能的诉讼与维权打下良好的基础。违约条款中可以明确约定违约金或欠款的利息。如:甲方未按期交付货物的,向乙方支付违约金6万元。

（5）约定争议管辖权条款。根据我国民事诉讼法的规定,合同纠纷的管辖地有多个,如合同签订地、合同履行地、原告所在地、被告所在地等,因此,当事人可以在合同中约定管辖地法院,该约定可以用于避免对方精心设计的司法陷阱。

（6）约定所有权保留条款。根据合同法"当事人可以在买卖合同中约定买受人未履行支付价款或者其他义务的,标的物的所有权属于出卖人"的规定,卖方可以规定保留货物的法定所有权,直到买方付清全部货款后所有权才转移给购买者,所有权保留条款可以有效预防对方的破产清算风险。但是,该所有权保留条款,还应视双方的交易情况而定,不能随意滥用,否则会影响交易效率。

（7）约定担保条款。合同的担保,是对当事人合同权益的又一次保障,因此,在合同中,根据交易情况,应当尽量要求对方提供担保。约定担保条款,必须按照《中华人民共和国担保法》进行,否则,可能会造成担保条款的无效。

【实训要求】

根据公司业务情况,草拟一份合同书。

（三）合同的履行

合同的履行是一项操作性、综合性都很强的工作，涉及双方甚至多方当事人，交易内容不同，涉及的环节也不完全相同。对合同当事人而言，正确履行合同非常重要，这也是保障达成交易目的最为关键的环节。针对不同的合同，在履行中所把握的要点有所不同。

【实训提示】

1. 买卖合同。对于买方，如果货物需要运输的，不管是由卖方负责还是自己负责，都要注意跟承运方的配合，要注意向卖方或者运输方索要相关单证；验货非常关键，在验货时，要注意对方交货的数量及其误差，特别是货物质量，要根据相应的强制性标准或者合同约定的质量标准为验货基准，对于以样品为质量标准的，要注意在验货之前对样品及其质量状态的保持，切忌让对方"偷梁换柱"；还要特别注意要求对方保证标的物没有转让障碍，即第三人不得对标的物主张权利，否则，要求卖方承担责任。此外，还应该注意依照法律规定或者合同约定与卖方分担货物毁损风险。最后，积极筹集款项，按照合同约定支付货款。

对于卖方，备货、向买方交货是最为关键的履约行为，备货时，要注意货物的数量、质量（包括花色、规格等）、包装都要符合合同的约定；如果需要运输，包装还要符合运输要求，同时根据合同约定的运输责任办理运输事宜或者配合买方办理运输；准备相关单证并向买方交付，货物到达指定地点，配合买方收验货物；同时，按照合同约定催收货款。

2. 租赁合同。对于承租方，要注意对承租物（包括房屋）的验收，按合同约定使用承租物，对承租物损坏及维修情况进行记录，按合同约定支付租金。

对于出租方，应当保证出租物与合同约定的品质、状态一致，并负责对出租物状态的维护及损坏维修，收取租金。

3. 建设工程合同。对于发包方，对对方提供的设计图纸、施工图纸应加以确认；在不影响施工的情况下对工程的作业进度、质量进行检查；尽量约定工程监理，并要求监理方切实履行监理义务；工程竣工后严格按照国家规定的标准和合同约定的标准验收，验收后方可使用建筑物。按照合同约定支付工程价款。

对于承包方等，按照合同约定开展勘察、设计和施工，在施工中，要注意安全生产，保证建筑质量；约定监理的，应该接受监理方的意见和建议；要求对方提供必要的作业条件，工程完工后，配合发包方验收。按照合同约定催收款项。

4. 货运合同。对于托运方，首先是确认运输方提供的运输条件符合要求；确定明确的起运地，当货物需要由承运方提供特殊包装时，要求对方予以提供；向承运方索取相关单证；办理货物保险需要承运方配合的，要求运输方配合。按照合同约定支付运费。

对于承运方,需要注意验收货物(注意排除违禁货物),交付相应单证,提供适当的运输条件,保证合同约定的货物在途安全。要求支付运费。

【实训要求】

能够根据公司具体的业务,做好履行合同的各项工作,尽量避免纠纷。虽然履行合同的主要工作表现为"做",但是为了表明"做"的成果以及还原履行合同的各环节工作,合同双方当事人都应该注意保存合同履行中的各项书面凭证。

撰写一份合同履行方案,除了表述公司履行合同的计划、措施之外,还应包括意外情况的应对预案。

(四)违约责任

在合同的履行过程中,会因为种种原因导致当事人发生违约行为,对于这种违反合同约定义务的情况,合同法规定了由违约方承担违约责任的方式来对违约行为予以惩戒。

【实训提示】

违约责任的构成要件有二:一是要有违约行为客观存在,二是免责事由不成立。

因此,在实践中,要追究对方的违约责任,根据民事诉讼法"谁主张,谁举证"的基本原则,守约方必须从这两个方面来证明应该由违约方承担民事责任。首先,要保证有足够的证据证明对方确实违约,比如交货或者付款的时间与合同约定不符,或者所检验的货物数量、质量不符合合同约定等;如果造成了损失,还应该保存能够证明损害事实存在的证据。其次,证明免责事由不存在,比如违约不是因为不可抗力原因造成的,或者当时也没有约定可以免责的事由,或者虽然约定了免责事由,但所发生的违约事实却不属于免责范围。

在实践中,当事人如果是因为对方违约而要追究其责任,对证据的保存就尤为重要。同时要注意通过适当的途径积极向对方主张权利,以免错过诉讼时效,从而失去司法保障。合同纠纷的诉讼时效期间为2年,从当事人知道或者应当知道对方当事人有违约行为之日起计算。

【实训要求】

准确理解违约及违约责任的实质,在商务活动尽量避免主动违约;如果对方违约,应该能够依法保护己方的利益,追究对方的违约责任,以弥补己方所受的损失。

二、实训成果

本环节应完成以下实训成果:

1. 商业调查方案;
2. 一份商务合同;
3. 一份合同履行方案;

4. 一份单元实训报告。

三、评价标准

1. 是否理解了商业调查的目的,在商业调查方案中是否能够很鲜明地表达本次商业调查的任务,商业调查的内容能否满足订立合同的需要。

2. 合同文本的拟定是否充分表达了谈判成果,双方当事人的交易需求在合同中的体现是否清楚,合同内容是否完备,条款是否清晰无歧义以及合同格式是否符合一般要求。

3. 合同的履行是否规范,是否符合一般的程序要求,在履行中是否做到了有效沟通,能否避免主动违约,对于意外情况的预案设计是否合理。

【评价鉴定表】

序号	评价标准和内容	评价等级				
		优秀	良好	中等	合格	不合格
1	商业调查方案的目的性是否较强,方案设计是否合理、可行					
2	合同文本的拟定是否符合一般规范,内容是否完善、条款是否清晰					
3	合同履行方案是否可行,有无漏洞					
4	实训报告整洁,内容充实,结论明确					
5	综合成绩					

第三节　参考合同范本

一、工业品买卖合同

工业品买卖合同

合同编号:＿＿＿＿＿＿＿＿

出卖人:＿＿＿＿＿＿＿＿＿＿＿　　签订地点:＿＿＿＿＿＿＿＿

买受人:＿＿＿＿＿＿＿＿＿＿＿　　签订时间:＿＿＿＿＿＿＿＿

第一条　标的物　　　　　　　　　　　　　（注:空格如不够用,可以另接)

标的物名称	商标	规格型号	生产厂家	计量单位	数量	价　款	
						单价	总价
合计人民币金额(大写):						¥:	

第二条　质量要求:_____。

第三条　包装标准、包装物的提供与回收:_____。

第四条　随附必备品、配件、工具的数量及提供办法:_____。

第五条　合理损耗标准及计算方法:_____。

第六条　标的物所有权自(交付/_____)时起转移,但买受人未履行(支付价款/_____)义务的,标的物仍属于出卖人所有;标的物毁损、灭失的风险自交付时起由买受人承担。

第七条　交付(提取)标的物或提取标的物单证的方式、时间、地点:_____。

第八条　运输方式及到达站(港)和费用负担:_____。

第九条　验收标准、方法、地点及期限:_____。

第十条　成套设备的安装与调试:_____。

第十一条　出卖人对标的物质量负责的条件及期限:_____。

第十二条　结算方式、时间及地点:_____。

第十三条　担保方式(也可另立担保合同):_____。

第十四条　本合同解除的条件:_____。

第十五条　出卖人违约责任:_____。

　　　　　买受人违约责任:_____。

第十六条　合同争议的解决方式:本合同项下发生的争议,由双方当事人协商解决或申请调解解决;协商或调解不成的,按下列第_____种方式解决:(只能选择一种)

(一)提交_____仲裁委员会仲裁;

(二)依法向_____人民法院起诉。

第十七条　本合同自_____起生效。

第十八条　其他约定事项：_____

_____。

出卖人		买受人	
出卖人(章)：　　营业执照号码：		买受人(章)：　　营业执照号码：	
住所：		住所：	
法定代表人：　　委托代理人：		法定代表人：　　委托代理人：	
电话：　　　　　传真：		电话：　　　　　传真：	
开户银行：　　　账号：		开户银行：　　　账号：	
税号：　　　　　邮政编码：		税号：　　　　　邮政编码：	

二、装饰装修工程合同

××市装饰装修工程施工合同

发包人(甲方)：(全称)_____

承包人(乙方)：(全称)_____

依照《中华人民共和国合同法》、《中华人民共和国招标投标法》及其他有关规定，遵循平等、自愿、公平、诚实信用的原则，甲乙双方就本装饰装修工程施工的发包与承包事项经协商一致，签订本合同。

1　工程概况

1.1　工程名称：_____。

1.2　工程地点：_____。

1.3　工程内容：_____。

1.4　承包范围：_____。

1.5　承包方式：

□乙方包工、包全部料　　　　□乙方包工、包部分料(见附件)

□乙方只包工

1.6　工程结构：_____。

1.7　装饰装修施工面积：_____。

2　工程质量

2.1　本工程质量应达到国家、××市或专业的质量检验标准、设计标准或双方约定的其他标准。

2.2 国家、××市或专业标准:《民用建筑工程室内环境污染控制规范》(GB50325－2001)、_____。

2.3 约定标准:_____　_____。

3 工期

3.1 总工期:_____日(为日历工期,并包括法定节假日)。

3.2 开工日期:_____年_____月_____日。

3.3 竣工日期:_____年_____月_____日。

3.4 延期开工:乙方不能按期开工的,应提前2日以书面形式通知甲方,如甲方2日内未做出答复的,视为同意延期开工,具体开工日期将另行约定。如甲方不同意延期开工的,则工期不顺延;如因甲方原因需延期开工的,应征得乙方同意,由此造成的损失由甲方承担,并相应顺延工期。

3.5 暂停施工(停工):甲方要求乙方暂停施工的,应在24小时内向乙方提出处理意见,乙方应妥善保护已完工工程。如甲方未能按时提出处理意见的,乙方可继续施工,由此造成的损失由甲方承担。乙方要求复工的,甲方应在12小时内予以答复。甲方未能按时答复的,乙方可自行复工。

3.6 工期顺延

3.6.1 发生以下情况的,工期顺延,乙方不承担责任:

(1)甲方未能按合同约定提供开工条件的。

(2)工程量增加、设计变更的。

(3)甲方未按时验收隐蔽工程的。

(4)甲方未按时供应合同约定的材料和设备的。

(5)7日内由于非乙方原因停水停电累计8小时以上不能施工的。

(6)甲方未按时支付工程款的。

(7)因甲方或甲方代表坚持错误指令而导致工期延误的。

(8)不可抗力和其他非乙方原因造成停工的。

3.6.2 出现以上情况时,乙方应及时以书面形式通知甲方。因乙方原因导致工期延误的,由乙方承担责任,工期不顺延。

3.7 工期提前

3.7.1 提前竣工的条件应是采取可行的新技术措施,任何违反工艺标准、偷工减料等行为不得作为提前竣工的手段。双方应签订提前竣工协议,且甲方应在3日内批准乙方修订的进度计划及新技术措施,并为赶工提供必要的条件。

3.7.2 提前竣工协议应包含以下内容:

(1)提前的时间。

(2)乙方采取的技术措施。

(3)甲方为实行新技术措施提供的条件。

(4)实行新技术措施增加的费用。

4 设计

4.1 设计图纸及技术文件的提供方式

□由甲方于开工_____日前向乙方提供满足施工需要的设计图纸及技术文件。

□由乙方于开工_____日前提供满足施工需要的设计图纸及技术文件送甲方审批,甲方应于_____日内审批完毕并交还乙方。

□由甲方委托的专业设计公司于开工_____日前向乙方提供满足施工需要的设计图纸及技术文件。

4.2 设计变更

4.2.1 甲方要求变更设计时,应在该分部或分项工程施工3日前通知乙方。乙方应立即停止对涉及部分的施工及准备活动。

4.2.2 由于设计变更造成乙方材料积压,由甲方负责处理并承担相应损失。

4.2.3 已完工程设计变更造成乙方返工的损失,由甲方承担。

4.2.4 设计变更应由甲方代表办理洽商确认手续,乙方应变更施工进度计划,送甲方批准,同时调整工程价款。

4.2.5 涉及设计变更的,设计图纸提供方应给出变更设计图纸及材料样品,以作计价及施工依据。

5 工程价款

5.1 本工程价款:

□招标工程以中标价为准。(应附中标通知书)

□非招标工程以审定的工程预(概)算书为准。

5.2 本工程价款总计:人民币_____元 ,¥_____元。

5.3 本工程价款可在出现下列情况时调整:

(1)甲方确认的工程量增减。

(2)甲方确认的设计变更或工程洽商。

(3)符合"3.6.1"约定的其他工期顺延条件之一的。

(4)双方约定的其他增减或调整。

5.4 工程价款支付

5.4.1 预付款为工程总价的_____%,支付时间为_____。甲方未按约定支付预付款的,乙方可书面通知甲方,如甲方在接到通知后3日内仍不能支付,乙方可延期开工。

5.4.2 工程进度款

5.4.2.1 乙方应在每月_____日向甲方提交已完工程量报告及相关质量验收记录,甲方应在 3 日内会同乙方核实计量并检验工程质量。乙方无故不参加计量及质量验收的,甲方计量视为有效并作为工程款支付依据;甲方逾期未作计量及质量验收的,从第 4 日起乙方计量视为有效并作为工程款支付依据。

5.4.2.2 工程进度款的拨付应包括洽商款项(如设计变更、工程量增加等)。

5.4.2.3 乙方未经监理同意超出设计图自行增加的工程量和因乙方原因返工增加的工程量不予计量。

5.4.2.4 经乙方书面同意并明确延期付款日期后,甲方可延期付款;甲方延期付款应计算自确认延期 5 日后起算的应付工程款利息(按同期银行贷款利率计算)。

5.4.3 工程进度款付至工程总价 90% 时停止支付,10% 尾款待工程竣工验收合格后按双方约定的方式结清。

6 材料设备供应

6.1 本工程由甲方供应主要材料设备的,双方约定编制甲方供应材料设备一览表作为本合同附件,一览表中应准确写明材料设备的品种、规格、型号、数量、质量等级、提供时间和地点等。

6.2 本工程由乙方采购材料设备的,应按照设计说明、施工图纸和有关技术资料标准要求进行采购,提供材料设备产品的质量、环保合格证明,并对所购材料、设备质量负责。

6.3 甲方提供和乙方采购的材料、设备按约定到达指定地点前应通知对方,双方应对材料、设备进行共同验收。甲方供应的材料设备经验收合格后,应移交给乙方管理、使用。

6.4 本工程中的主要材料应由双方选定样品样本。样品样本应经双方验收后封存,作为材料供应和竣工验收的实物标准。

6.5 双方所提供的工程主要材料应符合国家质检总局发布的《室内装饰装修有害物质限量标准》。

7 双方派驻本工程项目的代表

7.1 甲方派驻本工程项目的代表为_____,职务:_____,职称:_____。

7.2 本工程项目甲方委托_____公司依法对工程施工实施监理。

监理工程师:_____,职务:_____,

职称:_____,注册证书号:_____。

7.3 乙方派驻本工程的项目经理为_____,是乙方在本工程项目中的代表。

7.4 双方派驻本工程施工场地的代表,按照本合同约定行使各自派出方的权利,履行派出方的义务。

7.5 甲方代表在授权范围内向乙方项目经理发出的任何书面形式的条件和指令,项目经理应予执行。

8 双方权利

8.1 甲方权利

8.1.1 有权根据工程需要撤换派驻施工场地的代表和监理工程师,但应提前 7 日书面通知乙方。撤换后代表或监理工程师的权责不变。

8.1.2 有权监督乙方履行各项合同义务。

8.1.3 有权审批乙方编制的施工进度计划。

8.1.4 有权对工程质量、施工进度进行监督,参加材料、设备验收,隐蔽工程验收,竣工验收。

8.2 乙方权利

8.2.1 有权根据工程需要撤换派驻本工程施工场地的代表,但应提前 7 日书面通知甲方,撤换后代表的权责不变。

8.2.2 有权监督甲方履行各项合同义务。

8.2.3 乙方代表认为甲方代表的指令不合理时,有权在收到甲方代表指令后 24 小时内向甲方代表提出修改指令的书面报告,如甲方代表坚持执行原指令的决定,乙方代表应予执行,但由于指令错误而发生的费用和给乙方造成的损失由甲方承担。

9 双方义务

9.1 甲方义务

9.1.1 按约定向乙方支付工程款。

9.1.2 办理施工许可证及其他施工所需的审批证件。

9.1.3 组织乙方和设计单位进行图纸会审和技术交底工作。

9.1.4 提供施工场地,并清除影响施工的障碍物及承担乙方在不腾空场地条件下施工的相应措施费用。

9.1.5 提供房屋主体结构,水、电、暖风机电设备的技术资料。

9.1.6 提供施工所需水、电、冬季供暖设备,保证施工期间的需要。

9.1.7 协调施工场地进行交叉作业的各专业施工单位间的关系,保证工程有序进行。

9.1.8 严格执行国家安全生产和环境保护的有关规定。

9.1.9 在原有建筑物中进行装饰装修工程,要保证建筑结构的安全,并不得有下列行为:

(1)随意改动房屋主体和承重结构。

(2)在外墙上开窗、门或扩大原有门窗尺寸,拆除连接阳台、门窗的墙体。

(3)增加楼、地面荷载。

（4）破坏防水层和拆改热、暖、燃气等管道设施。

（5）强令乙方违章作业施工的其他行为。

凡必须涉及以上所列内容的,应有涉及改动方案的设计图纸,并对安全使用性出具书面说明。

9.2 乙方义务

9.2.1 制定并组织落实施工进度计划。

9.2.2 遵守政府有关主管部门对施工场地交通、施工噪音、环境保护和安全生产等管理规定。

9.2.3 安全施工

9.2.3.1 应按有关规定,严格安全防护和防火措施,并承担由于管理不善造成的人员及财产损失。非乙方责任造成的损失,由相应责任人承担。

9.2.3.2 发生伤亡事故,应在第一时间报有关部门及通知甲方,并按政府有关部门的要求处理。甲方应提供抢救抢险的必要条件,协助处理事故。事故引发的费用由责任方承担。

9.2.3.3 按工程及安全需要提供看守和警卫、维修施工使用的照明、围栏,在动力设备、高压线路、地下管线、易燃易爆、有毒有害地段以及临时交通要道附近施工时,应与甲方协商安全防护措施,经甲方同意后实施,防护费用由甲方承担。

9.2.3.4 在未腾空和继续使用的建筑物内施工的,应制定专门的安全和防火措施,以确保建筑物内财产和人身安全。以上措施应报甲方同意,并由甲方承担相应费用。

9.2.4 已竣工工程在未正式交付甲方之前,应负责工程成品保护工作。

9.2.5 负责施工场地的清洁,符合环境卫生管理的有关规定。

10 工程验收

10.1 隐蔽工程验收:具备隐蔽条件的工程部位,乙方应在自检合格后48小时内以书面形式通知甲方代表(监理工程师)验收,验收合格并经甲方代表(监理工程师)在检验记录上签字后,乙方才可进行隐蔽和继续施工。

10.2 竣工验收

10.2.1 工程具备竣工验收条件的,乙方应按国家竣工验收的有关规定向甲方提供竣工验收报告、竣工资料、竣工图纸。甲方应在收到报告后7日内组织验收,并在验收后28日内书面通知乙方同意或提出修改意见,双方根据修改工程量的多少约定修改期限。乙方应按甲方意见进行修改并承担因自身原因造成的修改费用。

10.2.2 甲方逾期未组织验收或提出修改意见的,视为工程合格同意验收,应办理竣工结算手续。

10.2.3 竣工日期为乙方送交竣工验收报告的日期,需修改后达到竣工验收标准的,竣工日期为修改后提请甲方验收的日期。竣工日期也视为保修起始日期。

10.2.4 工程未经竣工验收或竣工验收未通过的工程,甲方不得使用;如甲方强行使用,则视为竣工验收合格,由此发生的质量责任及其他责任均由甲方自行承担。

10.2.5 因特殊原因部分工程暂时不能竣工的,双方可签订甩项竣工协议处理。

10.2.6 竣工结算:竣工报告经甲方同意后,乙方按国家有关规定或合同约定向甲方递交竣工结算报告及完整的结算资料。甲方自收到报告和结算资料之日起28日内进行审核确认,按合同约定向乙方支付工程尾款,同时甲、乙双方办理工程交接手续。甲方无正当理由逾期未办理竣工结算的,应承担乙方相应的保管费和利息损失。

11 违约责任

11.1 甲、乙方不能按合同约定履行自己的各项义务时应承担相应的违约责任,包括支付违约金、赔偿因违约给对方造成的经济损失。

11.2 甲方不能按时支付工程预付款、工程进度款、竣工结算款的,每延误一日应向乙方支付迟延部分工程款_____‰的违约金。

11.3 由于乙方责任延误工期的,延误一日乙方应向甲方按已付工程进度款之和的____‰支付违约金。

11.4 由于乙方责任导致工程质量和室内环境污染控制不达标的工程,乙方对工程质量不合格的部位应进行彻底返工修理,对室内空气质量不达标的应进行全面综合治理,由于以上原因造成工程延期交付的视同延误工期。

11.5 违约方承担违约责任后,除符合以下情况而中止合同外,双方均应继续履行合同,以保持工程的连续性和已建工程的完好:

(1)合同已无法履行。

(2)甲、乙方协议停止施工。

(3)调解要求停止施工。

(4)仲裁要求停止施工。

(5)法院要求停止施工。

12 其他:有关保险、担保、保修等内容,双方可以书面形式另行约定,作为本合同附件。

13 不可抗力:因不可抗力不能履行合同的,根据不可抗力的影响,部分或全部免除责任,但法律另有规定的除外。一方因不可抗力不能履行合同时,应及时通知对方,以减轻可能给对方造成的损失,并应在合理期限内提供证明。

14 争议解决方式:本合同项下发生的争议,由双方当事人协商解决或申请调解解决;协商或调解解决不成的,按下列第_____种方式解决:

(1)依法向_____人民法院提起诉讼。

(2)提交_____仲裁委员会仲裁。

15 合同的生效:本合同自甲乙双方签字盖章之日起生效。

16 本合同正本一式两份,甲乙双方各执一份;副本_____份,甲方_____份,乙方_____份。

17 补充约定:_____

_____

_____

_____

_____。

甲方(签章):	乙方(签章):
住所:	住所:
法定代表人:	法定代表人:
联系申话:	联系电话:
委托代理人:	委托代理人:
联系电话:	联系电话:
开户银行:	开户银行:
账号:	账号:
签订时间:	签订时间:
签订地点:	签订地点:

合同附件:

1. 中标通知书

2. 承包人承揽工程项目及报价表

3. 发包人材料供应及设备一览表

4. 工程验收

验收时间:

验收地点:

工程名称:

工程地点:

验收意见:

发包方(甲方或用户单位):

施工单位:

5. 环境检测记录

检测时间:

检测地点:

检测部位:

检测结果:(报告书)

6. 保修合同

三、商品购销合同

××市商品购销合同

甲方(供应商):＿＿＿＿＿＿＿＿＿＿＿＿＿＿＿＿＿＿＿＿＿

乙方(零售商):＿＿＿＿＿＿＿＿＿＿＿＿＿＿＿＿＿＿＿＿＿

根据《中华人民共和国合同法》及其他有关法律、行政法规的规定,甲、乙双方遵循平等、自愿、公平和诚实信用的原则,就商品进货购销事宜协商订立本合同。

本合同可适用于乙方总部及其在北京行政区划范围内开设的连锁门店或关联公司(拥有独立法人资格的连锁门店或关联公司就签订及履行本合同的授权书作为本合同的附件),具体包括:＿＿＿＿＿＿＿＿＿＿＿＿＿＿＿＿＿＿＿＿＿

＿＿＿＿＿＿＿＿＿＿＿＿＿＿＿＿＿＿＿＿＿＿＿＿＿＿＿＿＿＿＿

＿＿＿＿＿＿＿＿＿＿＿＿＿＿＿＿＿＿＿＿＿＿＿＿＿＿＿＿＿。

一、订购商品

1. 商品的种类、品名、品牌、规格、生产厂厂名及厂址、等级、质量标准、包装要求、计量单位及单价等详见本合同附件一《购销商品清单》。

2. 甲方在本合同签订时,应当提供营业执照、税务登记证等自身主体资格的证明,同时提交有关商品生产、代理、批发、进口及专项经营等许可或证明文件。

3. 上述商品价格已经双方确认,如因原材料价格、生产经营成本、市场供求关系等变化导致合同期内商品价格变化,要求价格变动一方应当提前书面通知对方,经对方书面确认后方可调价。价格变动自双方确认的调价日期起生效,适用于该日期后的新订单。

4. 乙方对本合同中所列商品特别指定原料或样式等专门条件时,需在签订本合同的同时向甲方提交指示说明书或样式说明书。

5. 甲方所提供商品的外包装应当符合中华人民共和国相关法律法规的规定,用中文标明产品名称、生产厂厂名与厂址、规格、等级、采用的产品标准、质量检验合格证明、使用说明、生产日期和安全使用期或者失效期、警示标志及其他说明等。商品应当使用正规条形码,以便于 POS 机识别;无条形码的商品应当在附件一中说明,同时向乙方购买内部条形码贴于商品外包装上。

6. 甲方应当保证其所提供商品的质量符合本合同或订单约定的质量标准;甲方提供有关商品质量说明的,应当符合该说明的质量要求。质量要求不明确的,按照国家标准、行业标准履行;无国家标准、行业标准的,按照通常标准或者符合合同目的的特定标准履行。

二、代理人

1. 本合同代理人在其主管或被授权的业务环节中所签署的各种文件、单据,作为双方签订、履行合同的有效凭证。

2. 双方如变更或撤换代理人,应当以书面形式提前_____日通知对方,委派和撤换代理人的通知书作为本合同附件二。

三、订货

1. 乙方向甲方订货,应当提前____小时发出订单,双方约定的订单形式为:

(1)乙方电子商务平台;(2)电子邮件;(3)传真;(4)订货合同;(5)其他_____。

2. 订单应当明确商品的名称、生产厂厂名和厂址、规格、计量单位、品牌、质量、产地、正规条形码、数量、单价、交货时间、交货地点等具体内容。

3. 甲方收到订单后如不能接受,应当在_____小时内予以明确答复,答复形式同订单形式一致;不予答复的,视为接受订单。如答复中对订单实质内容有修改的,乙方应当在_____小时内表示是否接受,乙方表示不接受则视为订单无效;乙方不予答复的,视为接受修改的订单。

4. 订单及订单答复以电子网络为传输载体的,应当发送至本合同指定的网址或电子邮箱;以传真、订货合同等书面文字为载体的,应当加盖订货单位公章或代理人签字,方为有效。

四、交货及验收

1. 甲方应当将订单列明的商品,按照约定的时间、运输方式交付到乙方指定地点。

2. 商品的所有权自交付时起转移给乙方,商品毁损、灭失的风险也自交付时起由乙方承担。

3. 乙方应当妥善安排工作人员在到货后及时按照订单对商品的种类、规格、产地、数量、包装等进行初步验收,并出具收货凭证;如商品不符合本合同及订单要求的,可以拒绝接收。如乙方无法在到货后的_____小时内验收完毕的,应当向甲方出具收货待验收凭证,同时告知验收完毕的具体时间。

4. 乙方对于已经验收的商品发现存在内在质量问题,应当在质量保证期内提出,无质量保证期的在收货后24个月内提出,否则视为商品质量符合约定。甲方知道或者应当知道所提供商品不符合约定的,不受前述提出异议时间的限制。对于存在质量问题的商品,甲方应当予以退换货。

质量异议应当以书面形式向甲方提出,甲方应当在收到异议后的10日内予以书面答复,否则视为认可。

五、商品促销

1. 乙方可以根据企业经营战略制定商品促销计划,以加速商品的周转和销售。

2. 甲方可以根据自身产品状况,有选择地参加促销活动,同时向乙方支付促销服务费用或者以折扣等方式给予商品价格优惠。

3. 双方应当就具体促销方式、促销期间、乙方所提供的服务内容、甲方支付的服务费用、商品折扣及支付办法等具体事宜,另行签订《促销服务协议》作为本协议附件三。

六、商品退换

1. 双方在确定商品价格时,应当对商品退换、损耗问题予以充分考虑。甲方选择的退换货类型为:＿＿＿＿＿＿

(1)不接受退换货。　　　　　(2)有条件的退换货。

(3)在商品总价值＿＿＿＿＿% 损耗范围内可接受退换货。

2. 在选择"有条件的退换货"的前提下,为了保持乙方合理库存,且有利于商品周转,双方同意:

在第＿＿＿＿＿种条件时甲方同意更换商品:

(1)残、次品。　　(2)滞销、过季商品。　　(3)其他:＿＿＿＿＿＿。

在第＿＿＿＿＿种条件时,甲方接受乙方退货:

(1)残、次品。　　(2)滞销、过季商品。　　(3)其他:＿＿＿＿＿＿。

对于存在保质期、有效期的商品,乙方应当在保质期、有效期尚存 1/3 以上的期限内提出退换货。

3. 乙方退换货应当向甲方发出书面退换货通知,甲方应当于收到后＿＿＿＿＿日内对所退换商品进行核实并书面确认,＿＿＿＿＿日内负责更换或者收回所清退商品。逾期不答复或书面确认后未在＿＿＿＿＿日内更换或者收回所清退商品的,甲方同意乙方按照＿＿＿＿＿(A. 降价处理;B. 退货,乙方承担运费;C. 自行销毁;D. 其他:＿＿＿＿＿＿。)方式处置该商品,因此所造成的损失由甲方承担。

七、对账与结算

1. 双方确认的结算方式及结算周期为:＿＿＿＿＿＿＿。

(1)预付。

(2)现结＿＿＿＿＿日(空白处填写的日历天数为"现结间隔周期")。

(3)月结＿＿＿＿＿日(本合同"月龄"的起始时间为:A. 当月 1 日至末日 B. 当月＿＿＿＿日至次月＿＿＿＿＿日;空白处填写的日历天数为"月结间隔周期")。

(4)滚动结算＿＿＿＿＿日(空白处填写的日历天数为"滚动结算周期")。

(5)其他,具体定义为:＿＿＿＿＿＿＿＿＿。

2. 如因商品种类不同,确定的对账日、结算方式或结算周期不同,可就具体商品的对账日、结算方式及结算周期另行制作附件或在附件一中列明。

3. 采用第 1 款第(3)、(4)方式结算的,双方应当在本合同中明确对账日。

按照商品的销售周期,甲乙双方确认的对账日为每月＿＿＿＿＿日。乙方应当在该日的工作时间内安排工作人员同甲方业务人员进行账务核对。对账时双方应当核对的原始单据包括:商品订单、甲方出具的送货/出库单、乙方出具的入库/验收单、退换货单据以及促销费用单据。根据对账结果,乙方出具《商品对账单》(附件四)经双方代理人签字确认后作为结算依据。

乙方逾期不予对账的,甲方可依据上述对账单据出具《商品对账单》,交乙方确认;乙方收到后3日内既不确认又不提出异议的,视为认可《商品对账单》的内容。

4. 乙方应当尽力建立顺利、便捷、无障碍的结算机制。结算期满后,甲方可在约定的结算周期届满后持《商品对账单》及相应数额的增值税发票要求乙方足额支付货款。

5. 双方确定的付款方式为:(1)现金;(2)转账支票;(3)电汇;(4)_____。

八、知识产权的保护

甲方应当保证其所提供的商品不存在任何知识产权的瑕疵。如因甲方或其供应商侵犯第三方的专利权、商标专用权、著作权、商业秘密或其他权益产生争议,给乙方造成经济损失时,甲方应当承担全部责任并承担因此发生的各种费用。

九、反对商业贿赂

甲乙双方应当坚持诚实信用、公平交易的商业原则,建立健全内部管理制度,加强对员工的管理和教育,对任何商业贿赂和其他不正当交易行为均应共同予以抵制,同时有义务向对方提供相应的信息和证据。

十、违约责任

1. 甲乙双方均应当全面履行本合同的约定,一方违约给另一方造成损失的,应当承担赔偿责任。

2. 甲方未按照已经确认的订单内容发货,应当负责更换或补足;造成交货延迟的,每延迟1日应当支付延迟交货金额万分之五的违约金;延迟_____日以上的,除支付违约金外,乙方有权取消该批次订单;累计_____次迟延交货的,乙方有权解除本合同。

3. 乙方未按照合同约定的期限结算的,每延迟1日,应当按日支付应当结算金额万分之五的违约金;延迟30日以上的,除支付违约金外,甲方有权解除合同。

4. 由于甲方提供的商品存在质量问题导致消费者退货或者乙方受到有关政府部门查处的,甲方应当积极参与调查处理并赔偿因此给乙方造成的全部经济损失;情节严重给乙方商誉造成严重损害的,乙方有权解除本合同。

5. 由于乙方保管不当造成的商品质量问题导致消费者退货或者甲方受到有关政府部门查处的,乙方应当积极参与调查处理并赔偿因此给甲方造成的全部经济损失;情节严重给甲方商誉造成严重损害的,甲方有权解除本合同。

十一、合同的中止和解除

1. 任何一方非因对方违约提出解除本合同,均应当提前30日以书面形式通知对方,合同自双方协商确定的日期解除。

2. 任何应当先履行本合同义务的一方,有确切证据证明对方有下列情形之一的,可以中止本合同的履行:

(1)经营状况严重恶化;

(2)转移财产、抽逃资金,以逃避债务;

(3)丧失商业信誉;

(4)有丧失或者可能丧失履行债务能力的其他情形。

一方依照上述约定中止履行的,应当及时通知对方。对方提供适当担保时,应当恢复履行。中止履行后,对方在_____日内未恢复履行能力并且未提供适当担保的,中止履行的一方可以解除合同。

3. 任何一方出现如下情形时,另一方有权无需预先告知即以书面通知的方式解除本合同,合同自通知送达之日解除。

(1)存在本合同第十条第2、3、4、5款约定的严重违约行为时;

(2)受到政府行政主管部门吊销营业执照或停业处分,或其他丧失合法经营身份或资格的情况发生时;

(3)申请破产、进入清算程序;

(4)未经他方同意,把本合同的权利或义务全部或部分转让给第三方的;

(5)增值税一般纳税人资格被取消时;

(6)有证据证明对方存在商业贿赂问题,经书面提示后,再次出现类似问题的。

4. 合同解除后的结算。合同解除或终止后,双方仍应当按照本合同第七条约定的方式进行对账与结算。

除购销商品的货款外,对于乙方已经收取的整个合同期内的各种促销服务费用,应当按照合同实际履行期的比例向甲方返还。乙方可留存该结算期内结算数额10%的货款作为商品质量保证金,自合同解除之日起三个月内如甲方产品不存在质量问题,保证金则应当退还甲方,如存在质量问题,保证金用以抵扣乙方受到的损失。

十二、合同期限

1. 本合同有效期自_____年_____月_____日起至_____年_____月_____日止,共_____年_____个月。

2. 合同期满前1个月,如双方同意继续合作,应重新签订新的合同;如未签订新的合同,乙方仍然下达订单且甲方接受的,视为原合同自动顺延1年。

十三、争议解决方式

本合同项下发生的争议,双方应当协商解决;协商不成的,按照以下第____种方式处理:

1. 向_____人民法院提起诉讼;

2. 向_____仲裁委员会申请仲裁。

十四、其他

1. 本合同涉及的通知,应当以书面形式确认,并在通知方通过邮局以挂号信、特快专递等形式寄达本合同约定地址或被通知方工作人员签收后,视为送达。

2. 本合同附件为合同的有效组成部分,按照双方约定的解释顺序进行解释。

3. 本合同的变更和补充,双方应当另行签订补充协议。

4. 本合同经双方法定代表人或其代理人签署并加盖单位公章或合同专用章后生效。

5. 本合同一式_____份,双方各执_____份,具有同等法律效力。

_____

_____

甲方:	乙方:
法定代表人:	法定代表人:
住所地:	住所地:
签约代表:	签约代表:
电话/传真:	电话/传真:
电子邮件:	电子邮件:
开户银行/账号:	开户银行/账号:
税号:	税号:
盖章:	盖章:
签字日期: 年 月 日	签字日期: 年 月 日

附件

......

四、仓储合同

××市仓储合同

合同编号:_____

保管人:_____ 签订地点:_____

存货人:_____ 签订时间:_____

第一条　仓储物　　　　　　　　　　　　　　　（注:空格如不够用,可以另接)

仓储物名称	品种规格	性质	数量	质量	包装	件数	标记	仓储费

合计人民币金额(大写):　　　　　　　　　　　　　　　　　　　￥:

第二条　储存场所、储存物占用仓库位置及面积:＿＿＿＿＿＿＿＿＿＿＿＿＿＿＿＿＿＿＿＿＿＿＿＿＿＿＿＿＿＿＿＿＿＿＿＿＿＿。

第三条　仓储物(是/否)有瑕疵。瑕疵是:＿＿＿＿＿＿＿＿＿＿＿＿＿＿＿＿。

第四条　仓储物(是/否)需要采取特殊保管措施。特殊保管措施是:＿＿＿＿＿＿。

第五条　仓储物入库检验的方法、时间与地点:＿＿＿＿＿＿＿＿＿＿＿＿＿。

第六条　存货人交付仓储物后,保管人应当给付仓单。

第七条　储存期限:从＿＿＿＿＿年＿＿＿＿月＿＿＿＿日至＿＿＿＿年＿＿＿＿月＿＿＿＿日。

第八条　仓储物的损耗标准及计算方法:＿＿＿＿＿＿＿＿＿＿＿＿＿＿＿。

第九条　保管人发现仓储物有变质或损坏的,应及时通知存货人或仓单持有人。

第十条　仓储物(是/否)已办理保险,险种名称:＿＿＿＿＿＿＿＿＿＿＿＿＿;

　　　　　保险金额:＿＿＿＿＿＿＿＿＿＿;保险期限:＿＿＿＿＿＿＿＿＿;

　　　　　保险人名称:＿＿＿＿＿＿＿＿＿＿＿＿。

第十一条　仓储物出库检验的方法与时间:＿＿＿＿＿＿＿＿＿＿＿＿＿＿。

第十二条　结算方式与时间:＿＿＿＿＿＿＿＿＿＿＿＿＿＿＿＿＿＿＿＿。

第十三条　储存期间届满,存货人或者仓单持有人应当凭仓单提取仓储物。存货人或者仓单持有人逾期提取的,应当加收仓储费,具体如下:＿＿＿＿＿＿＿＿＿＿;提前提取的,不减收仓储费。

第十四条　存货人未向保管人支付仓储费的,保管人(是/否)可以留置仓储物。

第十五条　存货人违约责任:＿＿＿＿＿＿＿＿＿＿＿＿＿＿＿＿＿＿＿＿。

　　　　　保管人违约责任:＿＿＿＿＿＿＿＿＿＿＿＿＿＿＿＿＿＿＿＿。

第十六条　合同争议的解决方式:本合同项下发生的争议,由双方当事人协商解决或申请调解解决;协商或调解不成的,按下列第＿＿＿＿＿种方式解决:(只能选择一种)

（一）提交_____仲裁委员会仲裁；

（二）依法向_____人民法院起诉。

第十七条　其他约定事项：_____

_____。

存货人		保管人	
存货人（章）：	住所：	保管人（章）：	住所：
营业执照号码：	身份证号：	营业执照号码：	身份证号：
法定代表人：	委托代理人：	法定代表人：	委托代理人：
电话：	传真：	电话：	传真：
开户银行：	账号：	开户银行：	账号：
税号：	邮政编码：	税号：	邮政编码：

五、租赁合同

××市租赁合同

合同编号：_____

出租人：_____　　签订地点：_____

承租人：_____　　签订时间：_____

第一条　租赁物　　　　　　　　　　（注：空格如不够用，可以另接）

租赁物名称	数量	质量	配套设施	用途	使用方法和性质

第二条　租赁期限自_____年____月____日至_____年____月____日。

租赁期届满,双方有意续订的,可在租赁期满前_____日内续订租赁合同。(期限超出二十年的,超过部分无效)

第三条　租金及其支付方式与期限

租金(大写):_____　¥:_____。

支付方式与期限:_____。

第四条　租赁物交付的时间、地点、方式及验收:_____。

第五条　租赁物的维修

出租人维修范围及时间:_____。

出租人未履行维修义务的,承租人可以自行维修,维修费用由出租人承担。

承租人维修范围及费用承担:_____。

第六条　因租赁物维修影响承租人使用的,出租人应当相应(减少租金/延长租期)。

第七条　租赁物的改善或增设他物

出租人(是/否)允许承租人对租赁物进行改善或增设他物。改善或增设他物不得因此损坏租赁物。

租赁合同期满时,对租赁物的改善或增设的他物的处理办法是:_____。

第八条　出租人(是/否)允许承租人转租租赁物。

第九条　在租赁期间因占有、使用租赁物获得的收益,归_____所有。

第十条　租赁期满返还租赁物的时间、地点、方式及验收:_____。

第十一条　出租人违约责任:_____。

承租人违约责任:_____。

第十二条　合同争议的解决方式:本合同项下发生的争议,由双方当事人协商解决或申请调解解决;协商或调解不成的,按下列第_____种方式解决:(只能选择一种)

(一)提交_____仲裁委员会仲裁;

(二)依法向_____人民法院起诉。

第十三条　其他约定事项:_____
_____。

出租人		承租人	
出租人(章):	住所:	承租人(章):	住所:
营业执照号码:	身份证号:	营业执照号码:	身份证号:
法定代表人:	委托代理人:	法定代表人:	委托代理人:
电话:	传真:	电话:	传真:
开户银行:	账号:	开户银行:	账号:
税号:	邮政编码:	税号:	邮政编码:

六、承揽合同

××市承揽合同

合同编号：_____

定作人：_____　　签订地点：_____

承揽人：_____　　签订时间：_____

第一条　承揽项目　　　　　　　　　（注：空格如不够用，可以另接）

承揽项目名称及内容	计量单位	数量或工作量	报　酬	
			单　价	总　价

合计人民币金额(大写)：　　　　　　　　　　　　　　　　　　¥：

第二条　技术标准、质量要求：_____。

第三条　承揽人使用的材料由_____人提供。材料的检验方法、时间及提出异议的期限：_____。

第四条　定作人提供技术资料、图纸等的时间、办法及保密要求：_____。

第五条　承揽人发现定作人提供的图纸、技术要求不合理的，应在_____日内向定作人提出书面异议。定作人应在收到书面异议后的_____日内答复。

第六条　定作人(是/否)允许承揽项目中的主要工作由第三人来完成；可以交由第三人完成的工作是：_____。

第七条　定作人协助承揽人的事项与要求：_____。

第八条　工作成果交付的期限、方式及地点：_____。

第九条　工作成果验收标准、方法和期限：_____。

第十条　承揽人对工作成果质量负责的期限及条件：_____。

第十一条　定作人应在_____年_____月_____日前向承揽人(预付材料费/交

付定金)(大写)_____元。

　　第十二条　结算方式及期限:_____。

　　第十三条　定作人未向承揽人支付报酬或材料费的,承揽人(是/否)可以留置工作成果。

　　第十四条　本合同解除的条件:(一)定作人可以随时解除合同,但应及时书面通知承揽人并承担由此给承揽人造成的损失。(二)_____。

　　第十五条　定作人违约责任:_____。

　　　　　　　　承揽人违约责任:_____。

　　第十六条　合同争议的解决方式:本合同项下发生的争议,由双方当事人协商解决或申请调解解决;协商或调解不成的,按下列第_____种方式解决:(只能选择一种)

　　　　　　　(一)提交_____仲裁委员会仲裁;

　　　　　　　(二)依法向_____人民法院起诉。

　　第十七条　其他约定事项:_____

_____。

定作人		承揽人	
定作人(章):	住所:	承揽人(章):	住所:
营业执照号码:	身份证号:	营业执照号码:	身份证号:
法定代表人:	委托代理人:	法定代表人:	委托代理人:
电话:	传真:	电话:	传真:
开户银行:	账号:	开户银行:	账号:
税号:	邮政编码:	税号:	邮政编码:

七、市场场地租赁合同

××市市场场地租赁合同

　　出租人(甲方):_____

　　承租人(乙方):_____

　　根据《中华人民共和国合同法》、《北京市生活消费品、生产资料市场管理条例》等有关法律、法规的规定,双方就租赁场地从事经营的有关事宜经协商达成协议如下:

　　第一条　租赁场地

　　乙方承租甲方_____(层/厅)_____号场地,面积_____平方米,用途以乙方营业执照核准的经营范围为准;库房面积_____平方米,库房位置为_____。

第二条　租赁期限

自_____年_____月_____日起至_____年_____月_____日止,共计_____年_____个月;其中免租期为自_____年_____月_____日起至_____年_____月_____日。

第三条　租金

本合同租金实行(一年/半年/季/月)支付制,租金标准为:———————————————租金支付方式为(现金/支票/汇票/_____);第一次租金的支付时间为_____年_____月_____日,第二次租金的支付时间为_____年_____月_____日至_____年_____月_____日_____

_____。

第四条　保证金

是否收取保证金由双方协商约定,相关事宜见《北京市市场场地租赁保证金合同》。

第五条　保险

甲方负责投保的范围为:公共责任险、火灾险、_____

_____。

乙方自行投保的范围为:_____

_____。

第六条　甲方权利义务

1. 依法制订有关治安、消防、卫生、用电、营业时间等内容的各项规章制度并负责监督实施。

2. 协助各级行政管理机关对违反有关规定的乙方进行监督、教育、整顿。

3. 应按约定为乙方提供场地及相关配套设施和经营条件,保障乙方正常经营。

4. 除有明确约定外,不得干涉乙方正常的经营活动。

5. 应对市场进行商业管理,维护并改善市场的整体形象,包括:对商品种的规划和控制、功能区域的划分、商品档次的定位、商品经营的管理及质量管理;服务质量管理;营销管理;形象设计;市场调研;公共关系协调;纠纷调解;人员培训;_____

_____。

6. 应对市场进行物业管理,并负责市场内的安全防范和经营设施的建设及维护,包括:建筑物(包括公共区域及租赁场地)的管理及维修保养;对乙方装修的审查和监督;水、电、气、空调、电梯、扶梯等设备、管道、线路、设施及系统的管理、维修及保养;清洁管理;保安管理并负责市场的公共安全;消防管理;内外各种通道、道路、停车场的管理;_____

_____。

7. 做好市场的整体广告宣传,并保证每年广告宣传费用不低于市场当年租金总额的_____%。

_____

_____。

第七条　乙方权利义务

1. 有权监督甲方履行合同约定的各项义务。

2. 应具备合法的经营资格,并按照工商行政管理部门核准的经营范围依法悬挂证照经营。

3. 应自觉遵守甲方依法制定的各项规章制度及索票索证制度,服从甲方的监督管理。

4. 应按期支付租金并承担因经营产生的各项税费。

5. 应爱护并合理使用市场内的各项设施,如需改动应先征得甲方同意,造成损坏的还应承担修复或赔偿责任。

6. 应按照约定的用途,本着公平合理、诚实信用的原则依法经营,不得损害国家利益及其他经营者和消费者的合法权益,并承担因违法经营造成的一切后果。

7. 将场地转让给第三人或和其他租户交换场地的,应先征得甲方的书面同意,按规定办理相关手续,并不得出租、转让、转借营业执照。

8. 应按照甲方的要求提供有关本人或本企业的备案资料。

9. 建筑物外立面及建筑物内部非乙方承租场地范围内的广告发布权归甲方所有,未经甲方同意,乙方不得以任何形式在上述范围内进行广告宣传。

_____

_____。

第八条　合同的解除

乙方有下列情形之一的,甲方有权解除合同,乙方应按照_____的标准支付违约金:

1. 在租赁期限内因违法经营被有关行政管理部门吊销、收回经营证照的。

2. 未按照约定的用途使用场地,经甲方_____次书面通知未改正的。

3. 利用场地加工、销售假冒伪劣商品的。

4. 进行其他违法活动累计达_____次或被新闻媒体曝光造成恶劣影响的。

5. 将场地擅自转租、转让、转借给第三人,或和其他租户交换场地的。

6. 逾期_____日未支付租金或水电、_____等费用的。

7. 违反保证金协议的有关约定的。

8、未经甲方同意连续_____日未开展经营活动的。

9. 违反甲方依法制定的规章制度情节严重或拒不服从甲方管理的。

_____
_____。

　　甲方或乙方因自身原因需提前解除合同的,应提前_____日书面通知对方,经协商一致后办理解除租赁手续,并按照_____的标准向对方支付违约金。因甲方自身原因提前解除合同的,除按约定支付违约金外,还应减收相应的租金,并退还保证金及利息。

　　第九条　其他违约责任

　　1. 甲方未按约定提供场地或用水、用电等市场内的经营设施或条件致使乙方不能正常经营的,应减收相应租金,乙方有权要求甲方继续履行合同或解除合同,并要求甲方赔偿相应的损失。

　　2. 甲方未按约定投保致使乙方相应的损失无法得到赔偿的,甲方应承担赔偿责任。

　　3. 乙方未按照约定支付租金或水电等费用的,应每日向甲方支付迟延租金或费用_____%的违约金。

_____
_____
_____
_____。

　　第十条　免责条款

　　因不可抗力或其他不可归责于双方的原因,使场地不适于使用或租用时,甲方应减收相应的租金。

　　如果场地无法复原的,本合同自动解除,甲方应退还乙方保证金及利息,双方互不承担违约责任。

　　第十一条　续租

　　本合同续租适用以下第_____种方式:

　　1. 乙方有意在租赁期满后续租的,应提前_____日书面通知甲方,甲方应在租赁期满前对是否同意续租进行书面答复。甲方同意续租的,双方应重新签订租赁合同。

　　租赁期满前甲方未做出书面答复的,视为甲方同意续租,租期为不定期,租金标准同本合同。

　　2. 租赁期满乙方如无违约行为的,则享有在同等条件下对场地的优先租赁权,如乙方无意续租的,应在租赁期满前_____日内书面通知甲方;乙方有违约行为的,是否续租由甲方决定。

　　第十二条　租赁场地的交还

　　租赁期满未能续约或合同因解除等原因提前终止的,乙方应于租赁期满或合同终止后____日内将租赁的场地及甲方提供的配套设施以良好、适租的状态交还甲方。乙方拒不交还的,甲方有权采取必要措施予以收回,由此造成的损失由乙方承担。

第十三条　争议解决方式

本合同项下发生的争议,由双方协商解决或申请有关部门调解解决,协商或调解解决不成的,按下列第_____种方式解决(只能选择一种):

1. 提交_____仲裁委员会仲裁;

2. 依法向_____人民法院起诉。

第十四条　其他约定事项

1. 在租赁期限内场地所有权发生变动的,乙方依照本合同享有的承租权利不受影响。

_____

_____

_____。

第十五条　本合同自双方签字盖章之日起生效。本合同一式_____份,甲方_____份,乙方_____份,_____。

第十六条　双方对合同内容的变更或补充应采用书面形式,并由双方签字盖章作为合同附件,附件与本合同具有同等的法律效力。

甲方单方制订的规章制度也作为本合同的附件,规章制度的内容与合同约定相冲突的,以本合同为准,但国家法律、政策另有规定的除外。

甲方(章)	乙方(章)
住所:	住所:
营业执照号码:	营业执照号码:
市场登记证号码:	身份证号码:
法定代表人:	法定代表人:
委托代理人:	委托代理人:
电话:	电话:

签订时间:

签订地点:

八、进口合同

进口合同(中英文对照)

合同编号:

Contract No. :

买方：
The Buyer：

地址：
Address：

电话：
Tel：

传真：
Fax：

卖方：
The Seller：

地址：
Address：

电话：
Tel：

传真：
Fax：

买卖双方同意按照下列条款签订本合同：

The Seller and the Buyer agree to conclude this Contract subject to the terms and conditions stated below：

1. 货物名称、规格和质量

1. Name，Specifications and Quality of Commodity

2. 数量

2. Quantity

允许_____的溢短装。

_____% more or less allowed。

3. 单价

3. Unit Price

4. 总值

4. Total Amount

5. 交货条件

5. Terms of Delivery：FOB/CFR/CIF

6. 原产地国与制造商

6. Country of Origin and Manufacturers

7. 包装及标准

7. Packing

货物应具有防潮、防锈蚀、防震并适合于远洋运输/多式联送的包装,由于货物包装不良而造成的货物残损、灭失应由卖方负责。卖方应在每个包装箱上用不褪色的颜色标明尺码、包装箱号码、毛重、净重及"此端向上"、"防潮"、"小心轻放"等标记。

The packing of the goods shall be preventive from dampness, rust, moisture, erosion and shock, and shall be suitable for ocean transportation/ multiple transportation. The Seller shall be liable for any damage and loss of the goods attributable to the inadequate or improper packing. The measurement, gross weight, net weight and the cautions such as "Do not stack up side down", "Keep away from moisture", "Handle with care" shall be stenciled on the surface of each package with fadeless pigment.

8. 唛头

8. Shipping Marks

9. 装运期限

9. Time of Shipment

10. 装运口岸

10. Port of Loading

11. 目的口岸

11. Port of Destination

12. 保险

12. Insurance

由_____按发票金额_____%投保_____险和附加_____险。

Insurance shall be covered by the _____ for _____% of the invoice value against _____ Risks and _____ Additional Risks.

13. 付款条件

13. Terms of Payment

(1)信用证方式:买方应在装运期前/合同生效后日,开出以卖方为受益人的不可撤销的议付信用证,信用证在装船完毕后_____日内到期。

(1) Letter of Credit: The Buyer shall,_____days prior to the time of shipment /after this Contract comes into effect, open an irrevocable Letter of Credit in favor of the Seller. The Letter of Credit shall expire _____ days after the completion of loading of the shipment as stipulated.

(2)付款交单:货物发运后,卖方出具以买方为付款人的付款跟单汇票,按即期付款交单(D/P)方式,通过卖方银行及_____银行向买方转交单证,换取货物。

(2) Documents against payment: After shipment, the Seller shall draw a sight bill of

exchange on the Buyer and deliver the documents through Sellers bank and Bank to the Buyer against payment, i. e D/P. The Buyer shall effect the payment immediately upon the first presentation of the bill(s) of exchange.

(3)承兑交单:货物发运后,卖方出具以买方为付款人的付款跟单汇票,付款期限为后_____日,按即期承兑交单(D/A 日)方式,通过卖方银行及_____银行,经买方承兑后,向买方转交单证,买方在汇票期限到期时支付货款。

(3) Documents against Acceptance: After shipment, the Seller shall draw a sight bill of exchange, payable _____ days after the Buyers delivers the document through Seller's bank and _____ Bank to the Buyer against acceptance (D/A _____ days). The Buyer shall make the payment on date of the bill of exchange.

(4)货到付款:买方在收到货物后_____天内将全部货款支付卖方(不适用于FOB、CRF、CIF 术语)。

(4) Cash on delivery (COD): The Buyer shall pay to the Seller total amount within _____ days after the receipt of the goods (This clause is not applied to the Terms of FOB, CFR, _____ CIF).

14. 单据:卖方应当向议付/托收行提供下列单据:

14. Documents Required: The Seller shall present the following documents required to the bank for negotiation/collection:

(1)全套清洁的、已装船的、空白抬头、空白背书并注明运费已付/到付的海运/联运/陆运提单。

(1) Full set of clean on board Ocean/Combined Transportation/Land Bills of Lading and blank endorsed marked freight prepaid/ to collect;

(2)标有合同编号、信用证号(信用证支付条件下)及装运唛头的商业发票_____份;

(2) Signed commercial invoice in _____ copies indicating Contract No. , L/C No. (Terms of L/C) and shipping marks;

(3)由_____出具的装箱或重量单一式_____份;

(3) Packing list/weight memo in _____ copies issued by _____;

(4)由_____出具的质量证明书一式_____份;

(4) Certificate of Quality in _____ copies issued by _____;

(5)由_____出具的数量证明书一式_____份;

(5) Certificate of Quantity in _____ copies issued by _____;

(6)保险单正本一式_____份(CIF 交货条件);

(6) Insurance policy/certificate in _____ copies (Terms of CIF);

(7)_____签发的产地证一式_____份;

(7) Certificate of Origin in _____ copies issued by _____;

（8）装运通知：卖方应在交运后_____小时内以特快专递方式邮寄给买方上述第_____项单据副本一式一套。

(8) Shipping advice：The Seller shall, within _____ hours after shipment effected, send by courier each copy of the above-mentioned documents No. _____.

15. 装运条款

15. Terms of Shipment

（1）卖方应在合同规定的装运日期前30天，以_____方式通知买方合同号、品名、数量、金额、包装件、毛重、尺码及装运港可装日期，以便买方安排租船/订舱。装运船只按期到达装运港后，如卖方不能按时装船，发生的空船费或滞期费由卖方负担。在货物越过船舷并脱离吊钩以前一切费用和风险由卖方负担。

(1) The Seller shall, 30 days before the shipment date specified in the Contract, advise the Buyer by _____ of the Contract No. , commodity, quantity, amount, packages, gross weight, measurement, and the date of shipment in order that the Buyer can charter a vessel/ book shipping space. In the event of the Seller's failure to effect loading when the vessel arrives duly at the loading port, all expenses including dead freight and/or demurrage charges thus incurred shall be for the Seller's account.

（2）卖方须按时在装运期限内将货物由装运港装船至目的港。在CFR术语下,卖方应在装船前2天以_____方式通知买方合同号、品名、发票价值及开船日期,以便买方安排保险。

(2) The Seller shall ship the goods duly within the shipping duration from the port of loading to the port of destination. Under CFR terms, the Seller shall advise the Buyer by _____ of the Contract No. , commodity, invoice value and the date of dispatch two days before the shipment for the Buyer to arrange insurance in time.

16. 装运通知

16. Shipping Advice

一方装载完毕,卖方应在_____小时内以_____方式通知买方合同编号、品名、已发运数量、发票总金额、毛重、船名/车/机号及启程日期等。

The Seller shall, immediately upon the completion of the loading of the goods, advise the Buyer of the Contract No. , names of commodity, loading quantity, invoice values, gross weight, name of vessel and shipment date by _____ within _____ hours.

17. 质量保证

17. Quality Guarantee

货物品质规格必须符合本合同及质量保证书之规定,品质保证期为货到目的港

_____个月内。在保证期限内,因制造厂商在设计制造过程中的缺陷造成的货物损害应由卖方负责赔偿。

The Seller shall guarantee that the commodity must be in conformity with the quality, specifications and quantity specified in this Contract and Letter of Quality Guarantee. The guarantee period shall be _____months after the arrival of the goods at the port of destination, and during the period the Seller shall be responsible for the damage due to the defects in designing and manufacturing of the manufacturer.

18. 检验(以下两项任选一项)

18. Inspection(Choose one from the two choiles below)

(1)卖方须在装运前_____日委托_____检验机构对本合同之货物进行检验并出具检验证书,货到目的港后,由买方委托_____检验机构进行检验。

(1) The Seller shall have the goods inspected by _____days before the shipment and have the Inspection Certificate issued by _____. The Buyer may have the goods reinspected by _____after the goods arrived at the destination.

(2)发货前,制造厂应对货物的质量、规格、性能和数量/重量作全面准确的检验,出具检验证明书,并说明检验的技术数据和结论。货到目的港后,买方将申请中国商品检验局(以下简称商检局)对货物的规格和数量/重量进行检验,如发现货物残损或规格、数量与合同规定不符,除保险公司或轮船公司的责任外,买方得在货物到达目的港后_____日内凭商检局出具的检验证书向卖方索赔或拒收该货。在保证期内,如货物由于设计或制造上的缺陷而发生损坏或品质和性能与合同规定不符时,买方将委托中国商检局进行检验。

(2) The manufacturers shall, before delivery, make a precise and comprehensive inspection of the goods with regard to its quality, specifications, performance and quantity/weight, and issue inspection certificates certifying the technical data and conclusion of the inspection. After arrival of the goods at the port of destination, the Buyer shall apply to China Commodity Inspection Bureau (hereinafter referred to as CCIB) for a further inspection as to the specifications and quantity/weight of the goods. If damages of the goods are found, or the specifications and/or quantity are not in conformity with the stipulations in this Contract, except when the responsibilities lies with Insurance Company or Shipping Company, the Buyer shall, within _____ days after arrival of the goods at the port of destination, claim against the Seller, or reject the goods according to the inspection certificate issued by CCIB. In case of damage of the goods incurred due to the design or manufacture defects and/or in case the quality and performance are not in conformity with the Contract, the Buyer shall, during the guarantee period, request CCIB to make a survey.

19. 索赔

19. Claim

买方凭其委托的检验机构出具的检验证明书向卖方提出索赔(包括换货),由此引起的全部费用应由卖方负担。若卖方收到上述索赔后＿＿＿＿天未予答复,则认为卖方已接受买方索赔。

The buyer shall make a claim against the Seller (including replacement of the goods) by the further inspection certificate and all the expenses incurred therefrom shall be borne by the Seller. The claims mentioned above shall be regarded as being accepted if the Seller fail to reply within ＿＿＿＿days after the Seller received the Buyer's claim.

20. 迟交货与罚款

20. Late delivery and Penalty

除合同第21条不可抗力原因外,如卖方不能按合同规定的时间交货,买方应同意在卖方支付罚款的条件下延期交货。罚款可由议付银行在议付货款时扣除,罚款率按每天收＿＿＿＿%,不足＿＿＿＿天时以＿＿＿＿天计算。但罚款不得超过迟交货物总价的＿＿＿＿%。如卖方延期交货超过合同规定＿＿＿＿天时,买方有权撤销合同,此时,卖方仍应不迟延地按上述规定向买方支付罚款。

Should the Seller fail to make delivery on time as stipulated in the Contract, with the exception of Force Majeure causes specified in Clause 21 of this Contract, the Buyer shall agree to postpone the delivery on the condition that the Seller agree to pay a penalty which shall be deducted by the paying bank from the payment under negotiation. The rate of penalty is charged at ＿＿＿＿% for every ＿＿＿＿day, odd days less than ＿＿＿＿ days should be counted as ＿＿＿＿ days. But the penalty, however, shall not exceed ＿＿＿＿% of the total value of the goods involved in the delayed delivery. In case the Seller fail to make delivery ＿＿＿＿days later than the time of shipment stipulated in the Contract, the Buyer shall have the right to cancel the Contract and the Seller, in spite of the cancellation, shall nevertheless pay the aforesaid penalty to the Buyer without delay.

买方有权对因此遭受的其他损失向卖方提出索赔。

The buyer shall have the right to lodge a claim against the Seller for the losses sustained if any.

21. 不可抗力

21. Force Majeure

凡在制造或装船运输过程中,因不可抗力致使卖方不能或推迟交货时,卖方不负责任。在发生上述情况时,卖方应立即通知买方,并在＿＿＿＿天内,给买方特快专递一份由当地民间商会签发的事故证明书。在此情况下,卖方仍有责任采取一切必要措施加快交货。如事故延续_____天以上,买方有权撤销合同。

The Seller shall not be responsible for the delay of shipment or non-delivery of the goods due to Force Majeure, which might occur during the process of manufacturing or in the course of loading or transit. The Seller shall advise the Buyer immediately of the occurrence mentioned above and within _____ days thereafter the Seller shall send a notice by courier to the Buyer for their acceptance of a certificate of the accident issued by the local chamber of commerce under whose jurisdiction the accident occurs as evidence thereof. Under such circumstances the Seller, however, are still under the obligation to take all necessary measures to hasten the delivery of the goods. In case the accident lasts for more than _____ days the Buyer shall have the right to cancel the Contract.

22. 争议的解决

22. Dispute Resolution

凡因本合同引起的或与本合同有关的任何争议,均应提交中国国际经济贸易仲裁委员会华南分会,按照申请仲裁时该会实施的仲裁规则进行仲裁。仲裁裁决是终局的,对双方均有约束力。

Any dispute arising from or in connection with this contract shall be submitted to China International Economic and Trade Arbitration Commission, South China Sub-Commission for arbitration, which shall be conducted in accordance with the Commission's arbitration rules in effect at the time of applying for arbitration. The arbitral award is final and binding upon both parties.

23. 通知

23. Notices

所有通知用_____文写成,并按照如下地址用传真/快件送达给各方。如果地址有变更,一方应在变更后_____日内书面通知另一方。

All notice shall be written in _____ and served to both parties by fax/courier according to the following addresses. If any changes of the addresses occur, one party shall inform the other party of the change of address within _____ days after the change.

24. 本合同使用的 FOB、CFR、CIF 术语系根据于国际商会的《2000 年国际贸易术语解释通则》。

24. The terms FOB、CFR、CIF in the Contract are based on INCOTERMS 2000 of the International Chamber of Commerce.

25. 附加条款

25. Additional clause

本合同上述条款与本附加条款抵触时,以本附加条款为准。

Conflicts between Contract clause hereabove and this additional clause, if any, it is subject to this additional clause.

26. 本合同用中英文两种文字写成,两种文字具有同等效力。本合同共_____份,自双方代表签字(盖章)之日起生效。

26. This Contract is executed in two counterparts each in Chinese and English, each of which shall deemed equally authentic. This Contract is in _____copies, effective since being signed/sealed by both parties.

买方代表(签字):

Representative of the Buyer:

卖方代表(签字):

Representative of the Seller:

九、出口合同

出口合同(中英文对照)

编号:

No. :

签约地点:

Signed at:

日　期:

Date:

卖方:

Seller:

地址:

Address:

电话:

Tel:

传真:

Fax:

电子邮箱:

E-mail:

买方:

Buyer:

地址:

Address：

电话：

Tel：

传真：

Fax：

电子邮箱：

E-mail：

买卖双方经协商同意按下列条款成交：

The undersigned Seller and Buyer have agreed to close the following transactions according to the terms and conditions set forth as below：

1. 货物名称、规格和质量

1. Name，Specifications and Quality of Commodity

2. 数量

2. Quantity

3. 单价及价格条款

3. Unit Price and Terms of Delivery

（除非另有规定，FOB、CFR 和 CIF 均应依照国际商会制定的《2000 年国际贸易术语解释通则》（INCOTERMS 2000）办理。）

The terms FOB，CFR，or CIF shall be subject to the International Rules for the Interpretation of Trade Terms（INCOTERMS 2000）provided by International Chamber of Commerce（ICC）unless otherwise stipulated herein.）

4. 总价

4. Total Amount

5. 允许溢短装

5. More or Less

6. 装运期限

6. Time of Shipment

收到可以转船及分批装运之信用证_____天内装运。

Within _____ days after receipt of L/C allowing transhipment and partial shipment.

7. 付款条件

7. Terms of Payment

买方须于_____前将保兑的、不可撤销的、可转让的、可分割的即期付款信用证开到卖方，该信用证的有效期延至装运期后_____天在中国到期，并必须注明允许分批装运和转船。

By Confirmed, Irrevocable, Transferable and Divisible L/C to be available by sight draft to reach the Seller before _____ and to remain valid for negotiation in China until _____ after the Time of Shipment. The L/C must specify that transshipment and partial shipments are allowed.

买方未在规定的时间内开出信用证,卖方有权发出通知取消本合同,或接受买方对本合同未执行的全部或部份,或对因此遭受的损失提出索赔。

The Buyer shall establish a Letter of Credit before the above-stipulated time, failing which, the Seller shall have the right to rescind this Contract upon the arrival of the notice at Buyer or to accept whole or part of this Contract non fulfilled by the Buyer, or to lodge a claim for the direct losses sustained, if any.

8. 包装

8. Packing

9. 保险

9. Insurance

按发票金额的_____％投保_____险,由_____负责投保。

Covering _____ Risks for _____ 110% of Invoice Value to be effected by the _____.

10. 品质/数量异议

10. Quality/Quantity discrepancy

如买方提出索赔,凡属品质异议须于货到目的口岸之日起30天内提出,凡属数量异议须于货到目的口岸之日起15天内提出,对所装货物所提任何异议于保险公司、轮船公司、其他有关运输机构或邮递机构所负责者,卖方不负任何责任。

In case of quality discrepancy, claim should be filed by the Buyer within 30 days after the arrival of the goods at port of destination, while for quantity discrepancy, claim should be filed by the Buyer within 15 days after the arrival of the goods at port of destination. It is understood that the Seller shall not be liable for any discrepancy of the goods shipped due to causes for which the Insurance Company, Shipping Company, other Transportation Organization /or Post Office are liable.

11. 由于发生人力不可抗拒的原因,致使本合约不能履行,部分或全部商品延误交货,卖方概不负责。本合同所指的不可抗力系指不可干预、不能避免且不能克服的客观情况。

11. The Seller shall not be held responsible for failure or delay in delivery of the entire lot or a portion of the goods under this Sales Contract in consequence of any Force Majeure incidents which might occur. Force Majeure as referred to in this contract means unforeseeable, unavoidable and insurmountable objective conditions.

12. 争议的解决

12. Dispute Resolution：

凡因本合同引起的或与本合同有关的任何争议,均应提交中国国际经济贸易仲裁委员会华南分会,按照申请仲裁时该会实施的仲裁规则进行仲裁。仲裁裁决是终局的,对双方均有约束力。

Any dispute arising from or in connection with this contract shall be submitted to China International Economic and Trade Arbitration Commission, South China Sub-Commission for arbitration, which shall be conducted in accordance with the Commission's arbitration rules in effect at the time of applying for arbitration. The arbitral award is final and binding upon both parties.

13. 通知

13. Notices

所有通知用＿＿＿＿文写成,并按照如下地址用传真/电子邮件/快件送达给各方。如果地址有变更,一方应在变更后＿＿＿＿日内书面通知另一方。

All notice shall be written in ＿＿＿＿ and served to both parties by fax/e-mail/courier according to the following addresses. If any changes of the addresses occur, one party shall inform the other party of the change of address within ＿＿＿＿ days after the change.

14. 本合同为中英文两种文本,两种文本具有同等效力。本合同一式 ＿＿＿＿ 份。自双方签字(盖章)之日起生效。

14. This Contract is executed in two counterparts each in Chinese and English, each of which shall be deemed equally authentic. This Contract is in ＿＿＿＿ copies effective since being signed/sealed by both parties.

卖方签字：　　　　　买方签字：
The Seller：　　　　　The Buyer：